Lebensversicherung – aktuell

Berufsbildungsverband der Versicherungswirtschaft

Lebensversicherung – aktuell

VERLAG:SKV

Projektleitung
Edwin Plain, Winterthur Leben
Stephan Kessler, VBV

Fachautoren (Winterthur Leben)
Mohamed Abdullah
Sergio Bortolin
Kurt Fallegger
Pascal Harder
Jürg Keller
Michael Kirner
Dr. Oskar Meili
Otto Rüegg
Antje Sack
Martin Tenisch
Beat Zeller

Redaktionskommission
Philippe Gloor, Elvia
Hartmut Krause, Helvetia Patria
Anita Mayer-Holzmann, Winterthur
Beatrix Meier Kuhn, Basler
Harald Moeri, «Zürich»
Josef Stüdli, Rentenanstalt/Swiss Life

Redaktor
David Peterhans

Gestaltung
Peter Heim

Herausgeber
Berufsbildungsverband
der Versicherungswirtschaft VBV
www.vbv.ch

2. Auflage 2001

ISBN 3-286-32572-4

Verlag SKV
Verlag des Schweizerischen Kaufmännischen Verbandes, Zürich
www.verlagskv.ch

© 2001 Berufsbildungsverband der Versicherungswirtschaft VBV

Alle Rechte vorbehalten. Ohne Genehmigung des VBV ist es nicht gestattet, das Buch oder Teile daraus in irgendeiner Form zu reproduzieren.

«Lebensversicherung – aktuell» – aktueller denn je!

Die Lebensversicherungsbranche ist seit einigen Jahren im Umbruch. Während die Entwicklung bis in die 1980er-Jahre gemächlich erfolgte und weitgehend Einheitstarife und -produkte den Markt beherrschten, hat die Deregulierung und die vermehrte Öffnung der Märkte einen Prozess in Gang gesetzt, der nicht mehr aufzuhalten ist. Der Allfinanz-Ansatz verwischt zusehends die Grenze zwischen Versicherungen und Banken. Neue Steuergesetze machen Anpassungen des bestehenden Produkteangebotes notwendig. Die Zeit, die für Neuentwicklungen zur Verfügung steht, und die Produktelebenszyklen verkürzen sich. Anspruchsvollere und differenzierte Kundenwünsche rufen nach einer grösseren Vielfalt von Produkten, die dem unterschiedlichsten Bedarf und verschiedensten Zielgruppen gerecht werden sollen. Darüber hinaus erwächst den Versicherungsunternehmen eine zunehmende Konkurrenz seitens Banken, Fondsgesellschaften und ausländischen Anbietern.

Die Änderungen im Markt wirken sich in verschiedener Hinsicht unmittelbar auf die Gesellschaften aus. So ist eine starke Positionierung im Markt nur mit kompetenten Mitarbeitern möglich. Die Aus- und Weiterbildung gewinnt damit zusätzlich an Bedeutung.

Die erste Auflage des vorliegenden Fachbuches erfolgte im Jahr 1995. Es ist vor allem Edwin Plain, Präsident des Berufsbildungsverbandes der Versicherungswirtschaft (VBV) von 1989 bis 1994, zu verdanken, dass das Vorhaben seinerzeit konsequent zu Ende geführt wurde. Er war auch federführend für die vorliegende überarbeitete Version, die sich wegen der raschen Veränderung des Umfeldes bereits nach kurzer Zeit aufdrängte.

Die vom VBV eingesetzte Redaktionskommission überprüfte den Inhalt auf die fachliche Richtigkeit, auf den Bezug zur Praxis und auf unternehmensspezifische Neutralität. Durch die breite Abstützung in der Redaktionskommission besteht die Gewähr, dass das Fachbuch für alle an der schweizerischen Lebensversicherung Interessierten von gleichem Nutzen sein kann.

Der Kreis der Adressaten ist bewusst offen gehalten. Dies sind auf der einen Seite sicher Personen, die sich systematisch auf die eidgenössischen Fach- oder Diplomprüfungen als Versicherungsfachleute bzw.

Finanzplaner vorbereiten. Andererseits sind aber auch Mitarbeitende in den Versicherungsgesellschaften, bei Maklern, Finanzplanern, Banken und allgemein interessierte Personen angesprochen, die sich grundlegend oder themenspezifisch über die Lebensversicherung informieren und weiterbilden wollen. Der Inhalt entspricht nicht ausschliesslich dem Stoff für die eidgenössischen Prüfungen; dafür sind allein die Reglemente und Wegleitungen massgebend. Einige Themen gehen über die Prüfungsanforderungen hinaus, dem Wunsch entsprechend, ein abgerundetes, vollständiges Fachbuch zu schaffen.

Das Werk ist in vier Teile gegliedert. Am Anfang sind Fragen des Marktes und der Stellung der Lebensversicherung im 3-Säulen-System behandelt (Teil 1).

Anschliessend werden die Grundlagen der Lebensversicherungstechnik erörtert und die verschiedenen Funktionen der Lebensrückversicherung beschrieben (Teil 2).

Die Teile 3 und 4 widmen sich den diversen Aspekten der Einzel- und Kollektivlebensversicherung.

Das Fachbuch bietet dem Leser verschiedene methodisch-didaktische Hilfsmittel, die das Studium erleichtern und die sich bereits in anderen Werken bewährt haben:

- Ein detailliertes Inhaltsverzeichnis erleichtert das Auffinden bestimmter Themenkreise.
- Zu Beginn jedes Kapitels überblickt der Leser den Inhalt anhand einer kurzen Zusammenfassung. Dadurch kann er allenfalls einzelne Kapitel überspringen, deren Thematik ihm bereits bekannt ist.
- Fachausdrücke und versicherungsspezifische Begriffe sind in Randnotizen kurz und prägnant erklärt.
- Die Rubrik «Spezial»

dient der Vertiefung und dem kritischen Hinterfragen bestimmter ausgewählter Themen.
- Komplizierte Vorgänge sind mit grafischen Darstellungen ergänzt.
- Ein Stichwortverzeichnis mit Seitenangabe unterstützt das Auffinden von Themen und Begriffen.

Dank gebührt allen Mitgliedern der Redaktionskommission für die engagierte Mitarbeit und für die vielen Anregungen und positiven Kritiken. Den Direktionen und Generalagenturen, die das Projektteam gastfreundlich empfangen und ihre Infrastruktur zur Verfügung gestellt haben, gehört ebenso Dank. Gerne nimmt der VBV fachliche Hinweise, Kritiken und Ergänzungsvorschläge aus dem Kreis der Benutzer entgegen.

Die VBV hofft, dass dieses Werk ein lebhaftes Echo auslöst, und freut sich über alle Reaktionen.

Bern, im November 2001

Inhaltsverzeichnis

Teil 1 Lebensversicherung heute   **17**

1 Marktstellung im Vorsorge- und Finanzmarkt   19

1.1 Kurzer Rückblick   20
1.2 Beschleunigter Wandel   21
1.3 Konsequenzen für die Lebensversicherer   24
1.4 Finanzwirtschaftliche Funktionen   26
    1.4.1 Aus Kundensicht   26
    1.4.2 Finanzwirtschaftlicher Problemlösungs- und Entscheidungsprozess   27
    1.4.3 Aus Anbietersicht   29

2 Vorsorgebedürfnisse und Marktsegmentierung   33

2.1 Private Haushalte   34
    2.1.1 Klassische Einflusskriterien für den Vorsorgebedarf   34
    2.1.2 Marktsegmentierung   35
    2.1.3 Neuere Einflusskriterien für den Vorsorgebedarf   36
    2.1.4 Erfolgsfaktoren für die Segmentierung   36
2.2 Unternehmen   38
    2.2.1 Klassische Einflusskriterien für den Vorsorgebedarf   38
    2.2.2 Neuere Einflusskriterien für den Vorsorgebedarf   38

3 Stellung der Lebensversicherung im 3-Säulen-System   41

3.1 Aufbau der Vorsorge in der Schweiz   42
    3.1.1 Rechtliche Grundlagen   42

	3.1.2	Zielsetzungen	42
	3.1.3	Versicherter Personenkreis	43
	3.1.4	Leistungen	44
3.2	Auswirkungen der Finanzierungssysteme		47
	3.2.1	Umlageverfahren	47
	3.2.2	Kapitaldeckungsverfahren	48
	3.2.3	Kombination der Finanzierungsverfahren im schweizerischen 3-Säulen-System	49
3.3	Rolle und Bedeutung der Lebensversicherung		51
	3.3.1	Berufliche Vorsorge	52
	3.3.2	Selbstvorsorge	52
3.4	Vorsorgelücken und Koordination mit den übrigen Personenversicherungen		53

4 Marktausrichtung der Lebensversicherungsunternehmung 55

4.1	Elemente der Marktstrategie	56
4.2	Ressourcenplanung	58
4.3	Finanzplanung	59
4.4	Integration von Marktstrategie, Ressourcen- und Finanzplanung	60
	■ Marktausrichtung – Spezial	61

Teil 2 Grundlagen der Lebensversicherungstechnik 63

5 Rechnungsgrundlagen 65

5.1	Zins und technischer Zins		66
	5.1.1	Zins	66
	5.1.2	Technischer Zins	67
5.2	Ausscheideursachen		69
	5.2.1	Sterblichkeit	70
	5.2.2	Invalidisierung	77
	5.2.3	Stornierung	78
	5.2.4	Weitere Ausscheideursachen	79
		■ Invalidisierung bei schlechter Wirtschaftslage – Spezial	80
5.3	Kosten		81
	5.3.1	Abschlusskosten	81
	5.3.2	Kosten für Inkasso und Bestandesbetreuung	82
	5.3.3	Verwaltungskosten	82
		■ Tarifrevisionen im Bereich der Einzelversicherung: Rückschau und Zukunft – Spezial	83

6 Versicherungstechnische Aspekte von Prämien und Verträgen — 85

- 6.1 Prämienzahlungsarten — 86
  - ■ Prämiendepot und Prämiensperrdepot – Spezial — 87
- 6.2 Prämienstand — 88
  - 6.2.1 Prämienrückerstattung — 88
- 6.3 Auflösen oder Umwandeln des Vertrages — 89
  - 6.3.1 Abfindungswerte — 89
  - 6.3.2 Rückkaufswerte — 90
  - 6.3.3 Umwandlungswerte — 91
  - 6.3.4 Spezielle Anrechnungs- oder Transferwerte — 91
- 6.4 Technische Änderungen — 93
  - 6.4.1 Risikozwischenversicherung — 93

7 Prämienkalkulation — 95

- 7.1 Einfluss der Versicherungsleistungen — 96
- 7.2 Leistungsbarwert — 97
- 7.3 Äquivalenzprinzip — 98
- 7.4 Prämienarten — 99
  - 7.4.1 Einmalprämien — 99
  - 7.4.2 Periodische Prämien — 99
- 7.5 Kostenzuschläge, Bruttoprämien — 101
  - 7.5.1 Abschlusskosten — 101
  - 7.5.2 Inkassokosten — 101
  - 7.5.3 Bestandespflegekosten — 101
  - 7.5.4 Verwaltungskosten — 101
- 7.6 Prämienelemente — 103
  - 7.6.1 Kostenprämie — 103
  - 7.6.2 Risikoprämie — 103
  - 7.6.3 Sparprämie — 104
- 7.7 Leistungs- und Prämienprimat — 105
- 7.8 Finanzierungsverfahren — 106
  - 7.8.1 Individuelle Methode — 106
  - 7.8.2 Kollektive Methode — 106

8 Überschussbeteiligung — 107

- 8.1 Überschussquellen — 108
  - 8.1.1 Zinsüberschuss — 108
  - 8.1.2 Risikoüberschuss — 108
  - 8.1.3 Kostenüberschuss — 109
- 8.2 Überschusssysteme — 110
  - 8.2.1 Mechanisches Überschusssystem — 111
  - 8.2.2 Natürliches Überschusssystem — 111
    - ■ Berechnung der Überschüsse im natürlichen Überschusssystem – Spezial — 112

8.3		Überschussverwendung	113
	8.3.1	Prämienreduktion	113
	8.3.2	Verzinsliche Ansammlung	113
	8.3.3	Leistungserhöhung	113
	8.3.4	Fondsinvestitionen	114

9 Rückstellungen 115

9.1	Technische Rückstellungen	116
9.2	Gezillmertes Deckungskapital	120
	■ Gezillmertes Deckungskapital – Spezial	121
9.3	Prämien- und Rentenübertrag	123
	9.3.1 Prämienübertrag	123
	9.3.2 Rentenübertrag	123
9.4	Pauschale Rückstellungen	124
9.5	Rückstellungen für eingetretene Invaliditätsfälle	125
9.6	Rückstellungen für unerledigte Versicherungsfälle	126
9.7	Nicht technische Rückstellungen	127

10 Leben-Rückversicherung 129

10.1	Funktionen	130
	10.1.1 Entstehung der Rückversicherung	130
	10.1.2 Ausgleich des versicherungstechnischen Risikos	131
	10.1.3 Bereitstellen von Kapazität	132
	10.1.4 Dienstleistung	132
	10.1.5 Finanzierung	133
10.2	Vertragsformen	134
	10.2.1 Versicherungstechnische Formen	134
	10.2.2 Vertragsrechtliche Formen	135
	■ Leben-Rückversicherung – Spezial	137

Teil 3 Einzellebensversicherung 139

11 Absatzkanäle und Verkauf 141

11.1	Absatzkanäle	142
	11.1.1 Aussendienst	142
	11.1.2 Vermittler	145
	■ Best Advice – Spezial	147
	11.1.3 Banken	148
	11.1.4 Allfinanz	148
	■ Der Weg zum umfassenden Allfinanzangebot – Spezial	150
	11.1.5 Direktverkauf	151
	■ Der Schweizer Markt und Europa – Spezial	152
	■ E-Business und Versicherungen – Spezial	152
11.2	Beratung und Verkauf	153

	11.2.1	Anforderungen an die Beratung	153
	11.2.2	Beratungsdienstleistungen	154
	11.2.3	Weitere Dienstleistungen	155
	11.2.4	Verkaufsprozess	156

12 Vertragsabschluss, Bestandesbetreuung und Leistungserbringung 157

12.1 Vertragsabschluss 158
- 12.1.1 Bindefrist 158
- 12.1.2 Provisorische Versicherung 158
- 12.1.3 Widerrufsrecht 159
- 12.1.4 Materielle Prüfung 159
- 12.1.5 Medizinische Prüfung 159
- 12.1.6 Antragsprüfung/Underwriting 160
- 12.1.7 Anzeigepflicht 162
- 12.1.8 Erschwerte Bedingungen 162
  - ■ Lifestyle-Risiken – Spezial 165
- 12.1.9 Vertragsabschluss und Police 166
  - ■ Versicherungen nach Schweizer Tarifen im Ausland und Versicherungen von Ausländern in der Schweiz – Spezial 167

12.2 Bestandesbetreuung 168
- 12.2.1 Betreuung der Kunden 168
- 12.2.2 Positionierung im Wettbewerb 169
- 12.2.3 Prämienzahlung 169
- 12.2.4 Nachversicherungsgarantie 170
- 12.2.5 Änderungen der Versicherung 170
- 12.2.6 Kundendienst 171

12.3 Leistungserbringung 174
- 12.3.1 Erlebensfall 174
- 12.3.2 Todesfall 174
- 12.3.3 Erwerbsunfähigkeit 175
- 12.3.4 Spitaltaggeld 176
- 12.3.5 Operationskostenbeiträge 176
- 12.3.6 Auszahlungsverfügungen 176
- 12.3.7 Leistungsbeschränkungen 176
  - ■ Fragen der Zukunft – Spezial 179

13 Produkte der Lebensversicherung 181

13.1 Kapitalversicherungen 182
- 13.1.1 Vermögensbildende Versicherungen 182
- 13.1.2 Risikoversicherungen 184
- 13.1.3 Ergänzungsversicherungen 186

13.2 Leibrentenversicherungen 187
- 13.2.1 Rentenreformen 187

13.3	Spezielle Formen von Versicherungen	189
	13.3.1 Fondsgebundene Policen	189
	13.3.2 Fremdwährungspolicen	189
	13.3.3 Indexgebundene Lebensversicherungen	189
	■ Allfinanz – Spezial	191

14	**Rechtliche Aspekte (Gesetzgebung und staatliche Aufsicht)**	**193**
14.1	Gesetze und Vorschriften	194
14.2	Versicherungsträger	196
	14.2.1 Versicherungseinrichtungen mit Sitz in der Schweiz	196
	14.2.2 Versicherungsgesellschaften mit Sitz im Ausland (kein Staatsvertrag vorhanden, Drittlandgesellschaften)	198
	■ Totalrevision VAG und Teilrevision VVG – Spezial	200
14.3	Sicherstellen der Kapitalanlagen	202
	■ Zugelassene Werte in einem Sicherungsfonds – Spezial	204
14.4	Versicherungsbedingungen	205
	14.4.1 Allgemeine Versicherungsbedingungen (AVB)	205
	14.4.2 Besondere Versicherungsbedingungen (BVB)	206
14.5	Begünstigung	207
	14.5.1 Begriff der Begünstigung	207
	14.5.2 Form der Begünstigung	207
	14.5.3 Stellung des Begünstigten	208
	14.5.4 Begünstigte Personen	208
	14.5.5 Auslegung der Begünstigung (VVG, Artikel 83ff.)	208
14.6	Privilegien der Lebensversicherungen	210
	14.6.1 Steuerprivilegien	210
	14.6.2 Erbrechtliche Besonderheiten	210
	14.6.3 Betreibungsrechtliche Privilegien	211
14.7	Spezielle Anforderungen für den Verkauf von Lebensversicherungsprodukten	213

15	**Besteuerung der privaten Vorsorge (3. Säule)**	**215**
15.1	Grundsätze zur Besteuerung der 3. Säule	216
15.2	Einkommenssteuer	217
	15.2.1 Die gebundene Selbstvorsorge (Säule 3a)	217
	■ Gebundene Vorsorge und Steuern – Spezial	220
	15.2.2 Die freie Selbstvorsorge (Säule 3b)	221
15.3	Vermögenssteuer	223
	15.3.1 Gebundene Vorsorge	223
	15.3.2 Freie Vorsorge	223
15.4	Erbschafts- und Schenkungssteuern	224
	15.4.1 Kapitalleistungen	225
	■ Erbschafts- und Schenkungssteuern bei Kapitalversicherungen – Spezial	226

	15.4.2 Rentenleistungen	227
	■ Erbschafts- und Schenkungssteuern bei Rentenversicherungen – Spezial	228
15.5	Verrechnungssteuer	229
	15.5.1 Versicherungsleistungen	229
	15.5.2 Erfüllung der Steuerpflicht	230
15.6	Übersicht zur Besteuerung von Kapitalauszahlungen aus Lebensversicherungen auf Bundesebene	231
15.7	Stempelabgabe auf Einmaleinlagen	232

Teil 4 Kollektivlebensversicherung 233

16 Entwicklung der beruflichen Vorsorge 235

16.1	Entwicklung der Wohlfahrt bis zur Einführung der 1. Säule	236
	16.1.1 Hilfskassen	236
	16.1.2 Fabrikgesetz	236
	16.1.3 Betriebliche Personalfürsorgeeinrichtungen	237
	16.1.4 Fabrikkassen	237
	16.1.5 Vorbild des Bundes	237
	16.1.6 Personalfürsorgeeinrichtungen	237
	16.1.7 Obligatorium für die ganze Bevölkerung	238
16.2	Entwicklung seit Einführung der AHV/IV	239
16.3	Entstehung des Gesetzes über die berufliche Alters-, Hinterlassenen- und Invalidenvorsorge	240
	16.3.1 Verfassungsgrundlage	240
	16.3.2 Ausarbeitung des Gesetzes	241
16.4	Erste Umgestaltung der gesetzlichen Grundlagen	242
	16.4.1 1. BVG-Revision	242

17 Voraussetzungen 243

17.1	Allgemeine Vorschriften zur beruflichen Vorsorge	244
	17.1.1 Vorsorgeeinrichtung	244
	17.1.2 Stiftungsrat	246
	17.1.3 Kontrolle	246
	17.1.4 Experte für die berufliche Vorsorge	246
	17.1.5 Aufsicht	247
	17.1.6 Mitwirkung der Arbeitnehmer	247
	17.1.7 Planmässigkeit	248
	17.1.8 Übernahme des Risikos	248
17.2	Gesetzliches Obligatorium (BVG)	249
	17.2.1 Ziel des Gesetzes	249
	17.2.2 Versicherte Personen	249
	17.2.3 Versicherter Jahreslohn und Koordinationsabzug	249

	17.2.4	Beginn und Ende der obligatorischen Versicherung	250
	17.2.5	Versicherungsleistungen	250
	17.2.6	Finanzierung	251
	17.2.7	Anpassung laufender Renten an die Lohn- und Preisentwicklung	252
	17.2.8	Freizügigkeit bei vorzeitigem Dienstaustritt	253
	17.2.9	Eintrittsgeneration	253
	17.2.10	Vorsorgeeinrichtung	253
	17.2.11	Kontrolle	253
	17.2.12	Sicherheitsfonds	253
	17.2.13	Auffangeinrichtung	254
	17.2.14	Steuerliche Behandlung der Vorsorge	254
	17.2.15	Garantie der erworbenen Rechte	254
17.3	Tarifliche Voraussetzungen		255
	17.3.1	Grundsätzliches	255
	17.3.2	Planmässigkeit	258
	17.3.3	Versicherung von Arbeitgebern	258
	17.3.4	Versicherung durch die Auffangeinrichtung	258
	17.3.5	Weitere Massnahmen, Bestimmungen und Kriterien	259
		■ Der Kollektivlebensversicherungs-Tarif KL 95 – Spezial	260
17.4	Prämienberechnungen		262
	17.4.1	Einjährige und nivellierte Prämie	262
		■ Tendenzen in der Risikobeurteilung – Spezial	263
17.5	Kollektivversicherungsvertrag		265
	17.5.1	Vertragsdauer	265
	17.5.2	Überschussbeteiligung	265
	17.5.3	Kündigung	266
	17.5.4	Rückerstattungswert	266
18	**Elemente der Vorsorge (Reglement)**		**267**
18.1	Vorsorgeplan		268
18.2	Betriebliches Obligatorium		269
18.3	Lohndefinitionen		270
	18.3.1	AHV-Jahreslohn	270
	18.3.2	Grundlohn	270
	18.3.3	Versicherter Lohn	270
	18.3.4	Koordinierter Lohn	270
18.4	Leistungs- oder Beitragsprimat		272
	18.4.1	Leistungsprimat	272
	18.4.2	Beitragsprimat	273
	18.4.3	Gemischtes Leistungssystem	273
18.5	Leistungsarten und Leistungsfälle		274
	18.5.1	Übersicht über die Leistungsarten	274
	18.5.2	Leistungsform – Rente oder Kapital	274
	18.5.3	Umfang der Leistungen	275

	18.5 4	Austritt und Freizügigkeit	275
	18.5.5	Form der Freizügigkeit	275
18.6	Koordinierung mit der AHV, IV, UV, MV und der Krankentaggeldversicherung		276
	18.6.1	Koordinierung mit dem AHVG und IVG	276
	18.6.2	Koordinierung mit dem UVG und MVG	277
	18.6.3	Koordinierung mit der Krankentaggeldversicherung	277
	18.6.4	Regress auf haftpflichtige Dritte	278
18.7	Finanzierung		279
18.8	Beitragsregelung		280
	18.8.1	Finanzierungsquellen	280

19 Spezialfragen 283

19.1	Gleichbehandlung der Geschlechter	284
	19.1.1 Gesetzliche Rahmenbedingungen	284
19.2	Flexible Pensionierung	285
	19.2.1 Vorbezug	285
	19.2.2 Aufschub	286
19.3	Die Teuerungsanpassung bei laufenden Renten	287
	19.3.1 Obligatorische Teuerungsanpassung	287
	19.3.2 Teuerungsanpassung bei überobligatorischen Renten	288
	■ Ausgleich unterschiedlicher Altersstrukturen – Spezial	289
19.4	Wohneigentumsförderung durch Vorbezug oder Verpfändung	290
	19.4.1 Vorbezug	290
	19.4.2 Verpfändung	291
19.5	Begünstigung	293
	19.5.1 Begünstigte Personen	293
	19.5.2 Begünstigung für Freizügigkeit und bei gebundener Vorsorge	294
19.6	Steuern	295
	19.6.1 Überblick über die steuerlichen Vorschriften für die Steuerbefreiung der Personalvorsorgeeinrichtungen	295
	19.6.2 Übergangsregelung	296
19.7	Volle Freizügigkeit	298
	19.7.1 Berechnung der Freizügigkeitsleistung	298

20 Versicherungsformen und Dienstleistungen 301

20.1	Direktversicherung	302
	20.1.1 Vollversicherungen	302
	20.1.2 Halbautonome Kassen	303
	20.1.3 Autonome Kassen	303
20.2	Rückversicherung	304
	20.2.1 Excess-of-Loss-Rückversicherung	304

	20.2.2	Stop-Loss-Rückversicherung	305
	20.2.3	Rückversicherung des Einzelrisikos	305
20.3	**Verkauf und Betreuung**		306
	20.3.1	Beratung	306
	20.3.2	Kompetenzen	307
20.4	**Spezialdienstleistungen**		308
	20.4.1	Eigene Gewinn- und Verlustrechnung	308
	20.4.2	Elektronischer Datentransfer mit Kunden (EDK)	309
	20.4.3	Anlagestiftungen für Personalvorsorgeeinrichtungen	309

Stichwortverzeichnis 311

Teil 1 **Lebensversicherung heute**

Lebensversicherung heute

1 Marktstellung im Vorsorge- und Finanzmarkt

Bis in die 70er-Jahre entwickelte sich der Lebensversicherungsmarkt nur gemächlich. In den 80er-Jahren begann eine Veränderung, die sich seither stetig beschleunigt hat. Allfinanz, Kostentransparenz, Konkurrenzdruck, Internationalisierung, flexible Produkte, kritisches Kundenbewusstsein und ein gefährlicher Margenabbau waren Stichworte zur damaligen Situation. Kennzeichen der 90er-Jahre sind: Deregulierung des Marktes, nachdem die Versicherungsaufsicht liberalisiert wurde, Globalisierung der Produkte, Konzentration von Unternehmen, Differenzierung des Vertriebes und der Angebote sowie die weitreichende Vermischung von Versicherungs- und Bankgeschäften. Die Visionen einiger Fachleute reichen so weit, dass die Versicherungswirtschaft mittelfristig ihre Branchengrenzen auflösen und ihre geschäftlichen Ziele völlig neu definieren wird.

Lebensversicherung heute

1.1 Kurzer Rückblick

Die einzelnen Finanzmärkte, insbesondere jene der Lebensversicherungen und Banken, waren bis in die 80er-Jahre klar voneinander abgegrenzt. Die traditionellen ==Todesfall-, Erlebensfall-, Erwerbsausfall- und gemischten Versicher==ungen wurden weitgehend über ein Netz von exklusiv für eine bestimmte Gesellschaft tätige Generalagenturen vertrieben.

Das Kollektivgeschäft wurde damals von einer relativ kleinen Zahl spezialisierter Berater betreut. Die AHV und IV waren zu diesem Zeitpunkt wenig ausgebaut, das Unfallversicherungs-Gesetz (UVG) wie auch das Gesetz über die berufliche Vorsorge (BVG) existierten noch nicht; das 3-Säulen-Konzept stand noch in den Anfängen.

Die schweizerischen Lebensversicherer waren weitgehend unter sich und konnten mit Wachstum, Ertrag und Gewinn mehrheitlich zufrieden sein.

Obwohl damals schon Lebensversicherungen aktiv verkauft werden mussten, hätte man, analog zu anderen Branchen, jene Situation als **Verkäufermarkt** bezeichnet. In einem solchen Markt kann alles, was produziert wird, ohne Probleme verkauft werden. Die Ausrichtung betriebswirtschaftlicher Entscheidungen erfolgt deshalb beinahe ausschliesslich mit Blick auf die Produktion.

Verkäufermarkt
Nachfrageüberschuss bzw. Angebotsdefizit.

1.2 Beschleunigter Wandel

Seit Beginn der 80er-Jahre hat sich die Situation drastisch und sehr rasch verändert: Die Leistungen der 1. Säule wurden verbessert, nach dem UVG wurde mit dem BVG auch die 2. Säule institutionalisiert und mit den Bestimmungen über die gebundene Vorsorge auch die 3. Säule wesentlich beeinflusst. Die im BVG vorgenommene Trennung zwischen dem Spar- und Risikoteil erleichterte den Einstieg der Banken in die berufliche Vorsorge, während mit der gebundenen Vorsorge die Banken ihren Kunden zum ersten Mal auch im Bereiche des privaten Sparens mit den Vorsorgekonti wesentliche Steuervorteile anbieten konnten. Damit waren die Weichen für den Einstieg der Banken ins Geschäft der beruflichen und privaten Vorsorge gestellt. Die früher klar voneinander getrennten Bank- und Versicherungsgeschäfte begannen sich immer mehr zu durchdringen. Es bildete sich ein Wachstumsmarkt für die Säulen 2 und 3a. Die Finanzierung dieser Vorsorgeprodukte erfolgte über das Kapitaldeckungsverfahren; der künftige Wert des Guthabens war damit bei Vertragsbeginn festgelegt.

Der Begriff **Allfinanz** entstand, und seit Anfang der 90er-Jahre operieren auch die Grossbanken im Lebensversicherungssektor. Interessanterweise haben sie sich dabei für ganz unterschiedliche Lösungen entschieden. Versicherungen gründeten eigene Banken und umgekehrt. Die Varianten reichen z.B. vom Aufbau einer eigenen Lebensversicherungsgesellschaft für Privatkunden oder eigener Abteilungen und Kapitalanlagegesellschaften für das Unternehmensgeschäft bis zur Kooperation mit einer grossen Versicherungsgruppe. Zusätzlich stiegen auch ausländische Konzerne in den Schweizer Markt ein. Diese neuen Marktbewerber stellen gegenüber den traditionellen Lebensversicherern spezifische Vorteile wie spezielle Kundenbeziehungen, Anlagegeschäfte und anders gestaltete Abschlusskosten in den Vordergrund.

Durch den möglichen Wegfall der relativen Steuervorteile der Lebensversicherung und einem Trend zur Trennung der Risikodeckungen vom Sparprozess ist speziell beim

> **Allfinanz** Verknüpfung von Finanzdienstleistungen aus dem Bereich von Banken und Lebensversicherungen.[1]

---

[1] Sigma, 2/92, S. 4.

Lebensversicherung heute

Spartteil eine wesentlich **grössere Preistransparenz** festzustellen. Die kritischer gewordenen und besser aufgeklärten Kunden reagieren darauf mit einer verstärkten Preissensibilität. Dieses Preisbewusstsein zwingt wiederum die Lebensversicherer zu neuen Angeboten mit flexibleren Formen, verbesserter **Rentabilität** für den Kunden sowie einem verstärkten Mitspracherecht in der Vorsorge. Der Kunde will wissen, wie das Geld angelegt wird.

Auf diese Weise sind in kürzester Frist anteilsgebundene Lebensversicherungen, Fremd- und Doppelwährungspolicen, index- oder derivatorientierte Produkte sowie verschiedene Finanzdienstleistungen für die berufliche Vorsorge entstanden. Die Aktienhausse von 1996 bis 1998 wirkte sich auch auf diese Produkte aus. Das überdurchschnittliche jährliche Wachstum führte zu einem sehr optimistischen Verhalten und zu hohen Erwartungen der Anleger. Damit wird die Konkurrenzfähigkeit der Lebensversicherer immer stärker von den Ergebnissen des Anlagegeschäftes und somit von immer labileren und risikoreicheren Finanzmärkten abhängig.

Die Entwicklungen auf dem EU-Binnenmarkt haben auch die schweizerische Versicherungsaufsicht beeinflusst, die ihre Praxis liberalisiert hat und sich damit den **EU-Richtlinien** annähert. Dies verstärkt die bereits genannten Entwicklungen im Produktesektor und verbessert gleichzeitig die Ausgangslage für unabhängige Vermittler (Makler), die ihre Dienstleistungen vermehrt den nach Objektivität strebenden Privat- und Unternehmenskunden anbieten. Vermehrt drängen auch ausländische Anbieter in den relativ kleinen, stark gesättigten und mehrsprachigen Markt. Selbst wenn dies vorerst noch von untergeordneter Bedeutung ist, so werden doch die Makler ausländische Produkte in ihr Angebot aufnehmen.

Die Tendenz zeigt in Richtung **Multidistribution: Versicherungen, Banken, die Post, Makler, Broker, Allfinanzberater, Strukturvertriebe und Telemarketing-Unternehmen** bieten ihren Kunden individuell ausgewählte Produkte mit speziellen Rabatten und Konditionen an.

Während die Lebensversicherer bisher länderspezifische Produkte entwickelten und verkauften, arbeiten sie heute mit Kernprodukten, die für die jeweiligen Märkte besonders ergänzt und angepasst werden. In Zukunft werden einzelne Unternehmen noch enger zusammenarbeiten oder durch Akquisition Tochtergesellschaften gründen, um damit Nischenprodukte anbieten zu können.

Der rasante technologische Fortschritt in den Bereichen Informatik und Telekommunikation ermöglicht grosse **Produktivitätssteigerungen** im administrativen Sektor, verbunden mit verbesserten, flexiblen Angeboten. Über das Extranet tauschen die Versicherungsgesellschaften direkt mit Maklern, Brokern und mit Grosskunden ihre Daten aus. Die Benützung ist auf autorisierte Personen beschränkt.

Die betriebsinterne Kommunikation wird vermehrt über das Intranet abgewickelt. Zu diesem System haben nur die Mitarbeiter Zugang.

Diese Entwicklung bietet ganz neue Chancen im Vertrieb, wo mit stationären und portablen Personal-Computern informatikgestützte Beratungs- und Serviceleistungen erbracht werden. Damit können aufwändige und anspruchsvolle Beratungen wesentlich einfacher und damit von einem grösseren Kreis von Aussendienstmitarbeitern zugleich sehr viel effizienter durchge-

---

Rentabilität
Verhältnis (Quotient) einer Erfolgsgrösse zum eingesetzten Kapital (z. B. Reingewinn verglichen mit dem Eigenkapital).

EU-Richtlinien
• Die Aufsicht über die Unternehmung erfolgt im Sitzland mit dem Schwerpunkt auf der Solvenzüberwachung.
• Gegenseitige Dienstleistungsfreiheit.

Produktivität
Verhältnis (Quotient) von Output zu Input (z. B. Neuprämie verglichen mit der Zahl Aussendienstmitarbeiter).

führt werden. Die neuen Technologien ermöglichen aber auch gewaltige Verbesserungen des Managements von Kundendaten und schaffen damit die Basis für einen differenzierten Einsatz des Aussendienstes, den gezielten Einsatz von Direkt-Marketing-Techniken bis hin zum Direktverkauf und ganz generell für die Entwicklung von neuen, alternativen Vertriebskanälen. Heute kann der Kunde auf dem Internet Angebote bei sich zu Hause studieren und vergleichen oder z. B. Schadenmeldungen sowie Adressänderungen direkt seinem Versicherer übermitteln. In diesem Umfeld entsteht ein ausgeprägter Käufermarkt, der sich durch einen verschärften Wettbewerb, einen starken Kosten- und damit auch Margendruck äussert. Es entsteht eine Marktsituation mit sinkenden Preisen. Ursache eines Käufermarktes ist ein Angebotsüberschuss, der sich bei steigendem Angebot und konstanter Nachfrage ergibt, oder ein Nachfragedefizit, das bei sinkender Nachfrage und konstantem Angebot entsteht.

Käufermarkt
Angebotsüberschuss oder Nachfragedefizit.

1.3 Konsequenzen für die Lebensversicherer

Aufgrund systematischer Analysen des Marktes, der eigenen Stärken und Schwächen im Vergleich zur Konkurrenz und der verfügbaren Ressourcen sind die einzelnen Gesellschaften gezwungen, sich für eine bestimmte strategische Richtung zu entscheiden, z. B. für eine Spezialisierung oder Allfinanzstrategie. Grössere Gesellschaften können mit unterschiedlich ausgebildeten und geführten Aussendienstmitarbeitern verschiedene Segmente bearbeiten. Das Unternehmen vermag dabei nicht alles allen Kunden anzubieten. Es muss sich auf die Bedürfnisse bestimmter Marktsegmente konzentrieren und versuchen, dort das bestmögliche Angebot von Produkten und Beratungs- sowie Servicedienstleistungen über den am besten geeigneten Vertriebskanal anzubieten.

Dies wird dazu führen, dass die einzelnen Gesellschaften nicht mehr alle verschiedenen Zielgruppen mit ihrem traditionellen Netz von Aussendienststellen bearbeiten können. Sie müssen für bestimmte Kundensegmente zusätzlich neue Absatzkanäle aufbauen. Während früher eine sehr breite Palette an Produkten über einen einzigen Vertriebskanal abgesetzt wurde, werden künftig stark nach Zielgruppen differenzierte Angebote über einen Mix von verschiedenen Kanälen an die Kunden herangetragen. Dabei spielen generell Produktivitäts- und Qualitätsverbesserungen, die mit Qualitäts-Management-Systemen und

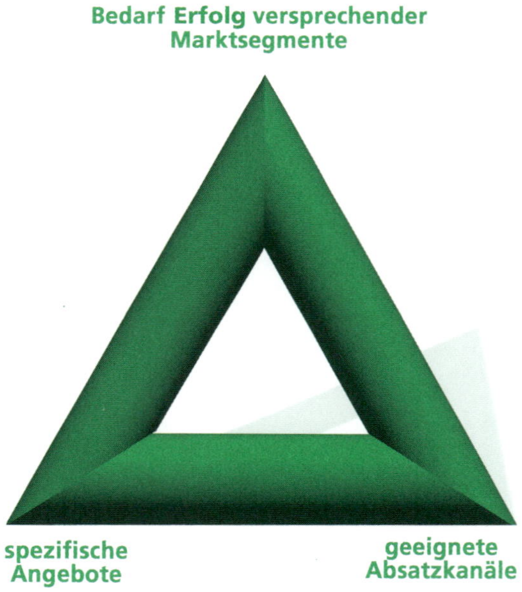

Abb. 1.3–1: Grundpfeiler der strategischen Positionierung

Marktstellung im Vorsorge- und Finanzmarkt

ISO- sowie EFQM[1]-Zertifizierungen bestimmte Standards erreichen, eine entscheidende Rolle. Trotzdem wird künftig die Definition von Qualität relativ sein, weil letztlich der Kunde bestimmt, welches für ihn das richtige Mass an Qualität ist.

Die systematische Analyse der Kundenbedürfnisse stellt den Ausgangspunkt für sämtliche Überlegungen dar. Es empfiehlt sich, anstelle des bisher produktorientierten Ansatzes, der noch auf der Verkäufermarktsituation beruht, eine Analyse durchzuführen, die sich an den finanzwirtschaftlichen Funktionen der Kunden orientiert. Sie erleichtert nicht nur das Ermitteln der Bedürfnisse der verschiedenen Marktsegmente, sondern stellt zugleich sicher, dass auch die **Substitutionskonkurrenz** mit ihren Angeboten entsprechend berücksichtigt wird.

> **Substitutionskonkurrenz**
> Der Kunde kann den einen Anbieter durch einen anderen ersetzen. Substitutionskonkurrenten sind zum Beispiel Versicherungen, Banken oder Kreditkartenorganisationen.

---

[1] EFQM: European Foundation for Quality Management

1.4 Finanzwirtschaftliche Funktionen

Die folgenden Betrachtungen basieren auf dem von Bätscher im Jahre 1989 veröffentlichten Gedankengut über Financial Services[1], welches sich in der Zwischenzeit als guter Ansatz für die nähere Analyse der Kundenbedürfnisse im Lebensversicherungsmarkt erwiesen hat.

1.4.1 Aus Kundensicht

Schützen

Im Zentrum steht die Funktion Schützen. Dabei geht es um den Schutz von Einkommen und Vermögen bei Krankheit oder Unfall hinsichtlich Heilungskosten, vorübergehendem oder dauerndem Erwerbsausfall, vorzeitigem Tod, Langlebigkeit und Pflegebedürftigkeit (vor allem im Alter). Im Vordergrund stehen dabei Versicherungsnehmer, Partner, Familie, aber auch Geschäftspartner, Kreditgeber usw.

Einnehmen und Ausgaben

Jeder private Haushalt, aber auch jedes Unternehmen nimmt Geld ein

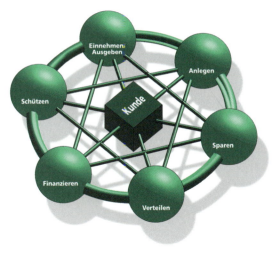

Abb. 1.4-1: Finanzwirtschaftliche Funktionen aus Kundensicht

und gibt Geld aus. Bei den Funktionen Einnehmen sowie Ausgeben spielen deshalb der Zahlungsverkehr und die damit verbundenen Dienstleistungen (wie z. B. Prämien- und Auszahlungskonti im Zusammenhang mit einem Lebensversicherungsvertrag) eine grosse Rolle.

---
[1] Bätscher, 1989, S. 66 ff.

Finanzieren

Wird mehr Geld ausgegeben als eingenommen, so muss sich der Kunde finanzieren. Dies ist ein klassisches Geschäft aus dem Bankbereich, die Lebensversicherer bieten hier nur ==Policendarlehen und Hypothekarkredite== an.

Sparen und Anlegen

Nimmt der Kunde mehr ein als er ausgibt, so kann er ==sparen== und ein Vermögen aufbauen. Innerhalb dieser beiden Funktionen spielt sich der Hauptwettbewerb zwischen Lebensversicherungen und Banken ab. Von grosser Bedeutung sind dabei immer noch die bestehenden Steuervorteile, speziell für Kunden mit einem hohem Einkommen und damit einem hohem **Grenzsteuersatz**. Im Bereich der Lebensversicherung steht das mittelfristige Sparen ==für bestimmte individuelle Ziele== und die ==Altersvorsorge== im Vordergrund. Normalerweise ist es ein Sparen mit der Garantie, das Sparziel bei bekanntem Einsatz zu erreichen (==Sparzwang== dank regelmässigem Inkasso der Prämien und ein garantierter technischer Zinssatz), allenfalls mit einer Fremdwährung oder mit der Kombination von verschiedenen Währungen. Als Alternative zum Sparzwang existieren flexible Einmaleinlage-Produkte. Relativ neu ist das Anlagesparen, das Sparen mit anteilsgebundenen Lebensversicherungen oder mit Fondsprodukten. Speziell für institutionelle Anleger oder für Anlagestiftungen für die berufliche Vorsorge grosser Pensionskassen wird ein individuelles Management des Kapitalportefeuilles angeboten.

Verteilen

Beim ==Verteilen== geht es um die finanziellen Umschichtungen des Vermögens auf verschiedene Anlageformen ==(Asset Allocation),== Optimierung von Liquidität, Rendite und Anlagerisiko, das Realisieren individueller Ziele (Wohneigentum, Selbständigkeit, neue Einrichtungen, Reisen, Hobbys usw.) sowie um die Umwandlung von Vermögen in ein regelmässiges Einkommen (z. B. mit Altersrenten).

1.4.2 Finanzwirtschaftlicher Problemlösungs- und Entscheidungsprozess

Um im Bereich dieser komplexen finanzwirtschaftlichen Funktionen eine optimale Lösung zu erhalten, muss ein mehrstufiger Problemlösungs- beziehungsweise Entscheidungsprozess durchgespielt werden. Dazu benötigen die Kunden in der Regel die Unterstützung durch gut ausgebildete, kompetente Berater.

Dieser Prozess beginnt mit der Definition der finanziellen Ziele des Kunden. Anschliessend muss der Ist-Zustand festgestellt werden. Aufgrund dieser Informationen sind mögliche Handlungsalternativen auszuarbeiten und zu bewerten. Nach dem Entscheid ist die Realisierung an die Hand zu nehmen und deren Verlauf in der Folge regelmässig im Sinne eines Soll-Ist-Vergleiches zu kontrollieren. Unter Berücksichtigung der sich dauernd verändernden Umwelt müssen eventuell die nötigen Korrekturmassnahmen eingeleitet werden.

Der gesamte Prozess stellt damit einen Regelkreis und einen laufenden Optimierungsprozess dar, bei dem die Ziele und die finanziellen Mittel im Wechselspiel zur Umwelt laufend neu festgesetzt und zur Verfügung gestellt werden müssen.

Aufgrund dieser verschiedenen finanzwirtschaftlichen Funktionen und der Kenntnis des entsprechenden Problemlösungsprozesses ergibt sich, dass sich die Lebensversicherer als Teil des gesamten Finanzmarktes hier in Konkurrenz zu verschiedensten Anbietern befinden.

> **Grenzsteuersatz**
> Steuerbelastung in % auf einem zusätzlichen steuerbaren Einkommen.

Lebensversicherung heute

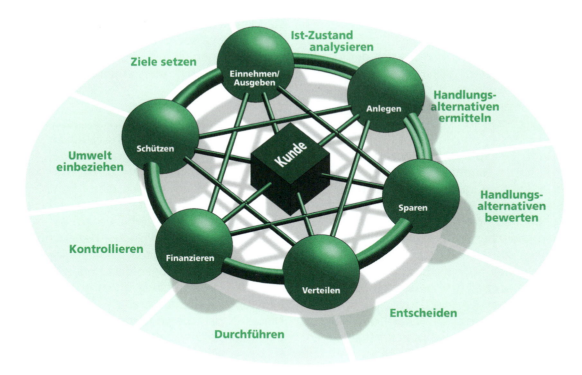

Abb. 1.4–2: Finanzwirtschaftlicher Problemlösungs- und Entscheidungsprozess

Dabei wird auch deutlich, warum es so wichtig ist, die Kundenbedürfnisse anhand der aufgezeigten Funktionen zu analysieren. Ein Konkurrent der Lebensversicherungen ist nämlich nicht nur ein Unternehmen, das gleiche oder ähnliche Produkte anbietet, sondern auch jenes, das bestimmte finanzwirtschaftliche Funktionen beim Kunden mit völlig anderen Produkten erfüllt.
Bei einer rein produkteorientierten Betrachtung würden die Lebensversicherer Gefahr laufen, die Substitutionskonkurrenz zu vernachlässigen, um plötzlich feststellen zu müssen, dass Banken oder andere Anbieter im Finanzmarkt bereits wesentliche Marktanteile gewonnen haben. Ein Blick über die Landesgrenzen hinaus zeigt, dass in benachbarten Märkten die Vielfalt der verschiedenen Anbieter im Finanzmarkt bereits wesentlich grösser ist als in der Schweiz.
Die funktionsorientierte Analyse hilft auch bei der kreativen Entwicklung neuer Ideen im Produkte- und Beratungsangebot der Lebensversicherer für die verschiedenen Zielgruppen. Es bedeutet aber auch, dass die Versicherer die Angebote der verschiedenen Mitkonkurrenten bezüglich ihrer Stärken und Schwächen genau kennen müssen. In der Praxis ist das Streben nach Transparenz ein sehr schwieriges, oft sogar unmögliches Unterfangen.
Die finanzwirtschaftlichen Funktionen bilden also einen sehr nützlichen Denkraster. Wenn die Versicherungsunternehmungen Dienstleistungen, die zur Erfüllung einer oder mehrerer finanzwirtschaftlicher Funktionen beitragen oder deren Erfüllung ganz übernehmen, als **Finanzdienstleistungen** (financial services) bezeichnen, so wird klar,

> **Finanzdienstleistungen**
> Dienstleistungen, die zur Erfüllung finanzwirtschaftlicher Funktionen beitragen.

Marktstellung im Vorsorge- und Finanzmarkt

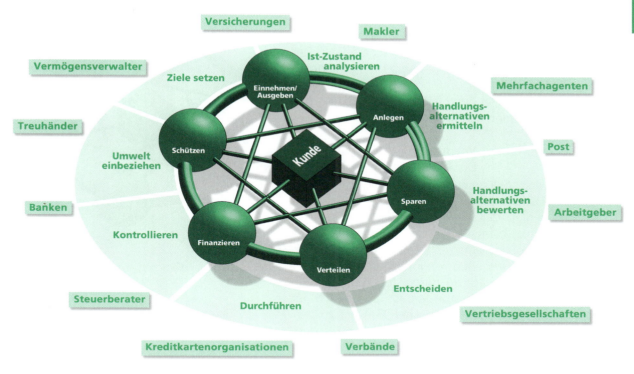

Abb. 1.4–3: Mögliche Anbieter im Finanzmarkt

dass die Lebensversicherer mit ihrem Angebot Teil des gesamten Finanzmarktes und damit Anbieter von Finanzdienstleistungen sind. Finanzdienstleistungen entsprechen der Gesamtheit aller von Kreditinstituten sowie von banknahen und bankfremden Substitutionskonkurrenten angebotenen Leistungen, teilweise unter Einsatz modernster Informations- und Kommunikationstechnik.

1.4.3 Aus Anbietersicht

Als Gegenstück zu den finanzwirtschaftlichen Funktionen aus Kundensicht ergeben sich auch solche aus der Optik des Anbieters.

Sichern
Analog zur Funktion Sichern übernimmt der Lebensversicherer den entsprechenden Risikoschutz und sichert damit das Einkommen und das Vermögen seiner Kunden bei teilweiser oder vollständiger Erwerbsunfähigkeit, im Alter oder bei Tod.

Anlegen
Als Gegenstück zum Sparen und Anlegen aus Kundensicht übernimmt der Anbieter die Anlage dieser Gelder für seine Kunden. Er setzt sein ganzes professionelles Know-how ein, um dank bestmöglicher Kapitalerträge den Versicherungsnehmern konkurrenzfähige Renditen anbieten zu können. Die Vorsorgeanbieter müssen dabei die gesetzlich verankerten Anlagevorschriften befolgen, weshalb sich die Rendite einer Kapitalanlage mit einer Lebensversicherung nicht direkt mit dem Ertrag einer Bankanlage vergleichen lässt. Die Banken kennen keine einengenden

Anlagevorschriften. Für reine anteilsgebundene Lebensversicherungen bietet der Versicherer verschiedene Anlagen an. Der Kunde wählt die gewünschten Anlagekategorien aus und profitiert von höheren Erträgen; er nimmt aber auch die damit verbundenen Risiken in Kauf.

Vermitteln

Die Funktion Vermitteln besitzt verschiedene Bedeutungen. Sie umfasst das Ausführen von Transaktionen für die Kunden in der Abwicklung des Zahlungsverkehrs, beim Abwickeln von Börsen-, Emissions- und anderen Geschäften sowie auch im Weitergeben von Informationen.

Eine Vermittlung durch den Anbieter von Finanzdienstleistungen ist aber auch im Sinne eines Brokers oder Maklers zu verstehen, der Anbieter und Käufer auf dem Markt zusammenbringt. Diese Vermittlungsform umfasst z. B. den Geld- und Kapitalhandel, den Kauf und Verkauf von Wertschriften, Immobilien oder Devisen, das Vermitteln von Rückversicherungen usw.

Finanzieren

Das Finanzieren beschränkt sich aus aufsichtsrechtlichen Gründen beim Lebensversicherer auf die Bereiche der Policendarlehen und der Hypothekarkredite. Weitere Finanzierungen erfolgen über Empfehlungen an die entsprechenden Finanzinstitute.

Verwalten

Die Funktion Verwalten ist sehr vielfältig. Sie umfasst das Verwalten von Versicherungsverträgen, Immobilien und Wertschriftendepots, aber auch die aktive Betreuung und Pflege der Privat- und Unternehmenskunden. Verwalten lässt sich deshalb nicht nur als eher passives Administrieren, sondern auch als aktives Gestalten und Weiterentwickeln verstehen.

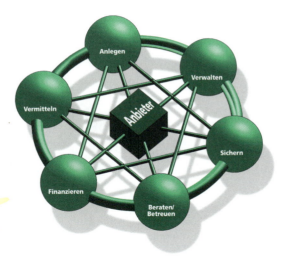

Abb. 1.4–4: Finanzwirtschaftliche Funktionen aus Anbietersicht

Beraten

Eine der wichtigsten Funktionen für den Lebensversicherer ist das Beraten. Die Beratung überlagert alle bisher aufgeführten Funktionen und steht mit diesen in einem relativ engen Zusammenhang. Speziell auf dem komplexen Gebiet der Vorsorge muss in der Regel dem Kunden zuerst seine aktuelle Situation dargestellt werden. Meist ist dieser erst dann in der Lage, Entscheide darüber zu fällen, mit welchen Prioritäten und in welchen Schritten er die verschiedenen Produkte zur Deckung seiner Bedürfnisse einsetzen will. Eine auf Beratungs- und Betreuungsqualität ausgerichtete Unternehmensstrategie umfasst deshalb Beratungskomponenten praktisch zu jeder finanzwirtschaftlichen Funktion eines Kunden.

Wenn sich für die Produkte wenig Differenzierungsmöglichkeiten ergeben oder wenn ein Produktvorsprung von der Konkurrenz rasch aufgeholt werden kann, bieten sich im Bereich der Beratung und Kundenpflege bedeutend vielfältigere Möglichkeiten zur Profilierung und Abgrenzung von der übrigen Konkurrenz.

Marktstellung im Vorsorge- und Finanzmarkt

Betreuen

Da sich im Bereich der Vorsorge die persönlichen und beruflichen Verhältnisse immer wieder verändern, aber auch das Umfeld bezüglich Steuern und Sozialversicherungen sich weiterentwickelt, müssen neugewonnene Kunden entsprechend betreut werden. Betreuen umfasst damit das periodische Überprüfen bestehender Verträge und allfällige Anpassungen, sofern sich der Bedarf in der Zwischenzeit verändert hat. Dazu gehören auch die laufende Information der Kunden, Hinweise auf neue Verhältnisse (Markttrends, Gesetze usw.), Erhöhungsangebote zur maximalen Ausschöpfung von Steuervorteilen usw.

Mit dem zunehmenden Konkurrenzdruck und dem stärkeren Verdrängungswettbewerb wird die gute Betreuung bestehender Kunden ein bedeutend grösseres Gewicht erhalten, als dies früher der Fall war. Es ist wesentlich günstiger, bestehende Kunden gut zu pflegen und zufrieden zu erhalten, als im harten Wettbewerb neue Kunden zu gewinnen. Die Versicherer berücksichtigen dies heute vermehrt bei der Neuordnung ihrer Aussendienst-Entschädigungsmodelle. Zur richtigen Betreuung gehört auch ein differenzierter Einsatz der zur Verfügung stehenden Mittel entsprechend der Bedeutung und Bedürfnislage der verschiedenen Kundengruppen. Auch hier werden in Ergänzung zum Aussendienstmitarbeiter vermehrt Instrumente wie Direkt-Mails und Tele-Marketing eingesetzt. Es ist klar, dass das Spektrum bei der Beratung und Betreuung vom kleinen Einzel- bis zum grossen, multinationalen Unternehmenskunden sehr breit ausfällt. Entsprechend unterschiedlich ist die **Breite** und **Tiefe** der entsprechenden Dienstleistungen. Dabei stellt sich die Frage, welchen Kundengruppen bestimmte Beratungsdienstleistungen gratis oder gegen Entgelt angeboten werden sollen. Der Gedanke der Differenzierung erhält auch hier immer mehr Gewicht.

Es ist das Marketingziel eines jeden Anbieters, die finanzwirtschaftlichen Funktionen seiner potenziellen sowie der bestehenden Kunden zu analysieren und seine eigenen Funktionen darauf abzustimmen. Im Vordergrund steht klar der Kunde mit seinem Bedarf. Selbst vor dem Hintergrund der technischen Machbarkeit und Überlegungen zum Kosten-Nutzen-Verhältnis und der **Wirtschaftlichkeit** ergibt sich theoretisch eine grosse Zahl denkbarer Beziehungen. Anstatt zu versuchen, sein Angebot auf den gesamten Markt auszurichten und es allen recht zu machen, empfiehlt es sich, sich an den Bedürfnissen Erfolg versprechender Marktsegmente sowie an den eigenen Stärken zu orientieren und durch den konzentrierten Einsatz der Mittel in diesen Segmenten Konkurrenzvorteile im Sinne einer strategischen Erfolgsposition zu erlangen.

Breite
Anzahl der verschiedenen Dienstleistungsprodukte

Tiefe
Anzahl der verschiedenen Produktionsstufen (oder Vertriebsstufen) eines Produktes.

Wirtschaftlichkeit
Verhältnis (Quotient) von Ertrag zu Aufwand oder Erlöse und Kosten (z. B. Honorarerlös verglichen mit den Personalkosten.

Lebensversicherung heute

2 Vorsorgebedürfnisse und Marktsegmentierung

Der effiziente Einsatz von Ressourcen, insbesondere jene der Verkaufsorganisation, verlangt von den Lebensversicherungsgesellschaften, dass sie die verschiedenen Kundenbedürfnisse gezielt angehen. Die Versicherer bilden deshalb aus ihren Kunden Gruppen mit weitgehend homogenen Bedürfnissen.

Dieser Vorgang wird Marktsegmentierung genannt. Eine erste Segmentierung ist die übliche Aufteilung in private Haushalte einerseits und Unternehmen andererseits. Jedes dieser beiden Segmente kann weiter aufgegliedert werden.

2.1 Private Haushalte

2.1.1 Klassische Einflusskriterien für den Vorsorgebedarf

Der reine Vorsorgebedarf eines Privathaushaltes entspricht dem aus Kundensicht notwendigen Ersatzeinkommen bei Erwerbsunfähigkeit, bei Tod oder im Alter. Der Bedarf wird zudem bestimmt durch das Vermögen sowie die persönlichen Ziele des Kunden bezüglich Eigenheim, Selbstständigkeit im Beruf, Ausbildung der Kinder, vorzeitiger Pensionierung usw.

Sowohl der Vorsorgebedarf als auch die Leistungen aus der staatlichen und beruflichen Vorsorge hängen vom Zivilstand, Geschlecht, von der Anzahl der Kinder (und deren Alter sowie Ausbildung), vom erreichten Alter (und den Beitragsjahren), vom Einkommen und von der Erwerbstätigkeit als Arbeitnehmer oder als Selbstständigerwerbender ab.

Die Vorsorgebedürfnisse im Zeitablauf beziehungsweise in den einzelnen Lebenszyklen einer Person verändern sich deutlich. Der Bedarf ist unterschiedlich je nach dem, ob es sich um einen jungen Single, einen jungen Partnerhaushalt oder ein Ehepaar, eine Familie mit kleinen oder erwachsenen Kindern, ein älteres Paar oder einen Rentner handelt. Während für junge Ledige die Einkommenssicherung bei Erwerbsausfall infolge Krankheit oder Unfall im Vordergrund steht, kommt für junge Familien, neben einer verstärkten Einkommenssicherung bei Erwerbsunfähigkeit, noch der Todesfallschutz hinzu.

Sind die Kinder erwachsen, kann der Risikoschutz zugunsten des Sparens für das Alter reduziert werden. Die Finanzierung grösserer Anschaffungen oder auch das Bereitstellen von Kapital für eine allfällige vorzeitige Pensionierung sind nun aktuell.

Ganz anders wiederum präsentiert sich die Situation für Rentner, wo die Einkommenssicherung bei Erwerbsunfähigkeit, der vorzeitige Tod sowie die Vorsorge für das Alter nicht mehr relevant sind. Dafür geht es um Fragen der Vermögenssicherung, des Güter- und Erbrechtes, der Nachfolgeregelungen bei Selbstständigerwerbenden, der Sicherung eines garantierten lebenslangen Einkommens, der Wahl des Wohnsitzes im Alter und um Probleme im Zusammenhang mit einer eventuell eintretenden Pflegebedürftigkeit usw.

Vorsorgebedürfnisse werden heute auch mithilfe eines Lebensphasenmodells beur-

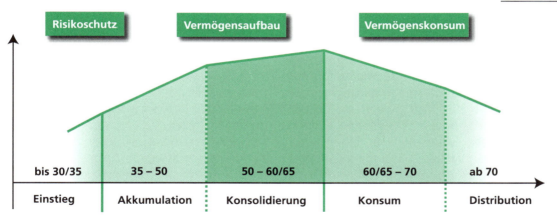

Abb. 2.1–1: Lebensphasenmodell

teilt, das sich vorwiegend am finanziellen Bedarf einer Person orientiert.

Einstieg: Dieser Lebensabschnitt folgt der Ausbildung und ist charakteristisch für den Berufseinstieg. Zentral ist der Konsum; die ersten grossen Anschaffungen werden getätigt. Das Sparpotenzial für den Vermögensaufbau ist noch gering. Besonderes Augenmerk ist auf die Absicherung gegen die wirtschaftlichen Folgen einer Invalidität zu richten.

Akkumulation: Die Akkumulationsphase ist geprägt von beruflichem Erfolg und der Gründung einer Familie. Jetzt bietet sich die erste Chance zum Aufbau eines Vermögens. Eventuell wird der Erwerb oder der Bau eines Eigenheims in Betracht gezogen. Die Liquiditätsbedürfnisse wachsen parallel mit dem Einkommen. Deshalb stehen Kapitalanlagen und Finanzierungsfragen im Vordergrund. Hier wird die Vorsorge wichtig, welche die Familie vor den wirtschaftlichen Folgen von Tod und Invalidität schützt.

Konsolidierung: Während dieser entscheidenden Phase des Vermögensaufbaus werden die Weichen für den finanziell gesicherten Ruhestand gestellt. Hier sind nicht nur rendite- und risikooptimierte Anlagen gefragt, sondern eher solche mit steueroptimierender Wirkung. In diesem Zeitpunkt stellt sich auch schon die Frage nach einer individuellen Pensionierung.

Konsum: Nun werden die Früchte des Vermögensaufbaus geerntet. Hobbys und Reisen sind zu finanzieren. Im Vordergrund stehen die Sicherheit und die Liquidität der Kapitalanlagen, damit das akkumulierte Vermögen kontrolliert und ohne Verlustrisiko konsumiert werden kann.

Distribution: Spätestens jetzt steht die Frage der Weitergabe des Vermögens an die Nachfolgegeneration an. Dabei wird immer zuerst die Finanzierung des eigenen Lebensabends sichergestellt. Der Faktor der Langlebigkeit ist besonders zu beachten.

2.1.2 Marktsegmentierung

Wenn die genannten Kriterien einen derart starken Einfluss auf den Vorsorgebedarf ausüben, liegt es auf der Hand, diese auch für die Marktsegmentierung heranzuziehen. Erfolg im Markt hat nicht derjenige Anbieter, der versucht, es allen möglichen Kunden recht zu machen, sondern jener, welcher sein Angebot speziell auf die Bedürfnisse einer oder mehrerer Zielgruppen ausrichtet. Die Zielsetzung der Segmentierung besteht deshalb darin, innerhalb der einzelnen Segmente möglichst homogene

> **Marktsegmentierung**
> Aufteilung des Gesamtmarktes nach bestimmten Kriterien in möglichst homogene Gruppen (Kundensegmente).

Bedürfnisse und zwischen den verschiedenen Segmenten möglichst grosse Bedarfsunterschiede zu erreichen. Theoretisch ist dabei eine Vielzahl von Segmenten denkbar. Praktikabel ist eine Marktsegmentierung jedoch nur dann, wenn die Zuordnungs- und Abgrenzungskriterien einfach und für alle Mitarbeiter im Innen- und Aussendienst verständlich sind. Zudem darf sie nicht zu viele Segmente umfassen, und die Informationen über die relevanten Kriterien müssen vorhanden oder relativ leicht zu beschaffen sein. Ausgelöst durch den Wandel vom Verkäufer- zum Käufermarkt, beschäftigt das Thema der **Kundensegmentierung** in zunehmendem Masse auch die Assekuranz. Dieser Trend wird durch die demografischen Veränderungen in der Bevölkerung, die steigenden Vermögenswerte, den zunehmenden Wettbewerb innerhalb und zwischen den Branchen, den Wertewandel in der Bevölkerung, die technologische Entwicklung, die wirtschaftlichen Umstände sowie die Internationalisierung zusätzlich verstärkt.

Die Kundensegmentierung, kombiniert mit dem **Produkte-Lebenszyklus-Konzept,** hat bei einigen Gesellschaften erfolgreich praktizierte Marktsegmentierungen ergeben.

Kundensegmentierung
Aufteilung der Kunden nach soziodemografischen Daten wie Alter, Geschlecht, Beruf, Stellung im Beruf, Einkommen, Vermögen, Familienverhältnisse usw.

Produkte-Lebenszyklus-Konzept
Ein Produkt durchläuft während seiner Verkaufsdauer, z. B. bezüglich des Umsatzes, typische Phasen (Einführung, Höhepunkt und Rückzug vom Markt).

chografischer Kriterien wie Einstellungen, Motiven, Persönlichkeitsmerkmalen, Gefühlen usw. zu definieren.

In regelmässigen Abständen entstehen die unterschiedlichsten Kundentypen, die jeweils an den Markt ganz spezifische Anforderungen stellen.

Auch die Versicherer versuchen deshalb ihre Kunden in verschiedene Zielgruppen einzuteilen, indem sie die einzelnen Personen unterschiedlichen strategischen Geschäftsfeldern zuordnen. Das Problem besteht darin, dass man in der Regel im Einzelfall gar nicht über die Informationen verfügt, welche die Zuordnung der Kunden zu einem bestimmten Typus ermöglichen würden. Damit sind diese Typologien insbesondere im persönlichen Verkauf nicht brauchbar. Sofern sich jedoch für die relevanten Kriterien die notwendigen Daten beschaffen lassen, können solche Zuordnungssysteme in der Werbung, beim Direktverkauf und für Internet- oder E-Commerce-Kunden von Nutzen sein.

Zusätzlich sei erwähnt, dass das Sammeln von derart umfassenden Kundendaten hohe Anforderungen an die Verwaltung dieser Daten stellt. Sollen die Datenbanken wirklich von Nutzen sein, müssen sie Informationen enthalten, die gemäss Datenschutzgesetz als «besonders schützenswerte Daten» gelten. Unternehmen, die mit solchen Dateien arbeiten, müssen mit wirksamen Datenschutzmassnahmen unerlaubte Zugriffe verhindern.

2.1.3 Neuere Einflusskriterien für den Vorsorgebedarf

Aus der Kritik heraus, dass soziodemografische Daten und das Produkte-Lebenszyklus-Konzept das Nachfrageverhalten nur unzureichend zu beschreiben vermögen, wird seit einigen Jahren insbesondere in der Konsumgüterindustrie versucht, Zielgruppen auch aufgrund psy-

2.1.4 Erfolgsfaktoren für die Segmentierung

Aus Marketing-, insbesondere aber aus Direkt-Marketing-Sicht, ergibt sich die Notwendigkeit, aufgrund des Kundenverhaltens segmentieren und selektieren zu können. Hat ein möglicher Kunde zum Beispiel auf zwei Mails überhaupt nicht reagiert,

Vorsorgebedürfnisse und Marktsegmentierung

so wird er dies wohl kaum beim dritten Mal tun. Hingegen stehen die Chancen gut, dass ein gewonnener Kunde auch ein weiteres Mal einen Abschluss tätigt oder einen bestehenden Vertrag zum Beispiel in der gebundenen Vorsorge bei einer Erhöhung der steuerlichen Abzugslimiten anpasst.

Eine Segmentierung basierend auf Kundenreaktionen bedingt eine umfangreiche Kundendatenbank, die es gestattet, sämtliche Kontakte beziehungsweise Angebote und die entsprechenden Kundenreaktionen abzuspeichern. Mit den neuesten Technologien sind solche Marketing-Datenbanken möglich und schaffen damit die Voraussetzung für gezielte Selektionen bestehender Kunden für Betreuungsmassnahmen, Ausbau- oder **Cross-Selling**-Angebote. Solche Selektionen können zentral durch die Gesellschaft oder dezentral bei Generalagenturen oder einzelnen Aussendienstmitarbeitern vorgenommen werden, sofern diese über die entsprechende Hardware und Software verfügen.

Eine Datenbankverwaltung, welche die gesamten Kontakte, Reaktionen, Abschlüsse, Vertrags- und übrigen Kundendaten, **Follow-up's** sowie Erfolgsanalysen umfasst, ermöglicht eine gezielte und damit differenzierte Bearbeitung und Betreuung des eigenen Kundenbestandes. Die eigenen Aussendienstmitarbeiter, gezielte Mails durch den Hauptsitz, Generalagenturen oder Berater sowie ein professionelles **Telemarketing** auf den verschiedenen Stufen lassen sich damit selektiv dort einsetzen, wo sie den grössten Nutzen bringen. Daraus wird deutlich, dass die Segmentierung nicht nur bei der Neuanwerbung von Kunden, sondern auch bei der Pflege bestehender Kunden von grösster Bedeutung ist.

Cross-Selling
Zusätzliche Geschäfte mit bestehenden Kunden.

Follow-up
Nachfassen nach einem Mailing, wenn der Kunde nicht reagiert hat.

Telemarketing
Verkauf über das Telefon.

2.2 Unternehmen

2.2.1 Klassische Einflusskriterien für den Vorsorgebedarf

Im Bereich der beruflichen Vorsorge wird der Bedarf aus Sicht des Lebensversicherers stark durch die Grösse des Unternehmens beziehungsweise die Anzahl der Beschäftigten geprägt. Es lohnt sich deshalb, zwischen Kleinbetrieben, mittleren Betrieben und Grossunternehmen zu unterscheiden. Es spielt dabei auch eine Rolle, ob das entsprechende Unternehmen nur national oder auch international tätig ist, ob es den Hauptsitz in der Schweiz hat oder eine Tochter bzw. Niederlassung eines ausländischen Unternehmens ist.

Diese Kriterien bestimmen oft schon, ob es sich um eine Vollversicherung, eine halbautonome oder autonome Kasse handelt, die alle Risiken (Tod, Invalidität, Alter, Langlebigkeit) oder nur einen Teil davon abdecken können. Von Bedeutung ist die Unterscheidung nach öffentlich-rechtlichen oder privaten Vorsorgeeinrichtungen und nach firmeneigenen oder Sammelstiftungen (in seltenen Fällen Genossenschaften).

Wichtig ist auch die Wirtschaftsbranche und deren Entwicklungsaussichten. Interessant sind Wachstumsbranchen mit positiver Entwicklung der Anzahl Beschäftigten und deren Gehälter. Für die Administration und die dabei anfallenden Kosten ist zudem relevant, ob es stark saisonal orientierte Betriebe mit häufig wechselnder Belegschaft sind oder nicht.

Schliesslich spielt es eine Rolle, ob und wie stark die Betriebe einer Branche in Verbänden organisiert sind und dabei auch ihre berufliche Vorsorge im Rahmen ihres Verbandes organisieren.

2.2.2 Neuere Einflusskriterien für den Vorsorgebedarf

Aus Sicht der Unternehmen und der Vorsorgeeinrichtungen ist die kompetente Beratung und Betreuung sowie die effiziente Verwaltung durch den Lebensversicherer von entscheidender Bedeutung. Dieser Kundenkreis wünscht heute ein umfassendes und zeitgemässes Angebot, das von Vollversicherungslösungen bis hin zu spezifischen Finanzprodukten für Spar- und Anlageziele reicht. Die entsprechenden Dienstleistungen müssen rasch, einfach und richtig erbracht werden mit verständlichen Dokumenten für alle Beteiligten. Dabei spielt der Datenträgeraustausch oder die direkte Kommunikation zwischen den Computern des Kunden und der Versicherungsgesellschaft eine zunehmend wichtige Rolle.

Relevant aus Kundensicht ist auch das Angebot an Rückversicherungsdeckungen vor allem für grosse autonome Pensionskassen. Diese Kunden interessieren sich oft für reine Finanzdienstleistungen wie Anlagestiftungen oder für ganz bestimmte Anlagekategorien bzw. ein individuelles Portefeuillemanagement.

Zu berücksichtigen ist schliesslich das Angebot reiner Beratungsdienstleistungen oder Pensionskassenexpertisen.

All diese Kriterien machen deutlich, dass sich die vielfältigen Bedürfnisse im Markt der beruflichen Vorsorge an eine Vielzahl verschiedenster Anbieter richten.

Lebensversicherung heute

3 Stellung der Lebensversicherung im 3-Säulen-System

Veränderungen in der Altersstruktur und der Beschäftigungslage der Bevölkerung lassen in den nächsten Jahren die systembedingten Probleme für die Finanzierung der AHV und IV immer stärker anwachsen. Die Vorsorge gemäss BVG und die Selbstvorsorge werden weiter an Bedeutung gewinnen.

Die Vorsorge im Rahmen der 2. und 3. Säule ist ein heftig umworbener Markt, der den Lebensversicherungsgesellschaften die Chance bietet, mit entsprechend gestalteten Produkten die Bedürfnisse der Kunden optimal abzudecken. Dank ihrer Erfahrung und ihrem umfassenden Dienstleistungsangebot werden die Lebensversicherer damit auch vermehrt sozialpolitische Funktionen ausüben.

3.1 Aufbau der Vorsorge in der Schweiz

Die Vorsorge für das Alter, für Hinterbliebene und für den Invaliditätsfall basiert in der Schweiz auf dem in der Verfassung verankerten 3-Säulen-Konzept, das hier nur kurz[1] skizziert wird.

3.1.1 Rechtliche Grundlagen

Die wichtigsten Grundlagen für das 3-Säulen-Konzept der Schweiz sind:
- Bundesverfassung (BV Artikel 111 bis 113)
- Bundesgesetz über die Alters- und Hinterlassenenversicherung (AHVG, in Kraft seit 1.1.1948)
- Bundesgesetz über die Invalidenversicherung (IVG, in Kraft seit 1.1.1960)
- Bundesgesetz über Ergänzungsleistungen zur Alters-, Hinterlassenen- und Invalidenversicherung (ELG, in Kraft seit 1.1.1966)
- Bundesgesetz über die Unfallversicherung (UVG, in Kraft seit 1.1.1984)
- Bundesgesetz über die berufliche Alters-, Hinterlassenen- und Invalidenvorsorge (BVG, in Kraft seit 1.1.1985).

Zusätzlich spielen noch weitere Gesetze und Verordnungen, wie z. B. über die gebundene Vorsorge, eine wichtige Rolle.

3.1.2 Zielsetzungen

Im Zentrum der Überlegungen zum 3-Säulen-Konzept stehen primär finanzielle Leistungen bei Verlust oder Verminderung des Einkommens infolge:
- Pensionierung (Altersvorsorge)
- vorzeitigen Todesfalls (Schutz der Hinterbliebenen)
- vorübergehender oder dauernder Erwerbsunfähigkeit wegen Krankheit, Unfall oder Gebrechen.

Das Ziel der 1. Säule besteht darin, die Existenz zu sichern. Die Sicherung wird durch

---

[1] Von einzelnen Lebensversicherungsgesellschaften bestehen dazu hervorragende und laufend aktualisierte Unterlagen.

Stellung der Lebensversicherung im 3-Säulen-System

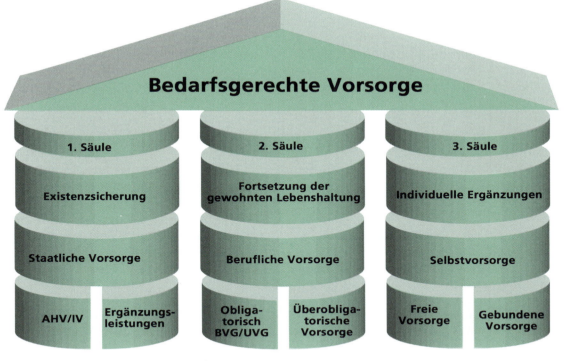

Abb. 3.1–1: Aufbau der Vorsorge in der Schweiz

die staatliche Vorsorge im Rahmen der AHV/IV sowie der Ergänzungsleistungen (EL) erreicht.

Zusammen mit der 1. Säule soll die 2. Säule die Fortsetzung der gewohnten Lebenshaltung bis zu einem bestimmten Einkommen gewährleisten. Die Umsetzung dieser Vorgabe erfolgt über die obligatorischen Leistungen von BVG und UVG.

Die Selbstvorsorge in der 3. Säule ermöglicht die individuelle Ergänzung und Absicherung des Wahlbedarfs. Sie kann im Rahmen der gebundenen Vorsorge (Säule 3a) und der freien Vorsorge (Säule 3b) erfolgen.

3.1.3 Versicherter Personenkreis

Bei der AHV/IV sind alle in der Schweiz wohnenden oder erwerbstätigen Personen (mit Ausnahmen) obligatorisch versichert. Auslandschweizer können sich freiwillig versichern.

Bei Bedarf stehen Ergänzungsleistungen Schweizer Bürgern zu, die in der Schweiz wohnen und AHV/IV-Leistungen beziehen. Ausländer mit 10 Jahren und Flüchtlinge oder staatenlose Personen mit 5 Jahren ununterbrochenem Aufenthalt in der Schweiz können ebenso Ergänzungsleistungen beanspruchen.

Obligatorisch BVG-versichert sind AHV-pflichtige Arbeitnehmer ab dem 18. Altersjahr mit einem AHV-Jahreslohn von mehr als der maximalen Altersrente. Auslandschweizer und Selbstständigerwerbende können sich freiwillig versichern.

Im Rahmen des UVG sind alle in der Schweiz beschäftigten Arbeitnehmer (mit Ausnahmen) obligatorisch versichert. Selbstständigerwerbende können sich freiwillig versichern. Für Familienangehörige in der Landwirtschaft bestehen Sonderregelungen. Während die AHV/IV und die Ergänzungsleistungen Formen der staatlichen Vorsorge darstellen, erfolgen die Leistungen der beruflichen Vorsorge trotz Obligatorium auf privatwirtschaftlicher Basis. Dies gilt auch für die freiwillige Selbstvorsorge.

3.1.4 Leistungen

Die folgenden Darstellungen bieten einen Überblick über die verschiedenen Rentenarten.

Wichtig ist in diesem Zusammenhang, dass die Leistungen aus der AHV/IV ursachenunabhängig sind. Im Todesfall oder bei Erwerbsunfähigkeit nach einem Unfall werden die Leistungen des UVG vor jenen aus dem BVG gewährt. Die ebenfalls ursachenunabhängige Versicherung gemäss BVG erbringt für UVG-Versicherte nur Leistungen bei Krankheit oder subsidiär infolge Unfall.

Die Summe der obligatorischen Leistungen aus AHV/IV und gemäss BVG darf 90% des mutmasslich entgehenden Lohnes[1] nicht übersteigen.

Die Summe der Leistungen, die aus der AHV/IV und gemäss UVG resultiert, darf höchstens 90% des versicherten UVG-Verdienstes betragen.

Neben den hier erwähnten wichtigsten Rentenarten werden in Ausnahmefällen einmalige Abfindungen ausgerichtet. Im Weiteren bezahlt die IV Wiedereingliederungsmassnahmen, Hilfsmittel und Hilflosenentschädigungen für dauernde Hilfe, Pflege oder Überwachung.

Bei der AHV/IV werden die laufenden Renten periodisch an die Lohn- und Preisentwicklung (Mischindex) angepasst. Beim BVG und UVG erfolgt eine Anpassung der laufenden Invaliden- und Hinterlassenenrenten an die Teuerung.

Der Überblick über die gesetzlichen Maximalleistungen zeigt, dass die Zielsetzung des 3-Säulen-Konzeptes, nämlich die Fortsetzung der gewohnten Lebenshaltung, nur für Einkommenssummen bis zur Höhe der Sozialversicherungslimite erfüllt ist. Für höhere Einkommen muss die Lücke durch eine besser ausgebaute berufliche Vorsorge und die Selbstvorsorge geschlossen werden. Damit wird auch deutlich, dass die Höhe der einzelnen Leistungen weitgehend von der Höhe des individuellen Lohnes sowie der Beitragsjahre abhängt.

Als Folge der verschieden definierten versicherten Löhne, der verschiedenen Lohnmaxima und des ursachenabhängigen UVG fallen die Leistungen je nach den Ursachen Krankheit oder Unfall in unterschiedlicher Höhe aus. Es ist deshalb eine wichtige Aufgabe der Lebensversicherer, durch ihre Beratung auf diese individuellen Vorsorgelücken hinzuweisen und sie gezielt zu schliessen.

---

[1] mutmasslich entgehender Lohn: BVV 2, Artikel 24 und 25.

Stellung der Lebensversicherung im 3-Säulen-System

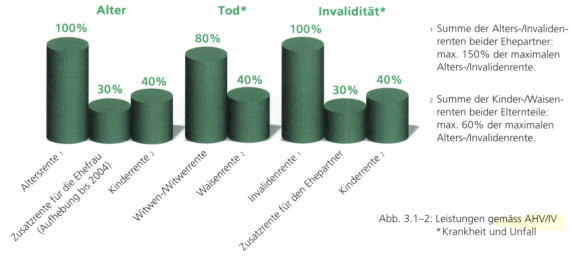

Abb. 3.1–2: Leistungen gemäss AHV/IV
*Krankheit und Unfall

1 Summe der Alters-/Invalidenrenten beider Ehepartner: max. 150% der maximalen Alters-/Invalidenrente.

2 Summe der Kinder-/Waisenrenten beider Elternteile: max. 60% der maximalen Alters-/Invalidenrente.

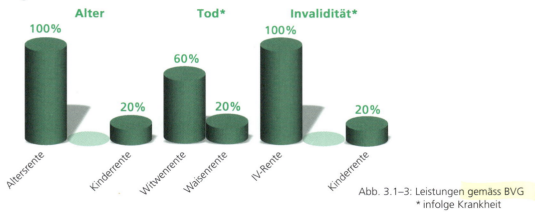

Abb. 3.1–3: Leistungen gemäss BVG
* infolge Krankheit

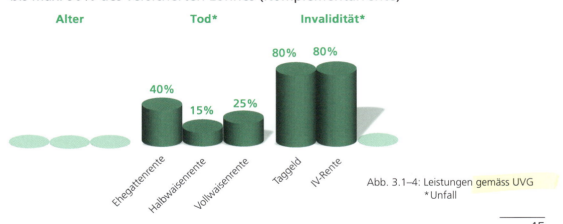

Abb. 3.1–4: Leistungen gemäss UVG
*Unfall

Lebensversicherung heute

Gesetzliche Maximalleistungen für ledige Männer und Frauen in % des Lohnes

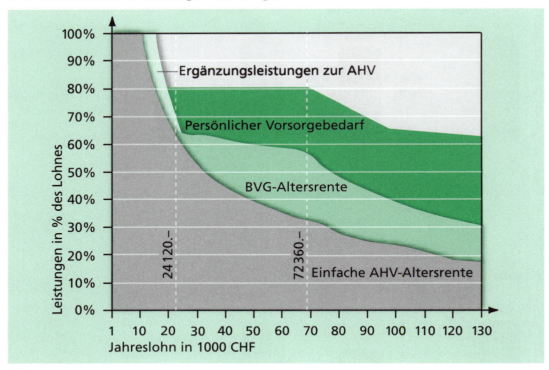

Abb. 3.1–5:
Gesetzliche Maximalleistungen für ledige Frauen und Männer in % des Lohnes (Stand 2000)

3.2 Auswirkungen der Finanzierungssysteme

Die unterschiedlichen Finanzierungsformen sind von grosser Bedeutung für die heutige und künftige Rolle der Lebensversicherung im 3-Säulen-Konzept.
In vielen Ländern Europas, aber auch in den Vereinigten Staaten und in anderen Industrienationen, geraten die staatlichen Sozialversicherungssysteme in finanzielle Schwierigkeiten. Die soziale Sicherheit, die einst als Krönung des modernen Wohlfahrtsstaates galt, hat dadurch in den letzten Jahren viel von ihrem früheren Glanz verloren.
Diese Schwierigkeiten sind nicht zwingend eine Folge der ursprünglichen Grundidee, sondern vielmehr der Wege, die zu ihrer Realisierung eingeschlagen wurden. Europa und die USA haben Rentensysteme gewählt, die auf dem Umlageverfahren beruhen. Diese Systeme finanzieren die ausbezahlten Leistungen direkt mit den laufenden Beiträgen der aktiven Bevölkerung.
Die berufliche und die private Vorsorge der Schweiz, die staatlichen Sozialversicherungen zahlreicher Länder Asiens und neuerdings auch vermehrt Länder Südamerikas verwenden immer weniger das Umlageverfahren. Sie haben sich für ein Zwangssparen entschieden, bei dem die individuellen Beiträge zinstragend nach dem Kapitaldeckungsverfahren angelegt werden, sodass die aktive Bevölkerung ihre eigenen Altersrenten vorfinanziert.

3.2.1 Umlageverfahren

Beim Umlageverfahren haben die Leistungen keinen direkten Zusammenhang mit den Beiträgen, die z. B. die heutigen Pensionierten während ihrer aktiven Zeit leisteten. Die Renten werden von der heutigen aktiven Bevölkerung und den Arbeitgebern über Lohnprozente sowie vom Staat über Steuern und Subventionen finanziert. Damit hängt die Funktionsfähigkeit des Umlageverfahrens in einem kritischen Ausmass vom so genannten Altersquotienten ab, d. h. vom Verhältnis der aktiven Bevölkerung zur Anzahl der Rentner. Während bei der Einführung der AHV einem Rentner 9,5 Aktive gegenüberstanden, waren es 1995 noch 4,2 Aktive. Im Jahr 2020 dürften es nur noch 2,9 Aktive sein. Die Ursachen für die deutliche Verschlechterung dieses Verhältnisses liegen

Lebensversicherung heute

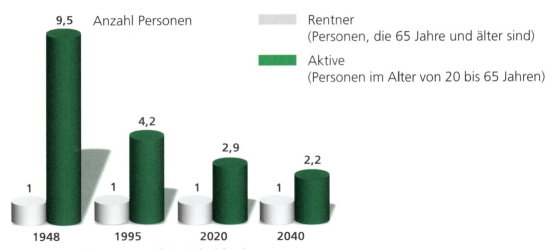

Abb. 3.2–1: Verhältnis Rentner/Aktive in der Schweiz
Quelle: Szenarien zur Bevölkerungsentwicklung der Schweiz 1995 bis 2050, Szenario Trend, Bern 1996

bei der Verlängerung der durchschnittlichen Lebenserwartung, beim Rückgang der Geburtenraten, der längeren Ausbildungsdauer sowie bei den Beschäftigungsproblemen.

Diese Entwicklung hat zur Folge, dass die Wahrung des Besitzstandes bei den Renten mit stets steigenden Kosten verbunden ist. Dies wird dazu führen, dass eine abnehmende aktive Bevölkerung eine zunehmende finanzielle Belastung zu tragen hat.

Eintrittsgeneration
Versicherte, die bei Inkrafttreten eines Obligatoriums nicht die volle Beitragsdauer erreichen können.

Die Vorteile des Umlageverfahrens finden sich in der laufenden Anpassung an die Teuerung und in den angemessenen Leistungen für die **Eintrittsgeneration**.

Negativ sind hingegen die empfindliche Reaktion auf demografische und wirtschaftliche Veränderungen, das Fehlen einer wachstumsfördernden Kapitalbildung, die Gleichförmigkeit der Vorsorge sowie der zunehmend strapazierte Solidaritätsgedanke.

3.2.2 Kapitaldeckungsverfahren

Beim Kapitaldeckungsverfahren entsprechen die Renten den Beiträgen, die jeder Beschäftigte während seiner aktiven Zeit angesammelt hat und die zinstragend angelegt wurden. Das Kapitaldeckungsverfahren hat weder auf die einzelnen Familien noch auf die volkswirtschaftliche Entwicklung einen negativen Einfluss. Damit ist es aber auch weitgehend unabhängig von der demografischen Entwicklung.

Internationale Analysen haben ergeben, dass es von Vorteil st, Vorsorgesysteme mit Kapitaldeckungsverfahren auf privatwirtschaftlicher Basis aufzubauen, um sie den Einflüssen der Politik zu entziehen. Gute Gründe sprechen zudem für ein Obligatorium beim Kapitaldeckungsverfahren, damit die Erwerbstätigen bereits in jungen Jahren ihrer Verpflichtung zum Aufbau ihrer eigenen Altersvorsorge nachkommen.

Während die Umlageverfahren in der Praxis meist zugleich Umverteilungsinstrumente darstellen, basieren die Kapitaldeckungsverfahren auf dem Versicherungs- oder Äquivalenzprinzip (→ S. 98). Leistungen und Gegenleistungen stehen in einem Gleichgewicht, und die Beiträge werden objektiv und risikogerecht berechnet.

Durch die Kapitalbildung wird zudem das wachstumsfördernde Investitionspotenzial vergrössert. Die sich ergebenden Kapitalerträge bilden eine nicht unerhebliche Finanzierungsquelle. Schliesslich lässt dieses Verfahren individuellere Gestaltungsformen der Vorsorge zu. Nachteilig sind Probleme bei hoher Inflation sowie bei den Leistungen der Eintrittsgeneration.

Umlageverfahren

+ Anpassung an die Teuerung sichergestellt
+ die Eintrittsgeneration ist angemessen versichert
- empfindlich auf demografische und wirtschaftliche Veränderungen
- keine Kapitalbildung, starke Solidarität erforderlich
- Uniformität der Vorsorge

Kapitaldeckungsverfahren

- Probleme bei hoher Inflation
- Probleme mit der Eintrittsgeneration (Leistungen)
+ unempfindlich auf demografische Veränderungen
+ Kapitalbildung und Kapitalerträge dienen als Finanzierungsquelle
+ individuelle Gestaltung der Vorsorge möglich

Abb. 3.2–2: Finanzierungssysteme im Vergleich

3.2.3 Kombination der Finanzierungsverfahren im schweizerischen 3-Säulen-System

Im Gegensatz zu andern Industrieländern hat sich die Schweiz bei der Alters-, Hinterlassenen- sowie Invalidenvorsorge nicht allein auf das Umlageverfahren festgelegt. Dieses Verfahren wird in der 1. Säule angewandt.

Als Ergänzung dazu wird im Rahmen der 2. Säule das Kapitaldeckungsverfahren eingesetzt. Dieses Vorsorgesystem wird mit Lohnprozenten finanziert. Es führt für jede Generation gruppenweise zur sukzessiven Bildung von beträchtlichen Reserven, die als regelmässig verzinste Anlagen die Ausrichtung der künftigen Rentenleistungen garantieren. Im Rahmen des in der Schweiz verfassungsmässig verankerten 3-Säulen-Konzeptes wird schliesslich auch die freiwillige und individuelle Selbstvorsorge durch das Ansparen von Kapital und den Erwerb von Wohneigentum realisiert und teilweise steuerlich gefördert.

Durch den Einsatz beider Finanzierungsverfahren lassen sich die Vorteile des Umlage- sowie des Kapitaldeckungsverfahrens miteinander kombinieren. Trotz dieser Aufteilung bleibt die demografische Entwicklung das zentrale Problem der AHV. Die für das Umlageverfahren unerlässliche Solidarität der Generationen ruht nur dann auf einer gesunden Basis, wenn sich das Verhältnis zwischen den Personen, die Beiträge zahlen, und den Rentenbezügern nicht ständig verschlechtert. Ohne Korrekturmassnahmen droht mit zunehmender Verschlechterung des Verhältnisses zwischen der Anzahl der Rentner und der Aktiven eine Finanzierungslücke, die kaum mehr durch weitere Lohnprozente oder höhere Subventionen und Steuern geschlossen werden kann.

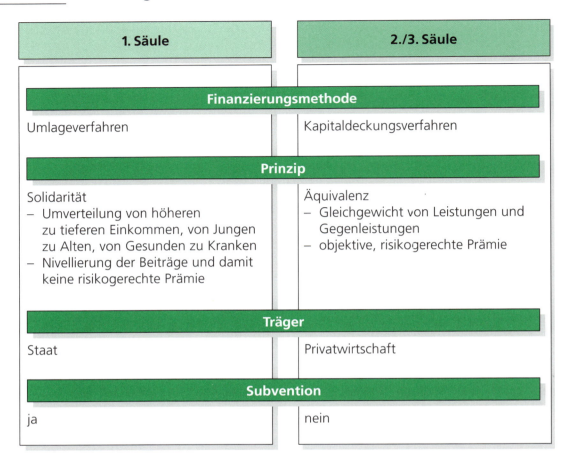

Abb. 3.2–3: Überblick über das 3-Säulen-System

3.3 Rolle und Bedeutung der Lebensversicherung

Im Zusammenhang mit den künftigen Finanzierungsproblemen bei der AHV/IV und den günstigen Aussichten der im Kapitaldeckungsverfahren finanzierten beruflichen und privaten Vorsorge wird deutlich, dass die Lebensversicherung nicht nur eine bedeutende wirtschaftliche, sondern auch eine sozialpolitische Rolle spielt. Die Haushaltrechnungen des Bundesamtes für Statistik (BFS) zeigen, dass im Jahre 1998 ein durchschnittlicher Schweizer Haushalt rund 20,9% seiner Ausgaben für Versicherungen aufgewendet hat. Davon entfallen rund 6% auf die berufliche Vorsorge sowie gut 1% auf die freiwillige, private Lebensversicherung. Dabei ist allerdings zu beachten, dass die Lebensversicherung nur einen Teil der beruflichen Vorsorge abdeckt. Zudem sind sowohl in der 2. als auch in der 3. Säule weitere Anbieter auf dem Markt, speziell die Banken, welche direkt und/oder mit eigenen Lebensversicherungsgesellschaften im Vorsorgemarkt tätig sind. Die Lebensversicherer sind in der Lage, alle Vorsorgeprobleme ihrer Unternehmens- und Privatkunden weitgehend zu lösen. Die Garantien und Sicherheiten, die zu den Vorsorgeprodukten gewährt werden, verschaffen den Versicherungsgesellschaften viele Wettbewerbsvorteile.

Die wichtigsten Funktionen der Lebensversicherungen

- Sicherstellen eines Ersatzeinkommens bei Erwerbsunfähigkeit der versicherten Person
- Schutz der Hinterbliebenen bei vorzeitigem Tod
- Sicherstellen eines ergänzenden Einkommens nach der Pensionierung und im Alter
- Absichern von finanziellen Verpflichtungen
- Schutz vor Kapitalmarktrisiken mit den dazu erforderlichen Beratungs- und Durchführungsdienstleistungen

Abb. 3.3–1: Die wichtigsten Funktionen der Lebensversicherungen

3.3.1 Berufliche Vorsorge

Im Rahmen der beruflichen Vorsorge sind die Lebensversicherer für grosse und mittelgrosse Unternehmen sowie für Kleinbetriebe tätig. Bei einer Vollversicherung übernimmt der Lebensversicherer alle versicherungstechnischen Risiken, die Kapitalanlagerisiken sowie die Verwaltung (→ Kapitel 20).

Die hohe und steigende Komplexität der für die berufliche Vorsorge relevanten Gesetze und Verordnungen spricht langfristig für die Lebensversicherer, welche auf diesem Gebiet ein umfassendes Know-how aufweisen. Dies gilt nicht nur für das Produkte- und Dienstleistungsangebot, sondern auch für rechtliche Fragen und nicht zuletzt für den Aufbau der notwendigen Informatiksysteme.

Neben den gesetzlichen Bestimmungen spielen in diesem Zusammenhang aber auch Behörden, Gerichte, Kontrollstellen und Experten eine Rolle.

3.3.2 Selbstvorsorge

Die Selbstvorsorge ist der älteste und vielfältigste Bereich der Vorsorge überhaupt. Wird das Deckungskapital der Einzelversicherung in Relation zum Anteil der privaten Haushalte am Banksparen (Spar-, Depositen- und Einlagehefte sowie Kassenobligationen), an Termingeldern (Kreditoren auf Sicht/Zeit), an Treuhandanlagen sowie Aktien und Obligationen gesetzt, so ist festzustellen, dass der Anteil der Lebensversicherung rund 10% beträgt. Die Lebensversicherung ist somit ein wichtiges Instrumente der privaten Vorsorge.

Als Vorsorgeinstrument zeichnet sie sich durch ihre Zielorientierung, Langfristigkeit, Planmässigkeit in Verbindung mit einem gewissen Sparzwang und in der Vielfalt der Angebote aus. Das vielfältige Produkteangebot wird mit informatikgestützten Beratungs- und Serviceleistungen ergänzt, die wesentlich zur Steigerung der Dienstleistungsqualität und der Effizienz im Verkauf beitragen.

Mit der Einführung der gebundenen Vorsorge wurde auch das Banksparen mit den selben Steuervorteilen wie die Lebensversicherung versehen, was zu einer deutlichen Verschärfung des Wettbewerbs in diesem Bereich führte. Während sich aber die Banken fast ausschliesslich auf den Sparteil konzentrieren, liegt es an den Lebensversicherern, ihre Kunden umfassend unter Einbezug der Risiken Tod und Erwerbsunfähigkeit in Folge von Krankheit oder Unfall zu beraten, den Bedarf abzuklären und aufgrund der Vor- und Nachteile der gebundenen oder freien Vorsorge die richtigen Empfehlungen abzugeben.

Der Vorsorgemarkt der 3. Säule wird sich deshalb immer mehr in ein preis- und renditeorientiertes Segment ohne grosse Beratungsleistungen und in ein anspruchsvolles, beratungsintensives Geschäft aufteilen, bei dem der Lebensversicherer seine traditionellen Stärken ausspielen kann. Dies hat Auswirkungen auf seine Distributionspolitik, seine Preisgestaltung und -kalkulation, seine Produktedifferenzierung sowie sein Kostenmanagement.

Dort, wo der Lebensversicherer noch über alleinige Steuervorteile verfügt, wird der Druck geringer ausfallen. Es wäre jedoch gefährlich, sich langfristig auf die immer wieder in Frage gestellten Steuererleichterungen zu verlassen. Selbst wenn gewisse Steuervorteile erhalten bleiben, ist damit zu rechnen, dass diese weiter abgebaut oder auch andern Anbietern im Vorsorge- und Finanzmarkt gewährt werden.

3.4 Vorsorgelücken und Koordination mit den übrigen Personenversicherungen

Das 3-Säulen-System in der Schweiz ist historisch gewachsen. Es wurde nicht ganzheitlich konzipiert und aufeinander abgestimmt. Neben den unterschiedlichen Bemessungslöhnen, Leistungsarten usw. sind vor allem die unterschiedlichen Leistungen bei Krankheit oder Unfall ein Problem. Dies nicht zuletzt, weil der Gesetzgeber dem ursachenabhängigen UVG eine Priorität vor dem ursachenunabhängigen BVG gegeben hat. Die Unterschiede und Vorsorgelücken, die sich aus dieser Konstellation ergeben, stellen für die Lebensversicherer nicht nur hohe Anforderungen, sondern bieten auch Chancen, sich mit ihren Beratungsleistungen und massgeschneiderten Produkten auszuzeichnen.

Viele Vorsorgelücken, die aus den Obligatorien entstehen, werden schon im Bereich der beruflichen Vorsorge aufgefangen. Vorsorgelösungen, die das BVG ergänzen und auf das UVG abgestimmt sind, schliessen diese Lücken. Dazu zählt auch die Krankentaggeldversicherung, die an die Lohnfortzahlung anschliesst und die Zeit bis zum Beginn von IV- oder BVG-Leistungen überbrückt. Die individuelle Feinabstimmung erfolgt dann im Bereich der 3. Säule im Rahmen einer Gesamtberatung. Ausgehend vom Vorsorgebedarf des Kunden werden im Rahmen einer solchen Vorsorgeanalyse allfällige Lücken oder Überversicherungen im Bereich der vorübergehenden und dauernden Erwerbsunfähigkeit, bei vorzeitigem Tod oder im Alter ermittelt. Dabei wird die Analyse getrennt nach den Ursachen Krankheit und Unfall erstellt. Mittels Informatikunterstützung sind die Aussendienstmitarbeiter der Lebensversicherungsgesellschaften in der Lage, solche umfassenden Beratungen nicht nur mit vernünftigem Aufwand und rasch durchzuführen, sondern diese dem Kunden auch dank Grafiken leicht verständlich darzustellen. Der Kunde ist damit so weit dokumentiert, dass er selber die Prioritäten bezüglich seiner Vorsorge und die notwendigen Schritte zum Erreichen der Ziele festsetzen kann.

Lebensversicherung heute

4 Marktausrichtung der Lebensversicherungsunternehmung

Die Tätigkeit einer Lebensversicherungsgesellschaft basiert auf drei organisatorischen Aspekten:
- Marktstrategie
- Ressourcenplanung und
- Finanzplanung.

4.1 Elemente der Marktstrategie

Die starke internationale Verankerung der schweizerischen Lebenassekuranz sowie die drastischen Umweltveränderungen stellen die schweizerischen Lebensversicherer vor grosse Herausforderungen. Es herrscht ein deutlich verschärfter Wettbewerb, der zu einem starken Druck auf Margen und Kosten führt.

Diese Situation zwingt die Lebensversicherer zu einer detaillierten Analyse der Markt- und Umweltveränderungen und damit zu einer klaren Marktausrichtung. Nicht jedes Unternehmen wird es sich künftig noch leisten können, praktisch in allen Marktsegmenten tätig zu sein.

Ausgehend von der Wahl von Marktsegmenten, die auch in Zukunft noch Erfolg versprechen, und den eigenen relativen Stärken und Schwächen im Vergleich zur Hauptkonkurrenz, muss sich jede Lebensversicherungsgesellschaft im Markt strategisch positionieren. Zuerst hat sie, bezogen auf die Bedürfnisse ihrer wichtigsten Marktsegmente, ihr Angebot an Produkten, Beratungs- und Servicedienstleistungen zu definieren und zu entwickeln. Dazu gehören die Wahl und allenfalls der Aufbau eines geeig-

Abb. 4.1–1: Elemente der Marktstrategie

neten Vertriebskanals für ein bestimmtes Marktsegment.

Anschliessend muss die Marktstrategie im operativen Bereich durch einen segmentorientierten Marketing-Mix definiert werden. Der Marketing-Mix umfasst hauptsächlich die Elemente:
- Produkt (Sortiment)
- Preis (Preissystem, Preispolitik)
- Kommunikation (Werbung, Verkaufsförderung)
- Distribution (Absatzkanal).

Entscheidend für den Erfolg des Marketing-Mix ist, dass diese Marketinginstrumente nicht isoliert eingesetzt werden, sondern dass der Einsatz richtig kombiniert, synchronisiert (zeitlicher Einsatz) und harmonisch erfolgt.

Marketing-Mix
Der Marketing-Mix ist die Gesamtheit aller Marketing-Massnahmen, die Kombination der von einem Unternehmen eingesetzten absatzpolitischen Instrumente.

4.2 Ressourcenplanung

Nach dem Entwickeln einer Marktstrategie folgt die Planung der notwendigen Ressourcen und Fähigkeiten, um diese Strategie zu realisieren.

Abb. 4.2–1: Ressourcenplanung

Speziell in der Lebensversicherung ist die Qualität der erbrachten Dienstleistungen direkt von den Fähigkeiten und der Einsatzbereitschaft der Mitarbeiter abhängig. Die Personalplanung und -entwicklung muss deshalb mit Blick in die Zukunft erfolgen, um rechtzeitig das notwendige Know-how in den verschiedenen Bereichen der Unternehmenstätigkeit verfügbar zu haben.

Die Ausrichtung auf neue Marktsegmente bedingt oft auch eine Anpassung der organisatorischen Strukturen an die neuen Marktgegebenheiten. Damit ein Versicherungsunternehmen produktiver, kundennäher, schneller und flexibler wird, müssen die Arbeitsabläufe, die Frage der Dezentralisierung bestimmter Versicherungsfunktionen usw. immer wieder kritisch hinterfragt, definiert und optimiert werden. Mit Qualitätsmanagement-Systemen lassen sich die geforderten Standards überprüfen und aufrechterhalten. Speziell für die Bewältigung der Anforderungen der Zukunft gilt: Was bis jetzt richtig war, muss nicht unbedingt auch weiterhin richtig sein.

Die Geschäftstätigkeit einer Lebensversicherungsgesellschaft ist ganz entscheidend vom gekonnten Einsatz der Informatiktechnologie abhängig. Investitionen in bedeutende EDV-Projekte stellen wichtige strategische Entscheide dar und beeinflussen die künftige Konkurrenzfähigkeit massgeblich. Das Management grösserer Informatikprojekte wird dabei immer komplexer und anspruchsvoller.

4.3 Finanzplanung

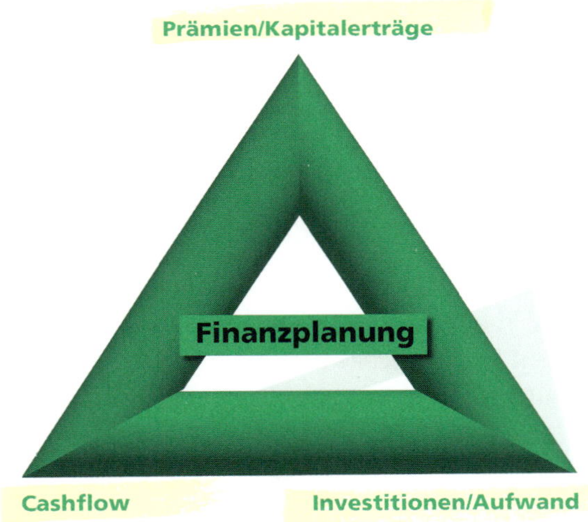

Abb. 4.3–1: Finanzplanung
(Dreieck: Prämien/Kapitalerträge – Cashflow – Investitionen/Aufwand; Mitte: Finanzplanung)

Die Auseinandersetzung mit der Zukunft wäre ohne die dazugehörenden Kosten-Nutzen-Überlegungen unvollständig. Im Rahmen der Finanzplanung müssen die in bestimmten Marktsegmenten zu erwirtschaftenden Prämien, Kapitalerträge usw. abgeschätzt werden. Diesen Einnahmen stehen Ausgaben durch Investitionen in den Bereichen Markt, Systeme, Personal usw. und Versicherungsleistungen, Rückstellungen, Kosten usw. gegenüber, sodass schliesslich ein bestimmter **Cashflow** resultiert.

> **Cashflow**
> Der Begriff Cashflow wird sehr unterschiedlich definiert. Hier wird er im Rahmen der Finanzplanung verwendet: Einnahmen minus Ausgaben.

Bei der Finanzmittelflussrechnung (Kapitalflussrechnung), meist im Zusammenhang mit Jahresrechnung, Bilanz und Erfolgsrechnung, gilt:

    liquiditätswirksamer Ertrag
− liquiditätswirksamer Aufwand
= Cashflow

Bei besonderen Verhältnissen gilt dann:

    Jahresgewinn
+ Abschreibungen
= Cashflow

Abb. 4.3–2: Cashflow

4.4 Integration von Marktstrategie, Ressourcen- und Finanzplanung

Die Zeiten sind vorbei, in denen sich Lebensversicherungsunternehmen jeweils erst beim Jahresabschluss Gedanken über die Erfolgs- und Liquiditätslage machen mussten. Es wäre unverantwortlich, aus marktstrategischen Überlegungen heraus Entscheide für grosse, langdauernde Investitionen zu fällen, ohne gleichzeitig auch die finanziellen Konsequenzen systematisch durchzudenken.

Auch genügt es heute nicht mehr, in einem Jahresrückblick die Betriebsrechnung zu beurteilen und dann die Ziele für das nächste Geschäftsjahr festzulegen. Entscheidend für die geschäftliche Strategie ist die langfristige Entwicklung des **Embedded Value**.

Grosse Bedeutung wird auch der Bedarf nach einer höheren Transparenz des Geschäftsganges erhalten. Diese Forderung lässt sich nur mit einer besseren Qualität der Basisdaten erreichen, die sich auf neue Modelle (**Value based Management**) und Messgrössen (Risikokapital, Embedded Value) stützen.

Zusätzlich wird das **Asset Liability Management** als Ausgangspunkt dienen für den ertragsorientierten Ressourceneinsatz, das mehrwert-orientierte Projektmanagement und die Marktstrategie der Unternehmung.

Embedded Value
Barwert der künftigen Erträge plus freie Kapitalanlagen minus Kapitalkosten.

Value based Management
Ausrichtung der Unternehmensziele auf hohe Wertschöpfung und Steigerung der Substanz.

Asset Liability Management
Durch eine sorgfältige Steuerung der Aktiven und Passiven kann ein Finanzunternehmen solider und profitabler operieren.

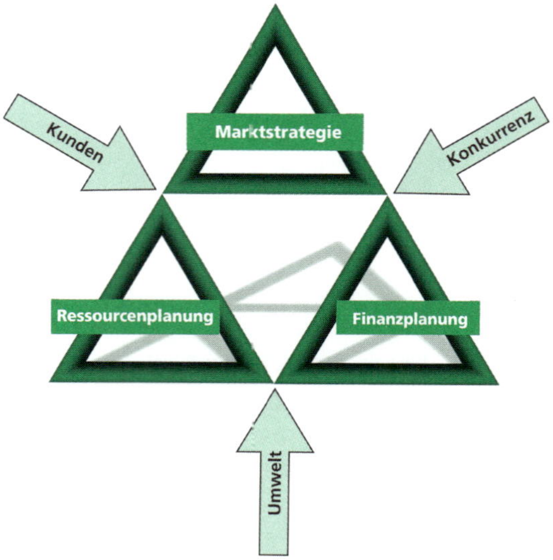

Abb. 4.4–1: Integration von Marktstrategie, Ressourcen- und Finanzplanung

Spezial

Marktausrichtung

Die Lebensversicherer in der Schweiz sehen sich mit einer Reihe bedeutender Herausforderungen konfrontiert:

Kritischere und besser informierte Konsumenten

Die immer kritischeren und besser informierten Konsumenten besitzen eine verstärkte Preis- und Renditesensibilität. Die Loyalität zwischen Kunde und Versicherungsgesellschaft nimmt ab.

Deregulierung und liberalere Aufsichtspraxis

Die Deregulierung und die liberalere Aufsichtspraxis (Anpassung an die EU-Richtlinien) verstärken die Durchdringung zwischen Lebensversicherungen und Banken und fördern Entwicklungen in Richtung Allfinanz. Damit kommen neue ausländische Konkurrenten, insbesondere Banken, ins Spiel, die ihre relativen Stärken (gute Beziehungen zu finanzstarken Privatkunden und Unternehmen, eine breite Palette von Anlageprodukten, Erfahrungen im Anlage- und Finanzbereich, gewisse Kostenvorteile usw.) ausspielen. Dies verschärft den Wettbewerb und erhöht den Druck auf die Margen vor allem im Bereich Sparen und Anlegen.

Abbau der relativen Steuervorteile

Die Lebensversicherer müssen sich darauf einstellen, dass die noch bestehenden relativen Steuervorteile immer mehr abgebaut werden. Zusammen mit der Tendenz zur Aufteilung des Spar- und Risikoteils führt dies zu einer grösseren Preistransparenz.

Mit ihren neuen Produkteangeboten weckt die Lebensversicherung aber auch den Argwohn der Steuerbehörden, die versuchen, diesen neuen anlageorientierten Lebensversicherungsprodukten den Steuervorteil zu entziehen. Deshalb ist es für die Lebensversicherer wichtig, bei ihrer Produkteentwicklung die klassischen Elemente der Lebensversicherung, wie die Tarifgarantien, den zusätzlichen Todesfallschutz, die Prämienbefreiung bei Erwerbsunfähigkeit usw., einzubauen.

Grosse Bedeutung der Kapitalerträge

Der schärfere Wettbewerb sowie die kritischeren und anspruchsvolleren Kunden verursachen einen verstärkten Margenabbau. Verlangt werden marktkonforme Renditen und Kapitalerträge sowie ein professionelles Asset Liability Management. Zusätzlich fordern die Versicherten höhere Gewinnausschüttungen (Policyholder Value). Für Gesellschaften, deren Aktien an der Börse gehandelt werden, kommt eine weitere Belastung hinzu. Das Shareholder-Value-Denken ist auf möglichst hohe Eigenmittelrenditen und Wertschöpfung ausgerichtet.

Integration Europas

Die zunehmende Integration Europas und die verstärkte Internationalisierung führen zu einem harten Konkurrenzkampf im EU-Raum und zu einem zunehmenden Druck auch im Schweizer Markt. Dabei werden vor allem die Makler gewisse ausländische Produkte in ihr Angebot für Unternehmen und finanzstarke Privatkunden aufnehmen.

Marktausrichtung

Informatik und Telekommunikation

Die rasante Entwicklung in der Informatik und Telekommunikation (Internet, Mobiltelefonie usw.) schafft neue Möglichkeiten im Bereich der Verwaltung, des Datenmanagements, der Beratung und der direkten Kommunikation mit den Kunden. Auf diese Weise öffnen sich neue Vertriebskanäle, die jedoch auch von branchenfremden Unternehmen genutzt werden für Cross-Selling- sowie **Brand-Stretching**-Aktivitäten und damit ebenfalls Druck auf die Margen ausüben.

Brand-Stretching
Einen bekannten Markennamen mit seinen Qualitätsmerkmalen für Angebotserweiterungen einsetzen, die über die angestammten Marktsegmente hinaus reichen.

Senioren als Konsumenten

Das hohe Durchschnittsalter der Bevölkerung in der Schweiz verlangt ein bedarfsgerechtes Angebot für die ältere Bevölkerung und macht Überlegungen notwendig, wie neben reinen Geldleistungen auch Sachleistungen (Pflege oder ein gesicherter Platz z. B. in einer Seniorenresidenz) garantiert werden können. Die Marketingstrategien der Lebensversicherer liessen lange Zeit ausser Acht, dass viele Personen unmittelbar nach der Pensionierung die höchste Kaufkraft besitzen.

3-Säulen-Konzept

Die immer wiederkehrenden Angriffe auf das 3-Säulen-Konzept in der Schweiz wie etwa mit Postulaten zur Verstärkung der 1. Säule zulasten der beruflichen Vorsorge, oder das Heranziehen des Kapitalstockes der 2. Säule zur Wohneigentumsförderung bzw. zur Finanzierung grosser Infrastrukturprojekte, gefährden den Markt der beruflichen Vorsorge.

Teil 2 Grundlagen der Lebensversicherungstechnik

Grundlagen der Lebensversicherungstechnik

5 Rechnungsgrundlagen

Lebensversicherungsunternehmungen benötigen Rechnungsgrundlagen, um die Prämien für ihre Produkte kalkulieren zu können. Die Prämie ist nichts anderes als der Preis für ein solches Produkt.
Die Faktoren, die einen Einfluss auf die Prämienkalkulation haben, lassen sich in drei Hauptbereiche (die drei klassischen Rechnungsgrundlagen) einteilen:
– Zins
– Ausscheideursachen
– Kosten.

5.1 Zins und technischer Zins

5.1.1 Zins

Der Zins ist ein Entgelt für das leihweise Überlassen von Geld. Wie die Preise von Gütern und Dienstleistungen bildet sich auch der Zins aufgrund von Angebot und Nachfrage auf dem freien Markt. Es gibt eine Vielfalt von Zinsen. Sie unterscheiden sich hauptsächlich darin, ob das Geld angelegt oder ausgeliehen wird.

Normalerweise ist der Zinssatz, der für ein Darlehen zu bezahlen ist, höher als der Zins, den ein Guthaben erbringt. Ein weiterer Faktor ist der Zeitraum, während dem Geld angelegt oder ausgeliehen wird. Der Zinssatz für kurzfristige Darlehen ist oft höher als derjenige für langfristige Darlehen. Umgekehrt ist der Zinssatz für kurzfristige Anlagen in der Regel kleiner als der für langfristige Anlagen.

Die Höhe des Darlehenszinssatzes ist auch davon abhängig, ob der Schuldner für das Darlehen Sicherheiten stellen kann oder nicht. Je nach dem gewährt der Geldverleiher z. B. ein Hypothekardarlehen oder einen Konsumkredit.

Für Kapitalanlagen gilt die Faustregel, dass die Zinssätze mit zunehmendem Risiko steigen. Für eine sichere Anlage (z. B. ein Sparkonto) ist somit eine wesentlich kleinere durchschnittliche Verzinsung zu erwarten als für Investitionen mit spekulativem Charakter (z. B. Obligationen schlechter Schuldner oder in Fremdwährungen).

Schliesslich spielt es eine Rolle, wer ein Darlehen aufnehmen will. Personen, Institutionen, Firmen oder auch Länder, die besonders kreditwürdig eingestuft werden, zahlen geringere Darlehenszinsen als solche, die als eher unzuverlässige Schuldner gelten.

Bei Kapitalanlagen kann es auch eine Rolle spielen, wer das Geld anlegen will: Handelt es sich um eine bekannte oder um eine unbekannte Firma bzw. Person (unterschiedliche Bonität)?

Die Höhe des Kapitals oder des Darlehens beeinflusst die Höhe der jeweiligen Zinssätze. So ist ein Kleinkredit teurer als ein Grosskredit. Für die Anlage von CHF 100 000.– wird ein höherer Zinssatz bezahlt als für die Anlage von CHF 1 000.–.

Die Währung, in der die Anlage getätigt oder in der das Darlehen aufgenommen wird, spielt eine wichtige Rolle. Die Zinssätze hängen auch noch von der vertrag-

---

Bonität
Guter Ruf und gute Zahlungsfähigkeit einer Firma oder Person.

lichen Ausgestaltung ab. Die Vereinbarungen legen z. B. fest, ob
- das Darlehen vorzeitig oder zumindest teilweise zurückbezahlt werden kann,
- die Anlage vorzeitig aufgelöst werden kann,
- eine Möglichkeit besteht, über die jeweiligen Zinssätze neu zu verhandeln.

Für Lebensversicherungsgesellschaften besitzen die verschiedenen Zinssätze eine grosse Bedeutung
- im Bereich der Kapitalanlagen und
- im Bereich der Leistungserbringung.

Lebensversicherungsunternehmungen bieten im Gegensatz zu Nichtlebensversicherungsgesellschaften nicht nur einen reinen Risikoschutz, sondern auch eine umfassende Vorsorge. Dabei ist das Sparen ein wichtiger Bestandteil des Versicherungsangebotes. Die Spargelder der Versicherten werden unter Beachtung gesetzlicher Vorschriften angelegt in:
- Obligationen
- Aktien
- Immobilien
- Hypotheken.

Die Zinssätze spielen für das Erbringen der Versicherungsleistung eine wichtige Rolle. Die Zeitpunkte der Prämienzahlung durch den Versicherten und die Leistungserbringung des Versicherers sind nicht die gleichen. Die Leistungserbringung erfolgt im Allgemeinen später als die Prämienzahlung. Ein Franken, den die Lebensversicherungsgesellschaft eventuell erst in 10 Jahren zahlen muss, ist heute weniger als einen Franken wert (Zins-, Zinseszinseffekt).
Der Zins ist das Instrument, das die Zahlungsströme zu verschiedenen Zeitpunkten innerhalb der für den Lebensversicherungsvertrag relevanten Zeitperiode vergleichbar macht. Anders formuliert: Zum heutigen Zeitpunkt besitzt ein Franken einen anderen Wert als ein Franken in zehn Jahren. Mithilfe eines Zinssatzes versucht der Versicherer deshalb, den Wert eines Frankens von heute mit dessen Wert in zehn Jahren vergleichbar zu machen (Barwert).
Gleich hohe Leistungen, die zu verschiedenen Zeitpunkten fällig werden, belasten die Versicherungsgesellschaft wegen des Einflusses der Zinsen in unterschiedlichem Masse. Aus diesem Grund bringen auch Einzahlungen der Kunden (z.B. Prämien) für den Versicherer nicht immer den gleichen Nutzen. Einzelne Ein- und Auszahlungen müssen deshalb auf einen gemeinsamen Zeitpunkt bezogen werden. Dies kann zum Beispiel der Beginn oder das Ende der Zeitperiode sein, für die ein Versicherungsvertrag abgeschlossen wird.

5.1.2 Technischer Zins

Der beim Abschluss gültige technische Zinssatz gilt während der gesamten Vertragsdauer. Somit hat eine Änderung des technischen Zinses keine Auswirkungen auf bereits bestehende Policen. Von der Kapitalanlageseite her betrachtet kann er auch als garantierter Zinssatz oder Mindestzinssatz verstanden werden. Die finanzielle Bewertung der Leistungserbringung für die Festsetzung einer Prämie ist nur möglich, wenn ein einheitlicher Zinssatz für die Berechnung verwendet wird. Die mit dem technischen Zinssatz aufgezinste Sparprämie ergibt das Deckungskapital (s. Kapitel 9). Mit diesem Rechnungszinssatz werden die Zahlungsströme zu verschiedenen Zeitpunkten diskontiert, d. h. auf einen Ausgangszeitpunkt abgezinst. Das Diskontieren ist genau das Gegenteil des Aufzinsens.
Lebensversicherungsverträge sind im Allgemeinen langfristige Verträge. Laufzeiten von 30 oder 40 Jahren sind keine Seltenheit.

Deshalb kann das Portefeuille einer Gesellschaft, je nach Tarifgeneration, Verträge mit unterschiedlichen Zinssätzen enthalten.

Damit die Erfüllbarkeit von Lebensversicherungsverträgen dauerhaft garantiert ist, dürfen die Annahmen über den technischen Zinssatz nicht zu optimistisch sein.

Heute verwenden die Versicherer in der Schweiz einen technischen Zinssatz von 2,5% und nähern sich damit den Bestimmungen der EU an: In der EU darf der garantierte Zinssatz 60% der Rendite von Bundesobligationen nicht überschreiten.

5.2 Ausscheideursachen

Mithilfe von Statistiken versuchen die Versicherungsmathematiker die Ursachen dafür zu erfassen, weshalb und zu welchem Zeitpunkt einzelne Personen aus dem versicherten aktiven Bestand ausscheiden. Je nach dem versicherten Ereignis sind für den Lebensversicherer Tod bzw. Invalidität die wichtigsten Ausscheideursachen.

Andere Ausscheideursachen sind Unfall, Wiederverheiratung (Witwenrente), Reaktivierung bei Invalidität, Ausbildungsende (Waisenrente) oder Stornierung des Versicherungsvertrags (Rückkauf, Verzicht).

Gewisse Ausscheideursachen lassen sich statistisch nur schwer erfassen, da sie weitgehend vom Willen des Versicherungsnehmers abhängig sind (subjektive Risiken). Dazu gehören z.B. die Stornierung des Versicherungsvertrags und die Wiederverheiratung von Witwen, die Witwenrenten beziehen.

Versicherungsverträge sind für eine bestimmte, oft recht lange Dauer abgeschlossen. Die genannten Austritte aus einem Vertrag haben für die Lebensversicherungsunternehmungen finanzielle Folgen. Da die Versicherer die einbezahlten Prämiengelder langfristig anlegen, versuchen sie, solche (vorzeitigen) Leistungen möglichst genau zu kalkulieren.

Die Wahrscheinlichkeiten für das Auftreten von Ausscheideursachen ermitteln die Versicherungsmathematiker mithilfe der **Wahrscheinlichkeitsrechnung.** Die Ausscheideursachen treten im einzelnen Fall zufällig (also unsicher), im Ganzen aber schätzbar auf (Gesetz der grossen Zahl).

Der reguläre Ablauf eines Versicherungsvertrages ist von den Ausscheideursachen zu unterscheiden. Er tritt ein bei Erlebensfallleistungen (Kapitalzahlung), Erreichen eines vereinbarten Ausbildungsalters (Kapitalzahlung) oder bei Erreichen eines Rentenalters (Rentenzahlung) und ist nicht zu hundert Prozent wahrscheinlich.

Die eigentlichen Versicherungsereignisse oder Schadenereignisse treten nur bei Tod, Invalidität und Heirat ein. Wegen der Unsicherheit des regulären Ablaufs eines Versicherungsvertrages zählt auch das Ereignis «Erlebensfall» dazu.

Wahrscheinlichkeitsrechnung
Teilgebiet der Mathematik, das die Gesetzmässigkeiten zufälliger Ereignisse untersucht.

Subjektive Risiken
Risiken, welche die versicherte Person selbst beeinflussen oder verursachen kann.

5.2.1 Sterblichkeit

Sterbewahrscheinlichkeiten

Für Versicherungen, bei denen der Tod der versicherten Person eine Kapitalzahlung oder eine Rente auslöst, sind realistische Schätzungen über die erwartete Sterblichkeit unerlässlich. Diesen Schätzungen liegen statistische Erhebungen zugrunde.

In der Praxis wird zunächst ein Bestand festgesetzt, der beobachtet werden soll. Die Anzahl der Lebenden zum Zeitpunkt t_0 (Beginn der Messung) sei L. Während der Beobachtungsperiode (meist mehrere Jahre) werden die Todesfälle registriert. T ist die Anzahl der Todesfälle, die bis zum Zeitpunkt t_1 registriert wird. Das Verhältnis T/L entspricht der Wahrscheinlichkeit, dass eine Person aus dem Bestand innerhalb des Zeitintervalls t_0 bis t_1 stirbt.

Um aussagefähige Daten zu erhalten, ist es notwendig, einen möglichst homogenen Versichertenbestand zu beobachten. Die Erfahrung zeigt, dass viele Faktoren die Sterblichkeit beeinflussen:

- Aufenthalts- und Herkunftsregion
- Alter
- Geschlecht
- Beruf
- Lebensgewohnheiten
- Wohnverhältnisse
- usw.

Der «homogenste» Bestand wäre eine sehr kleine Anzahl von versicherten Personen, z.B. nur mit einer Person. Der beobachtete Bestand darf jedoch weder zu gross noch zu klein sein (Problem der Homogenität). Der Übergang zu kleineren Beständen hat zur Folge, dass das Gesetz der grossen Zahl nicht mehr anwendbar ist.

Bezogen auf die Lebensversicherung bedeutet das Gesetz der grossen Zahl, dass erst in einem ausreichend grossen Bestand (ab etwa 100 000 Personen) die Sterblichkeit gemäss den Sterbewahrscheinlichkeiten verläuft. Bei zu kleinen Beständen entstehen dagegen starke Schwankungen.

Die Lebensversicherer haben bisher die Sterblichkeit hauptsächlich nach den Merkmalen Alter und Geschlecht bestimmt, da nur für diese Risiken fundierte statistische Daten vorhanden sind. Es ist aber unbestritten, dass auch andere Faktoren einen Einfluss auf die Sterblichkeit haben, z.B. die Herkunftsregion, die individuellen Lebensgewohnheiten (Ernährung, Sport) oder gar die Wohnverhältnisse. Diese Umstände

---

Gesetz der grossen Zahl

Dieser fundamentale Satz aus der Statistik soll am Beispiel des Werfens mit einer Münze illustriert werden. Bei einer idealen Münze ist die Wahrscheinlichkeit für «Kopf» (wie auch für «Zahl») 50%. Wirft man die Münze 10-mal, so erscheint «Kopf» z.B. 6-mal. Dies bedeutet eine relative Häufigkeit von 60%. Bei 100 Würfen wird man vielleicht 31-mal «Kopf» registrieren, was einer relativen Häufigkeit von 31% entspricht. 1000 Würfe ergeben unter Umständen 423 «Köpfe»; also eine relative Häufigkeit von ca. 42%. Das Gesetz der grossen Zahl besagt, dass mit wachsender Anzahl der Würfe die gemessene relative Häufigkeit für «Kopf» gegen die erwartete theoretische Wahrscheinlichkeit von 50% strebt. Je höher die Anzahl der Würfe ist, umso näher wird das Beobachtungsergebnis beim theoretischen Wert liegen.

Abb. 5.2–1: Gesetz der grossen Zahl

können jedoch in der Regel nicht berücksichtigt werden, da z. B. eine Tarifierung nach Herkunftsregion als Diskriminierung aufgefasst werden könnte oder weil die entsprechenden statistischen Daten fehlen. Es ist auch schwierig, individuelle Lebensgewohnheiten vergleichbar zu erfassen und einzuteilen.

Solche Erfahrungswerte könnten die Versicherer im Zusammenhang mit ihrem **Underwriting** zusätzlich für die Beurteilung der Risiken einfliessen lassen. Bis jetzt erfolgte eine Anwendung in der Praxis jedoch einzig beim Rauchen, indem einige Gesellschaften für Nichtraucher günstigere Todesfallrisikotarife anbieten als für Raucher.

Einjährige Sterbewahrscheinlichkeiten

Als Ergänzung zu den Unterscheidungsmerkmalen ist auch das Zeitintervall, in dem die Sterblichkeit gemessen wird, festzulegen. Üblicherweise werden die so genannten einjährigen Sterbewahrscheinlichkeiten gemessen. Diese geben an, mit welcher Wahrscheinlichkeit eine Person innerhalb eines Jahres stirbt. Die einjährigen Sterbewahrscheinlichkeiten werden für x-jährige Männer mit q_x bzw. für y-jährige Frauen mit q_y bezeichnet. Die einjährigen Sterbewahrscheinlichkeiten im versicherungstechnisch wichtigen Altersbereich von 20 bis 70 sind sehr kleine Zahlen und werden in Promille angegeben.

Beträgt beispielsweise die einjährige Sterbewahrscheinlichkeit für 50-jährige Männer 6‰, so bedeutet dies, dass bei einem Bestand von 1000 50-jährigen Männern erwartungsgemäss 6 Personen innerhalb eines Jahres sterben werden.

Die Wahl einer kleineren Zeitperiode (z. B. ein Monat oder gar ein Tag) ist wenig sinnvoll, da die Schwankungen zwangsläufig zu hoch wären. Auf der anderen Seite genügt ein Jahr, um eine differenzierte und aussagefähige Sterbetafel aufzustellen.

Sterbetafeln

Der erste Versuch aus der Neuzeit, die Bevölkerungssterblichkeit zu prognostizieren, ist das Werk des Engländers John Graunt. Zu Beginn des 17. Jahrhunderts registrierte er wöchentlich in seinen Aufzeichnungen die Todesfälle von London und Umgebung. Die einjährigen Sterbewahrscheinlichkeiten waren diesem Zahlenmaterial aber noch nicht zu entnehmen.

> **Underwriting**
> Individuelle Risikoprüfung.

Die erste bekannte Sterbetafel stammt vom englischen Mathematiker und Astronomen Edmund Halley (1656–1742). Der holländische Mathematiker Struyck (1687–1769) lieferte später eine neue Sterbetafel, die aber auch noch nicht sonderlich genau war.

Im 19. Jahrhundert begannen die Lebensversicherer in verschiedenen Ländern, aus den Erfahrungen mit den eigenen Versicherten, Sterbetafeln aufzustellen. In der Schweiz bedienten sich die Versicherer einer Sterbetafel, die 1883 in Deutschland veröffentlicht wurde und die Erfahrungswerte von 23 deutschen Gesellschaften bis 1875 zusammenfasste. Später wurde sie durch eigene Grundlagen ersetzt.

In den Industrienationen hat sich seit Beginn des 20. Jahrhunderts die Lebenserwartung der Bevölkerung ständig erhöht. Diese Entwicklung wurde bereits vor dem Ersten Weltkrieg (1914–1918) festgestellt. Der Trend verstärkte sich in den darauffolgenden Jahren und wurde nur durch den Zweiten Weltkrieg (1939–1945) unterbrochen.

Die Lebensversicherer aktualisieren deshalb ihre Sterbetafeln in regelmässigen Abständen.

Heutige Form der Sterbetafeln

Die moderne Sterbetafel ist eine Tabelle, die für jedes Alter die entsprechende einjährige Sterbewahrscheinlichkeit angibt. Eine Sterbetafel beginnt meist mit dem Al-

Grundlagen der Lebensversicherungstechnik

ter 0 (Säuglinge) und endet je nach Land bei einem Alter zwischen 100 und 124. Die nachfolgende Tabelle ist ein Ausschnitt aus der Sterbetafel ERM/F 2000[1], die seit dem Jahr 2000 in der Schweiz für die Tarifierung von Rentenversicherungen verwendet wird. Diese Sterbetafel wurde aufgrund der Beobachtungsperiode von 1991 bis 1995 erstellt und enthält die Durchschnittswerte für das Jahr 1993 und somit die Wahrscheinlichkeit, im Jahr 1994 zu sterben. Damit der Versicherungsmathematiker die fortschreitende Abnahme der Sterblichkeit berücksichtigen kann, muss er die Werte, die nur für 1993 exakt sind, mit einem Korrekturfaktor multiplizieren.

Beispiel[2]: Für einen 50-jährigen Mann bestand 1993 ein Risiko von 2,272‰ im folgenden Jahr zu sterben, während im Jahr 2000 für einen 50-Jährigen das Risiko im

Alter	ERM 2000: q(x, 1993)	ERF 2000: q(y, 1993)
31	0.001774	0.000395
32	0.001727	0.000434
33	0.001685	0.000475
34	0.001650	0.000519
35	0.001625	0.000568
36	0.001605	0.000622
37	0.001595	0.000681
38	0.001599	0.000724
39	0.001622	0.000806
40	0.001663	0.000875
41	0.001716	0.000952
42	0.001770	0.001039
43	0.001815	0.001132
44	0.001848	0.001225
45	0.001874	0.001314
46	0.001899	0.001400
47	0.001932	0.001482
48	0.001979	0.001566
49	0.002050	0.001650
50	0.002272	0.001733

Abb. 5.2–2: Ausschnitt aus der Sterbetafel ERM/F 2000

---

[1] ERM/F 2000: Einzel-Renten-Männer/Frauen 2000.
[2] Details zur Berechnung der Sterbewahrscheinlichkeit sind aus der Publikation des SVV «Referenztafeln für die Einzelversicherung», 1.10.1998, ersichtlich.

Jahr 2001 zu sterben nur noch 1,817 ‰ betrug.

Häufig werden Sterbetafeln so dargestellt, dass die Entwicklung eines Bestandes direkt abgelesen werden kann. Die Tabelle startet mit einem Bestand von beispielsweise 100 000 Säuglingen, d.h. die Anzahl (Gruppe) der Lebenden l_0 zu Beginn ist 100 000. l_1 bezeichnet dann die Anzahl der Personen, die das erste Jahr überleben werden, l_2 die Anzahl der Personen, die 2 Jahre überleben werden. Allgemein bezeichnet l_n die Anzahl der Personen, die erwartungsgemäss n Jahre überleben. Aus dieser Darstellung lässt sich ablesen, wie sich ein Bestand aufgrund der Sterblichkeit verringert. Die Anzahl der Überlebenden gemäss GKM 95 ist nachfolgend für den Bereich 40 bis 54 Jahre dargestellt; l_{40} sind 96.411,10 40-jährige Männer:

Mann von 100'000 leben noch 96'411

x	l_x	d_x	d_x^K	p_x	q_x	q_x^K	q_x^U	$\overset{\circ}{e}_x$	x
40	96.411,10	180,23	143,50	0,9981306	0,0018694	0,0014884	0,0003810	37,02421	40
41	96.230,87	192,30	155,59	0,9980017	0,0019983	0,0016168	0,0003815	36,09262	41
42	96.038,57	205,95	169,19	0,9978555	0,0021445	0,0017617	0,0003828	35,16389	42
43	95.832,62	221,34	184,46	0,9976904	0,0023096	0,0019248	0,0003848	34,23838	43
44	95.611,28	238,74	201,71	0,9975030	0,0024970	0,0021097	0,0003873	33,31648	44
45	95.372,54	258,53	221,26	0,9972893	0,0027107	0,0023200	0,0003907	32,39863	45
46	95.114,01	281,01	243,47	0,9970455	0,0029545	0,0025598	0,0003947	31,48534	46
47	94.833,00	306,55	268,67	0,9967675	0,0032325	0,0028331	0,0003994	30,57715	47
48	94.526,45	335,40	297,15	0,9964518	0,0035482	0,0031436	0,0004046	29,67469	48
49	94.191,05	367,88	329,25	0,9960943	0,0039057	0,0034956	0,0004101	28,77858	49
50	93.823,17	404,26	365,25	0,9956913	0,0043087	0,0038930	0,0004157	27,88946	50
51	93.418,91	444,73	405,37	0,9952394	0,0047606	0,0043393	0,0004213	27,00798	51
52	92.974,18	489,56	449,87	0,9947345	0,0052655	0,0048387	0,0004268	26,13478	52
53	92.484,62	538,90	498,94	0,9941731	0,0058269	0,0053948	0,0004321	25,27048	53
54	91.945,72	592,81	552,59	0,9935526	0,0064474	0,0060100	0,0004374	24,41566	54

Abb. 5.2–3: Ausschnitt aus der Sterbetafel GKM 95

Legende:
x → Alter
l_x → Anzahl Versicherte mit dem Alter x
d_x → Anzahl Tote im Alter x
d_x^K → Anzahl Tote im Alter x, infolge Krankheit
p_x → Wahrscheinlichkeit, das Alter x+1 zu überleben
q_x → Wahrscheinlichkeit, im Alter x+1 zu sterben
q_x^K → Wahrscheinlichkeit, im Alter x+1 infolge Krankheit zu sterben
q_x^U → Wahrscheinlichkeit, im Alter x+1 infolge Unfall zu sterben
e_x → Lebenserwartung im Alter x

Rohe Sterbewahrscheinlichkeiten

Die direkt aus den Messungen gewonnenen Werte sind so genannte rohe Sterbewahrscheinlichkeiten. Die Grafik 5.2–4 beruht auf Erhebungen, die in der Schweiz durchgeführt wurden.

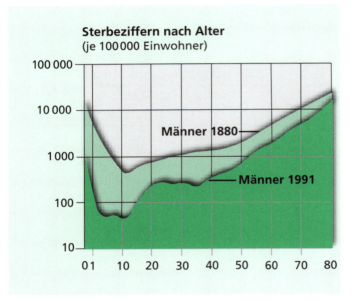

Abb. 5.2–4: Rohe Sterbewahrscheinlichkeiten

Der Verlauf der Grafik ist typisch für rohe Daten. Die Sterbewahrscheinlichkeiten sind verhältnismässig hoch, wenn man bedenkt, dass selbst für 49-jährige Männer der Wert unter 7 ‰ liegt.

Diese hohen Werte sind auf die Säuglingssterblichkeit zurückzuführen. Dank der verbesserten hygienischen Bedingungen bei der Geburt sowie einer besseren medizinischen Betreuung von Schwangeren und Neugeborenen ist die Säuglingssterblichkeit stark zurückgegangen. Sie liegt aber vielerorts immer noch über der Kindersterblichkeit. Wie der Grafik zu entnehmen ist, fällt die Kindersterblichkeit mit zunehmendem Alter ab und erreicht ihr Minimum zu Beginn der Pubertät.

Auffallend ist, dass die Kurve im zweiten Jahrzehnt steigt, um nachher wieder zu fallen. Das relative Maximum um das Alter 20 trägt den Namen «Unfallbuckel» und spiegelt die überproportional hohe Unfallhäufigkeit für diese Altersgruppe wider. Der Unfallbuckel ist bei Männern stärker ausgeprägt (grössere Risikobereitschaft). Etwa gegen Ende der dritten Dekade beginnt die Kurve sich zu «normalisieren».

Die Grafik zeigt zwei Besonderheiten:
– Sie weist an manchen Stellen eine Abnahme der Sterblichkeit aus, für die es keine Erklärung gibt. Solche Unregelmässigkeiten sind so genannte statistische Ausreisser.
– Auch die bei älteren Personen geringe Abnahme der Sterblichkeit (Lebensqualität nach der Pensionierung) ist für Tarifierungszwecke ungeeignet.

Ausgleich der Sterbewahrscheinlichkeiten

Der Ausgleich der Sterbewahrscheinlichkeiten soll die Zufallsschwankungen der rohen Messwerte eliminieren. Die Lebensversicherer verwenden deshalb eine «geglättete» Sterbetafel. Die rohen Daten werden mittels mathematisch-statistischer Verfahren ausgeglichen. Die ausgeglichenen Sterbewahrscheinlichkeiten steigen mit zunehmendem Alter kontinuierlich an. Dadurch ist sichergestellt, dass eine Umstellung eines laufenden Vertrags auf ein neues Schlussalter der versicherten Person keine Preisvorteile bringt.

Versichertensterblichkeit

Die gemessenen Sterbewahrscheinlichkeiten hängen selbstverständlich von der Wahl des beobachteten Bestandes ab. Wenn die Versicherungsgesellschaften die Daten der eigenen Bestände auswerten, liegt die Versichertensterblichkeit unter der allgemeinen Volkssterblichkeit. Das Underwriting führt dazu, dass bei einem Vertrags-

Rechnungsgrundlagen

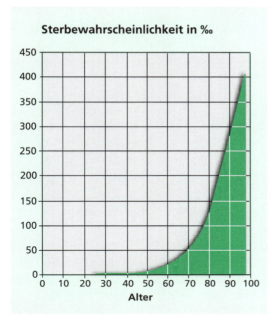

Abb. 5.2–5: Ausgeglichene Sterbewahrscheinlichkeiten

abschluss eher gesunde Personen versichert werden.

Für Kapitalversicherungen verwenden heute die schweizerischen Versicherungsgesellschaften die Sterbetafeln GKM 95 und GKF 95. Diese Tafeln beruhen auf einer Gemeinschaftsstatistik der Gesellschaften, die im Schweizerischen Versicherungsverband, «Bereich Leben», vertreten sind. Sie enthalten zudem (aufgrund der bisherigen Verpflichtung zur vorsichtigen Kalkulation) bereits Sicherheitszuschläge.

Diese geglätteten Sterbetafeln gehören zu den Grundlagen 1. Ordnung. Im Gegensatz dazu heissen die bei den Versicherungsgesellschaften jährlich festgestellten (ausgeglichenen) Sterblichkeiten Grundlagen 2. Ordnung. Diese Daten werden in der Regel nicht veröffentlicht und dienen unter anderem zum Ermitteln der Überschüsse.

Selektionssterbetafeln

Die Erfahrung bestätigt immer wieder, dass die Sterblichkeit einer versicherten Person, die bereits seit mehreren Jahren im Bestand einer Versicherungsgesellschaft ist, höher ist als diejenige einer gleichaltrigen Person, die soeben einen Versicherungsvertrag abgeschlossen hat. Die Selektion infolge des Underwritings zeigt hier ihre Wirkung. Eine Sterbetafel, die dieser Tatsache Rechnung trägt, wird Selektionstafel genannt. Diese Tafel berücksichtigt nicht nur das erreichte Alter, sondern einerseits das Eintrittsalter und andererseits die Anzahl der seit dem Eintritt vergangenen Jahre. Im Underwriting ist daher nicht ausschliesslich der momentane Gesundheitszustand, sondern vor allem die Prognose für die Zukunft zu berücksichtigen.

Der Selektionstafel ist z. B. zu entnehmen, dass die Sterbewahrscheinlichkeit für eine

Eintrittsalter x	Sterbewahrscheinlichkeit q_x	Sterbewahrscheinlichkeit nach 1 Jahr (q_{x+1})	Sterbewahrscheinlichkeit nach 2 Jahren (q_{x+2})
20	0,66 ‰	0,73 ‰	0,79 ‰
30	0,43 ‰	0,57 ‰	0,69 ‰
32	0,47 ‰	0,63 ‰	0,79 ‰
40	1,01 ‰	1,35 ‰	1,83 ‰
50	2,86 ‰	3,88 ‰	6,03 ‰
60	6,69 ‰	9,70 ‰	17,74 ‰

Abb. 5.2–6: Ausschnitt aus einer Selektionssterbetafel

Grundlagen der Lebensversicherungstechnik

30-jährige Person 0,43 ‰ beträgt. Die einjährige Sterbewahrscheinlichkeit für eine 31-jährige Person, die mit 30 Jahren in den Versicherungsbestand eingetreten ist, steigt auf 0,57 ‰, während sie für jemanden, der 30-jährig ist und schon zwei Jahre zum Versichertenbestand gehört, bereits 0,69 ‰ erreicht. Im Gegensatz dazu besteht für eine neu eintretende 32-jährige Person jedoch nur eine Sterbewahrscheinlichkeit von 0,47 ‰. Andere Selektionstafeln berücksichtigen neben der Sterblichkeit die Faktoren Storno, Invalidität usw. Diese Tabellen werden in der Praxis eingesetzt, um den Einfluss der Versicherungsdauer auf die Rechnungsgrundlagen zu berücksichtigen. Die Vertragsdauer spielt beim Bestimmen der benötigten Reserven eine wichtige Rolle. In der Schweiz verwenden die Lebensversicherer keine Selektionssterbetafeln.

Rententafeln

Für die Kalkulation von Rententarifen wird heute in der Einzelversicherung die Rententafel ERM/F 2000 verwendet. Im Gegensatz zu den Kapitalversicherungen liegt das Risiko hier in der (langen) Lebensdauer der versicherten Person.

Die kaufmännische Vorsicht verlangt, dass die Sterblichkeit für Kapitalversicherungen (Versicherungsereignis: Tod) etwas höher angesetzt wird, als es die statistischen Erhebungen nahe legen. Bei den Rentenversicherungen ist es genau gegenläufig. Das Risiko besteht darin, dass der Versicherte überlebt. All dies führt dann dazu, dass die Sterblichkeit für die Rentenversicherungen entgegen den statistischen Erhebungen niedriger veranschlagt wird. Die Rententafeln tragen diesem Umstand Rechnung, indem die Sterblichkeiten kleiner als erwartet angesetzt sind. Die Abbildung 5.2–7 zeigt den Unterschied zwischen den einjährigen Sterbewahrscheinlichkeiten für Renten- und für Kapitaltarife.

Alter x	Rententafel ERM 2000	Kapitaltafel EKM 95[1]
65	9,92	16,27
66	11,04	17,55
67	12,29	18,90
68	13,69	20,33
69	15,26	21,84
70	17,03	23,42

Abb. 5.2–7: Einjährige Sterbewahrscheinlichkeiten in ‰

Die Sterbewahrscheinlichkeiten aus der Rententafel sind wesentlich tiefer als die aus der Kapitaltafel. Trotzdem zeigt sich, dass die Sterblichkeiten der Rententafel aus zwei Gründen weiter nach unten korrigiert werden müssen:

– **Gestiegene Lebenserwartung**
 Die durchschnittliche Lebenserwartung steigt dank der verbesserten medizinischen Versorgung in den Industrienationen.

– **Antiselektionsverhalten**
 Verständlicherweise schliessen eher jene Personen eine Rentenversicherung ab, die aufgrund der eigenen sowie der ärztlichen Einschätzung glauben, dass sie noch lange leben werden.

Pensionskassen mit einem grossen Bestand erstellen eigene Sterbetafeln. So veröffentlicht z. B. die Versicherungskasse der Stadt Zürich alle zehn Jahre neue technische Grundlagen. Die aktuellen Werte sind unter der Bezeichnung VZ 2000 erhältlich.

Auch die AHV arbeitet mit eigenen Sterbetafeln. Diese basieren zum Teil auf den Volkssterbetafeln. Die Resultate werden zudem in die Zukunft extrapoliert und

---
[1] EKM 95: Einzel-Kapital-Männer.

damit die künftige Sterblichkeit berechnet (geschätzt).

Lebenserwartung

Viel populärer als die einjährigen Sterbewahrscheinlichkeiten sind die Lebenserwartungen e_x bzw. e_y. Diese geben die erwartete Lebensdauer für einen x-jährigen Mann bzw. eine y-jährige Frau an. Gemäss GKM 95 bzw. GKF 95 ergibt sich für das übliche Pensionierungsalter:
Männer e_{65} = 15,74 Jahre
Frauen e_{62} = 23,45 Jahre.

Dies bedeutet, dass Männer bzw. Frauen im Zeitpunkt ihrer Pensionierung im Durchschnitt noch 16 bzw. 23 Jahre leben werden, das heisst 81-jährig bzw. 85-jährig werden.

Von besonderem Interesse sind Lebenserwartungen für Säuglinge (x bzw. y = 0). In der folgenden Tabelle sind diese Werte für die Länder mit der höchsten bzw. niedrigsten Lebenserwartung angegeben. Grundlage dafür sind Volkssterbetafeln, die aus statistischen Erhebungen über die gesamte Wohnbevölkerung des betreffenden Landes hervorgegangen sind.

5.2.2 Invalidisierung

Bei Erwerbsunfähigkeits-Renten steht Invalidisierung als Ausscheideursache im Mittelpunkt. Im Gegensatz zu einem Todesfall bereitet es in der Praxis häufig erhebliche Probleme, zu beurteilen, ob jemand invalid bzw. erwerbsunfähig ist. Schon die Definition bringt einige Schwierigkeiten mit sich. Während Invalidität einen medizinischen Zustand beschreibt, ist Erwerbsunfähigkeit ein wirtschaftlicher Begriff, der den Erwerbsausfall und dessen Umfang ausdrückt. Eine Person, die im medizinischen Sinne invalid ist, kann durchaus zu 100% erwerbsfähig sein.

Land	Frauen	Männer
Japan	83	77
Schweiz	82	75
Frankreich	82	74
Hongkong	81	76
Schweden	81	76
Australien	81	75
Italien	81	75
Finnland	81	73
Deutschland	80	74
USA	80	73
Chile	78	72
Bulgarien	75	60
Saudiarabien	73	70
Russland	73	61
China	72	68
Tunesien	71	68
Brasilien	71	63
Vietnam	70	65
Indonesien	67	63
Guatemala	67	61
Indien	63	62
Südafrika	58	51
Tansania	50	47
Mauretanien	55	52
Angola	48	45
Afghanistan	46	45
Ruanda	42	40
Sambia	41	40
Sierra Leone	39	36

Abb. 5.2–8: Lebenserwartungen in verschiedenen Ländern
Quelle: UNO-Bericht 1998

Faktoren, die einen massgeblichen Einfluss auf den Erwartungswert der Versicherungsleistung bei Invalidität bzw. Erwerbsunfähigkeit haben, sind:
- Alter und Geschlecht
- Grad und Dauer der Invalidität
- vereinbarte Wartefrist im Versicherungsvertrag
- persönliche Einstellung zur Arbeit
- ausgeübte Tätigkeit
- Leistungen der gesetzlichen Versicherungen
- Wirtschaftslage
- Reaktivierung (nach zunächst eingetretener Invalidisierung).

Der Zusammenhang zwischen diesen (und vielen anderen) Faktoren und dem Verhalten der Versicherten ist unbestritten und durch Statistiken nachweisbar. Beispielsweise steigen in Zeiten schlechter Wirtschaftslage die Invalidisierungsfälle merklich an, während gleichzeitig die Reaktivierung deutlich sinkt.

Da es praktisch unmöglich ist, alle diese Faktoren in einem handlichen Modell zu erfassen, verzichten viele Versicherer im In- und Ausland darauf, Tarifgarantien für Invaliditätsversicherungen zu gewährleisten. Die Versicherer behalten sich vor, bei einem schlechten Schadenverlauf die Prämien anzupassen. In der Schweiz bieten einzelne Invaliditätsversicherungen noch die gleichen Tarifgarantien wie die anderen Lebensversicherungen.

Die Invalidisierungshäufigkeit hängt (wie Tod) vom Alter und vom Geschlecht ab. Erwartungsgemäss steigt sie mit zunehmendem Alter. Die Invalidisierungshäufigkeit für Frauen liegt generell unter jener der Männer.

Für Tarifierungszwecke gibt es Tafeln, die beide Ursachen (Invalidität, Tod) berücksichtigen und nach Geschlechtern trennen. In einem feineren Modell wird zusätzlich den Reaktivierungswahrscheinlichkeiten sowie der Sterblichkeit von invaliden Personen Rechnung getragen. Die Statistiken bestätigen, dass die Sterblichkeit von Invaliden deutlich über der von Aktiven liegt.

5.2.3 Stornierung

Eine weitere Ausscheideursache aus einem Versichertenbestand ist die Stornierung des Versicherungsvertrages. Verständlicherweise ist es schwer, diese Grösse statistisch in den Griff zu bekommen. Die Beweggründe der Versicherten sind vielfältig. Der Versicherungsnehmer kann eine Privatversicherung selbst kündigen, wenn er z. B.:
- in finanzielle Schwierigkeiten gerät
- mit der Versicherungsgesellschaft unzufrieden ist
- die Versicherung nicht mehr benötigt.

Versicherungstechnisch erfolgt die Stornierung durch:
- Rückkauf
- Rücktritt der Versicherung
- Umwandlung
- Verzicht.

Beim Rückkauf erhält der Versicherungsnehmer den Rückkaufswert seiner Versicherung. Dieser entspricht dem Deckungskapital der Versicherung abzüglich der noch nicht amortisierten Abschlusskosten. Ein Rücktritt der Versicherung vom Vertrag erfolgt nach einer Anzeigepflichtverletzung. Verzichtet der Versicherungsnehmer auf die Auszahlung des Rückkaufswerts, wird dieser Betrag als Einmaleinlage für eine neue Versicherung verwendet. Die bisherige Versicherung wird dabei in eine prämienfreie Police umgewandelt, und die Leistungen werden entsprechend gekürzt.

Ist die Versicherung aufgrund der Versicherungsbedingungen nicht rückkaufsfähig, so handelt es sich in diesem Fall um einen Verzicht.

5.2.4 Weitere Ausscheideursachen

Im Zusammenhang mit Versicherungsleistungen aus der 1. und 2. Säule sind weitere Ausscheideursachen von Interesse. Dazu zählen:
- Wiederverheiratung einer Witwe oder eines Witwers, die eine Rente beziehen
- Aufnahme einer Erwerbstätigkeit von Kindern, die eine Waisen-, Invaliden- oder Pensioniertenkinderrente beziehen.

Spezial

Invalidisierung bei schlechter Wirtschaftslage

In wirtschaftlichen Krisenzeiten stellen die Lebensversicherer eine steigende Zahl von Invalidisierungsfällen bei den Versicherten fest. Invalidität ist zu einem beträchtlichen Teil ein subjektives Risiko. Deshalb ist es sehr schwierig, diese Tendenz korrekt und gerecht zu beurteilen.

Auffallend ist, dass die Invalidisierungen vornehmlich ältere Arbeitnehmer betreffen – möglicherweise anstelle von Frühpensionierungen. Dies würde einen Missbrauch der Invalidisierung bedeuten, der sich angesichts der Zahlen auch nicht völlig bestreiten lässt.

Diese Betrachtungsweise ist jedoch einseitig. Wirtschaftliche Krisen beeinflussen das Verhalten der Arbeitnehmer am Arbeitsplatz. Die Angst um den Verlust des Arbeitsplatzes führt dazu, dass jemand in krankem Zustand zur Arbeit geht, um die Stelle nicht zu verlieren. Oft wird auch in Anstellungsverhältnissen ausgeharrt, die aus der Sicht des Einzelnen eigentlich einen Stellenwechsel erfordern würden. Solche Situationen fördern eine Krankheit oder den chronischen Verlauf des Leidens und bewirken so eine Invalidisierung.

Auch der Arbeitgeber sucht in schwierigen Zeiten nach Lösungen, die seinem Unternehmen helfen, die Krise zu überwinden. Während der Hochkonjunktur hat er vielleicht Personen weiter beschäftigt, die eigentlich hätten invalid erklärt werden müssen. Eine wirtschaftlich angespannte Lage bringt den Arbeitgeber dann eher dazu, die Invalidisierung dieser Angestellten in Betracht zu ziehen. Somit kann nicht in jedem Fall von einem Missbrauch gesprochen werden.

Meist ist es nicht möglich, eine präzise Aussage über die zahlenmässige Verteilung der verschiedenen Ursachen zu machen. Wichtig ist die Erkenntnis, dass subjektive Risiken sehr schwer zu erfassen sind und dass sie gleichzeitig mehrere Ursachen haben können.

Rechnungsgrundlagen

[Handschriftliche Notizen:]
Rechnungsgrundlage
Zins (techn. Zins)
Ausscheideursachen (Tod, Invalidität, Stornierung)
Kosten (Entwicklung, Vertriebs-, Verwaltungskosten)
　Wertleistungen: Zins, Ausscheidewahrscheinlichkeiten
　Betriebskosten (steigende Löhne, Sachkosten, Inflation)
　　↳ Abschlusskosten
　　　Inkasso- + Bestandesbetreuungskosten
　　　Verwaltungskosten
⇒ prämienproportionale Kosten (Abschlusskosten)
⇒ versicherungssummenproportionale Kosten (allg. Verwaltungskosten, Inkassokosten)

5.3 Kosten

Die Kosten sind die dritte wichtige Rechnungsgrundlage. Sie enthalten Entwicklungs-, Vertriebs- und Verwaltungskosten.
Ein Versicherungsvertrag ist aus zwei Komponenten zusammengesetzt: Wertleistungen und Betriebsleistungen.
Die Wertleistungen beeinflussen insbesondere die ersten beiden Rechnungsgrundlagen Zins und Ausscheidewahrscheinlichkeiten.
Die Betriebsleistungen sind die eigentlichen Dienstleistungen, die ein Versicherer erbringt. Diese Dienstleistungen verursachen einmalige und laufende Kosten, die dem Versicherer nicht von vorneherein im genauen Umfang bekannt sein können (z. B. steigende Lohn- und Sachkosten). Auch die Inflation spielt eine gewisse Rolle.
In der Regel werden in der Versicherungsmathematik drei Kostenarten unterschieden:
– Abschlusskosten
– Inkasso- und Bestandesbetreuungskosten
– Verwaltungskosten

Die klassische Versicherungsmathematik benutzt zwei Bezugsgrössen für die Verrechnung von Kosten: die Prämien und die Versicherungssummen.

Die Versicherungsunternehmungen verrechnen somit prämienproportionale und versicherungssummenproportionale Kosten.
Die prämienproportionalen Kosten decken die Abschlusskosten (Alphakosten) und die Inkassokosten (Betakosten). Die (versicherungs-) summenproportionalen Kosten dienen zur Deckung der allgemeinen Verwaltungskosten (Gammakosten).
Diese Zuordnung ist aber nicht zwingend. Es wäre auch möglich, die prämienproportionalen Kosten den allgemeinen Verwaltungskosten und den Inkassokosten und die summenproportionalen Kosten den Abschlusskosten zuzuordnen.

5.3.1 Abschlusskosten

Zuerst entstehen Abschlusskosten. Dazu gehören alle Vertriebs- und Verwaltungskosten, die bei Beginn eines Versicherungsvertrages einmalig anfallen:
– Werbung, Marketing
– Beratung und Offerterstellung
– Abschlussvergütungen
– andere Verkaufskosten
– Risikoprüfung inklusive Arztuntersuchung und Antragsannahme

– Ausfertigen der Police und Aufnahme der Daten in den Versicherungsbestand.

Das wesentlichste Element ist die Abgeltung der verkäuferischen Leistungen.

5.3.2 Kosten für Inkasso und Bestandesbetreuung

Die Inkassokosten werden unter anderem durch das Einkassieren der Prämie verursacht. Für Einmalprämien entstehen sie naturgemäss nur einmal und können rechnerisch wie die Abschlusskosten behandelt werden, für periodische Prämien entstehen sie bei jedem Inkasso. Dazu gehören auch allfällige Kosten für das Mahnverfahren bis hin zur (eher seltenen) Betreibung der Prämie.

Gegenüber früheren Jahrzehnten hat die Bedeutung dieses Teils der Inkassokosten dank des automatisierten Zahlungsverkehrs abgenommen. Sie werden deshalb öfters auch mit den allgemeinen Verwaltungskosten zusammengelegt. Von besonderer Bedeutung waren sie aber dort, wo so genannte Inkassoprovisionen an den Versicherungsagenten zu zahlen waren. Während vor Jahren in gewissen Bereichen der Versicherungsagent wöchentlich die Wochenprämie beim Versicherungsnehmer persönlich abgeholt hatte, ist diese teure, aber nachhaltige Inkassoart heute verschwunden.

Inkassovergütungen werden heute nicht mehr wegen des Inkassos der Prämie ausgerichtet, sondern für die fortlaufende Betreuung des Kunden. Die langfristige und gute Kundenbeziehung ist der Schlüssel für den Unternehmenserfolg. Die Akquisition von Neukunden kostet ein Vielfaches, verglichen mit dem Aufwand für die Kundenpflege. Grundlage für die Erhaltung und Sicherung des Kundenbestandes ist die periodische Überprüfung und Anpassung bestehender Verträge. Anlass für Anpassungen der Vorsorgeleistungen können Änderungen der Ziele und Wünsche bzw. neue Visionen des Kunden auf privater oder unternehmerischer Basis sein, aber auch gesetzliche oder ökonomische Einflüsse und Veränderungen der Produktepalette aufseiten der Anbieter. Es besteht die Gefahr, dass die Kundenbeziehung nicht regelmässig gepflegt und der Versicherungsbedarf nicht sorgfältig überprüft wird. Die Tendenz im Versicherungsgeschäft verschiebt sich vom Einmalverkauf in Richtung Vertragserhaltung. Inkassovergütungen werden deshalb heute vorzugsweise Bestandesbetreuungs- bzw. Bestandeszuwachs- oder Portefeuillevergütungen genannt. Richtwert dafür ist z. B. die Kundenbindungsrate: Der Kunde hat eine oder mehrere Policen bzw. das gesamte Portefeuille beim gleichen Versicherer.

5.3.3 Verwaltungskosten

Die dritte Kostenart sind die Verwaltungskosten, d. h. die Kosten für die eigentliche Administration der Versicherungsverträge:
– Gehälter der Angestellten
– Informatik
– Verwalten der Kapitalanlagen und des Vermögens
– jährliche Berechnung der Überschüsse
– Schadenabklärungen
– Auszahlen der Versicherungsleistungen
– alle nicht technischen Änderungen
– alle technischen Änderungen
– Information der Versicherten
– Jahresabschlussarbeiten
– Abklärungen mit dem Bundesamt für Privatversicherungswesen (BPV)
– Entwickeln von Produkten
– Zahlen von Gebühren und Steuern.

Rechnungsgrundlagen

Spezial

Tarifrevisionen im Bereich der Einzelversicherung: Rückschau und Zukunft

Seit der Gründungsgeneration (Tarifgeneration 1923) wurden im Bereich der Einzelversicherungen bis heute mindestens sieben Tarifrevisionen durchgeführt: Vier bei Kapital- und Risikoversicherungen, die restlichen bei den Altersrenten.

Tarifrevisionen wurden immer innerhalb der Vereinigung privater Lebensversicherer (VPL) ausgearbeitet. Der Vereinigung waren fast alle Lebensversicherungsgesellschaften der Schweiz angeschlossen. Für die Mitglieder dieses Gremiums waren die Vereinbarungen generell verbindlich. Änderungen bei den Rechnungsgrundlagen (Ausscheideursachen, Zins und Kosten) waren nur nach gemeinsamer Absprache möglich. Diese Regelung diente dazu, einheitliche Richttarife festzusetzen.

Die Deregulierung löste diese Strukturen auf; die VPL wurde aufgelöst und in den Schweizerischen Versicherungsverband (SVV) integriert.

Häufigste Ursache für die bis anhin durchgeführten Tarifrevisionen war die zunehmend steigende Lebenserwartung der Bevölkerung, was eine periodische Anpassung der Sterbetafeln notwendig machte. Gleichzeitig bot sich auch die Gelegenheit, den technischen Zinsfuss den aktuellen Zinssätzen anzugleichen und steigende Kosten entsprechend zu berücksichtigen.

Die Gründungsgeneration von 1923, die nach dem 1. Weltkrieg aus der Übernahme von Versicherten von zahlungsunfähigen deutschen Lebensversicherungsgesellschaften entstand, wurde 1942 im Bereich der Kapitalversicherungen durch die erste Tarifrevision abgelöst. Zu den Neuerungen gehörten der Ersatz der bisher verwendeten deutschen Sterbetafel (Sterbetafel 23, Deutsche Gesellschaften) durch die Schweizer Volkssterbetafel (SM[1]) der Jahre 1921/30 und die Reduktion des technischen Zinssatzes von 3,5% auf 2,75%. Die Schweizer Volkssterbetafel wurde gleichermassen für Frauen und Männer eingesetzt. Bei der Tarifierung von Altersrenten ist der massgebende Risikofaktor nicht der Todesfall, sondern der Erlebensfall. Deshalb kann bei Renten nicht auf die Volkssterbetafeln zurückgegriffen werden. In der Regel stellten grosse Versicherungsgesellschaften Zahlenmaterial zur Verfügung, die das Risiko der langen Lebensdauer berücksichtigten. Ab 1939 wurden die Absterbeordnungen NRF[2]/NRM[2] der Rentenanstalt eingesetzt. Aufgrund des gestiegenen Durchschnittsalters bei Frauen ersetzten die Versicherer 1946 die Sterbetafel NRF 1939 durch die Tafel NRF 1946. Der Zinfuss wurde von 3% auf 2,75% reduziert.

Im Jahre 1950 wurden auch die Rententarife der Männer der höheren Lebenserwartung angepasst. Die neue Sterbetafel hiess MR[3] 1950 und der technische Zinsfuss betrug 2,5%.

1957 erfolgte die zweite Tarifrevision für Kapitalversicherungen. Die Sterbetafel SM 1948/53 ersetzte die Schweizer Volkssterbetafel SM 1921/30. Die damalige Zinssi-

---

[1] SM: Schweizer Männer.
[2] NRF/NRM: Neue Renten Frauen/Männer.
[3] MR: Männer-Renten.

Tarifrevisionen im Bereich der Einzelversicherung: Rückschau und Zukunft

tuation machte eine Verringerung des technischen Zinssatzes um ¼% auf 2,5% nötig und stellte ihn jenem der Altersrenten gleich. Die Revision von 1970 schuf eine neue Tarifgeneration für Kapital- und Rentenversicherungen. Erstmals wurden auch bei Kapitalversicherungen nach Geschlecht getrennte Sterbetafeln verwendet (GKM 70 und GKF 70), die nicht mehr auf Volkssterbetafeln basierten, sondern ausschliesslich mit Zahlenmaterial der Lebensversicherungsunternehmungen erstellt wurden. Die Berechnung der Prämien von Rentenversicherungen erfolgte mithilfe der Sterbetafeln ERM 70 und ERF 70. In beiden Fällen war der technische Zinsfuss auf 3,25% festgelegt.

Bereits zehn Jahre später wurden die Tarife der Siebzigerjahre nach einer erneuten Revision abgelöst (GKM 80, GKF 80 und ERM 80, ERF 80). Wiederum mussten die Sterbetafeln und die Kostensätze den veränderten Verhältnissen angepasst werden. Der technische Zinssatz wurde auf 3% zurückgestuft.

Die letzte grössere Revision fand 1990 im Bereich der Altersrenten statt. Die erhöhte Lebenserwartung der Rentenversicherten musste in den Sterbetafeln berücksichtigt werden. Höhere Zinsen an den Kapitalmärkten erlaubten es, den technischen Zinssatz auf 3,25% anzuheben und verhinderten damit eine Verteuerung der Prämien.

Die Deregulierung im Versicherungsmarkt und die Auflösung der VPL bewirken, dass in Zukunft keine Tarifrevisionen im herkömmlichen Sinn durchgeführt werden.

Heute berechnen die Lebensversicherer ihre Produkte nach eigenen Grundlagen. Ein Erfahrungsaustausch findet in geringem Umfang nur noch innerhalb des SVV statt. Einige Gesellschaften arbeiten mit Generationen-Sterbetafeln und mit jährlich gültigen Tarifgenerationen. Beispiel: Ein 60-Jähriger, der im Jahr 2000 eine Versicherung abschliesst, zahlt weniger Prämie als ein 60-Jähriger, der im Jahr 2001 einen Vertrag abschliesst.

1999 senkten alle Lebensversicherungsgesellschaften auf Betreiben des BPV den technischen Zins zu verschiedenen Zeitpunkten auf 2,5% (→ S. 68).

**Grundlagen der Lebens-
versicherungstechnik**

6

Versicherungstechnische Aspekte von Prämien und Verträgen

Je nach Betrachtungsweise haben Versicherungsprämien verschiedenartige Eigenschaften, die unter speziellen Begriffen zusammengefasst werden. In der Praxis sind die Art der Prämienzahlung und der Prämienstand von besonderer Bedeutung.
Der Versicherungsnehmer kann seine Prämie periodisch oder einmalig bezahlen.
Der Prämienstand zeigt aus buchhalterischer Sicht die aktuelle Situation eines einzelnen Versicherungsvertrages und der dazugehörenden Prämie.
Versicherungsverträge lassen sich bei Bedarf neuen Situationen anpassen und bieten den Kunden auf diese Weise flexible Vorsorgelösungen.

6.1 Prämienzahlungsarten

Die Versicherer unterscheiden zwei Formen von Prämienzahlungen:
- die periodische Prämie
- die Einmalprämie.

Die periodische Prämie entspricht meist einer Jahresprämie. Bereits bildet jedoch auch ein Monatsmodell (Sterblichkeit auf 12 Monate verteilt) die Berechnungsgrundlage für neue Produkteplattformen. Je nach Berechnungsgrundlage und Tarif kann die Höhe der Prämie während der Vertragsdauer gleichbleibend, steigend oder fallend sein. In der Regel ist die Prämie gleichbleibend. Bis Ende der 90er-Jahre wurden die Tarife für die ganze Vertragsdauer garantiert, heute bestehen je nach Gesellschaft oder Produkt keine generellen Tarifgarantien mehr. Die Dauer der Prämienzahlungen muss nicht zwingend der Vertragslaufzeit entsprechen; die Prämienzahlungsdauer lässt sich auch verkürzen. Auf Wunsch kann der Versicherungsnehmer die periodische Prämie unterjährig bezahlen. Dies ist meist mit einem Aufpreis verbunden (Ratenzuschlag).

Mit der Einmalprämie bezahlt der Versicherungsnehmer die erforderliche Prämie einmalig zu Beginn des Vertrages für die gesamte Versicherungsdauer.

Spezial

Prämiendepot und Prämiensperrdepot

Die Lebensversicherer verwenden für die einzelnen Depots oder Konti sehr unterschiedliche Bezeichnungen, wobei ein Konto oder ein Depot mit gleich lautender Bezeichnung je nach Gesellschaft völlig andere Eigenschaften besitzen kann.

Bezeichnung:
Prämiendepot, Prämiensperrdepot, Prämienkonto, Kundenkonto, Prämienkontokorrent.

Eigenschaften:
Mit oder ohne Versicherungssteuerabzug, widerruflich oder unwiderruflich, mit oder ohne Rückzugsmöglichkeit.

Zur Vereinfachung ist im folgenden Text nur von unterschiedlichen Depotarten die Rede.

Prämiendepot

Ein Prämiendepot (mit Rückzugsmöglichkeit) ist ein verzinsliches Konto, das die Versicherungsgesellschaft für einen Kunden spesenfrei führt. Es dient der Finanzierung künftiger Prämien und Nebenkosten eines Vertrages.
Der Kunde eröffnet das Depot mit einem Depotvertrag. Zahlungen kann er einmalig und/oder periodisch leisten. Die Versicherungsunternehmung quittiert die Einzahlungen und bucht fällige Prämien automatisch ab.
Ein Prämiendepot ist zwingend mit mindestens einer Versicherungspolice verbunden. Der Saldo des Depots darf das Total aller künftig noch zu bezahlenden Prämien nicht übersteigen. Bleibt bei Vertragsablauf, einem Rückkauf, einer Umwandlung oder im Leistungsfall ein Restguthaben, so steht dieses dem Depotinhaber oder seinen Rechtsnachfolgern zu.
Rückzüge sind jederzeit möglich, das Depot kann jedoch nicht überzogen werden. Unter Einhaltung der vertraglich festgelegten Kündigungsfrist kann der Inhaber sein Depot aufheben.
Die gesamten Zinsen unterliegen der Einkommenssteuer und der Depotsaldo der Vermögenssteuer. Der Zinsertrag wird um die Verrechnungssteuer gekürzt.

Prämiensperrdepot

Das Prämiensperrdepot unterscheidet sich vom Prämiendepot darin, dass keine Kapitalrückzüge möglich sind. Das Depot kann nur aufgehoben werden, wenn sein Zweck, die Finanzierung von Prämien, weggefallen ist. Dieser Fall tritt bei Auflösung der Police (Leistungsfall oder Rückkauf) oder bei der Umwandlung in eine prämienfreie Versicherung ein.
Die Verzinsung ist meist höher als beim Prämiendepot. Der Versicherer schreibt den Zinsertrag ohne Verrechnungssteuerabzug gut. Trotzdem unterliegen die Zinserträge der Einkommenssteuer und der Depotsaldo der Vermögenssteuer.
Im Gegensatz zu einem Bankkonto geniesst der Besitzer eines Prämiendepots oder eines Prämiensperrdepots keinen Schutz durch das Bankgeheimnis.

6.2 Prämienstand

Der Prämienstand beschreibt die buchhalterische Situation der Prämie eines Vertrages. Eine versicherungstechnische Bedeutung besitzen nur die fälligen Prämien, die der Versicherer als verdiente Prämien, Prämienübertrag oder Prämienrückerstattungen ausweist.
Rein buchhalterisch betrachtet, ist eine Prämie bezahlt, vorausbezahlt oder ausstehend.

6.2.1 Prämienrückerstattung

Bei Eintritt des versicherten Ereignisses (Tod oder Invalidität) werden die für die betreffende Person über den Sterbemonat bzw. Invalidisierungsbeginn (unter Einhaltung der Wartefrist) hinaus bezahlten Prämienteile von vielen Gesellschaften zurückerstattet.
Auch im Falle eines Rückkaufs kann eine Prämienrückerstattung erfolgen. Der Rückkaufswert wird im Normalfall auf das Ende des Versicherungsmonats gerechnet, in dem das Rückkaufsbegehren gestellt wird.
Sofern der Berechnungszeitpunkt nicht dem Ende einer Prämienzahlungsperiode entspricht oder der Rückkauf nicht ausdrücklich auf diesen Zeitpunkt gewünscht wird, zahlt die Versicherungsunternehmung die über den Berechnungszeitpunkt hinaus bezahlten Prämien zurück.

6.3 Auflösen oder Umwandeln des Vertrages

6.3.1 Abfindungswerte

Grundsätzlich wird davon ausgegangen, dass beide Vertragspartner den vereinbarten Versicherungsvertrag erfüllen. Sofern der Versicherungsnehmer seinen Verpflichtungen vollständig nachkommt, hat der Versicherer bei Lebensversicherungsverträgen normalerweise keine Möglichkeit, den Vertrag vorzeitig und einseitig zu kündigen. Nur die Beendigung des Versicherungsgeschäfts (z. B. Aufgabe einer Sparte oder Konkurs) berechtigt die Gesellschaft zu einer einseitigen Auflösung des Versicherungsvertrages.

Zum Schutz der Versicherten wurden staatliche Aufsichtsämter geschaffen, die darüber wachen, dass die Versicherungsgesellschaften die vertraglichen Verpflichtungen gegenüber den Versicherten einhalten. Dem Versicherungsnehmer ist es dagegen durchaus möglich, den Versicherungsvertrag vorzeitig und einseitig zu kündigen. In der Schweiz ist die Kündigung im Versicherungsvertragsgesetz[1] geregelt.

Lebensversicherungen, bei denen der Eintritt des versicherten Ereignisses gewiss ist (z. B. gemischte Versicherung, Terminversicherung, lebenslange Todesfallversicherung), kann der Versicherungsnehmer nach Ablauf einer Frist laut Vertrag auflösen. Diese Möglichkeit besteht gemäss VVG spätestens nach drei Jahren oder der je nach AVB für den Kunden vorteilhafter ausgestalteten Bestimmungen.

Der Kunde erhält für seine bereits bezahlten Prämien eine Barabfindung. Manche Versicherungsgesellschaften bezahlen auch für Versicherungen, bei denen der Eintritt des versicherten Ereignisses ungewiss ist (z. B. temporäre Todesfallversicherungen), eine Barabfindung bei Vertragsauflösung.

Über die Höhe der Abfindung herrschen unterschiedliche Ansichten. Wenn der Versicherungsnehmer erwartet, dass die Abfindung der Summe der bezahlten Prämien mit Zins und Zinseszins entspricht, so ist das unrealistisch. Die Versicherung hat während

---

[1] VVG, Artikel 89 bis 91.

der gesamten vergangenen Vertragsdauer verschiedene Leistungen erbracht:

- **Gewähren des vereinbarten Versicherungsschutzes**
  Die Risikoprämien stehen deshalb dem Versicherer zu.

- **Aufbau eines Deckungskapitals für künftige Leistungen**
  Mit den Sparprämien baut die Versicherungsgesellschaft das Deckungskapital auf.

- **Verwalten des Vertrages**
  Damit wird ein Teil der eingerechneten Verwaltungskosten aufgebraucht.

- **Übernehmen der einmaligen Vertriebs- und Abschlusskosten**
  Die Kosten stellen für den Versicherer eine Investition dar, die üblicherweise während der gesamten Prämienzahlungsdauer amortisiert wird. Nach einer vorzeitigen Vertragsauflösung können die Abschlusskosten nicht weiter getilgt werden und müssen deshalb dem Versicherungsnehmer verrechnet werden. Dieser Vorgang wird als Rückkaufs- oder Stornoabzug bezeichnet. Oft entspricht der Abzug nicht den tatsächlich noch ausstehenden Abschlusskosten. Einige Gesellschaften belasten diese Kosten anteilsmässig während einer gewissen Frist (Stornofrist) dem Kundenberater.

Zinsrisikoabzug
Ein Abzug erfolgt nach einem Policenrückkauf oder einem Währungswechsel, sofern der Zinssatz für entsprechende Neuanlagen höher ist als zu Beginn der Versicherung.

6.3.2 Rückkaufswerte

Die wichtigste Bezugsgrösse für die Berechnung des Rückkaufswertes ist das Deckungskapital. Die Rückkaufsabzüge werden dem Deckungskapital eines Vertrages belastet. Der Rückkaufsabzug kann ausser den noch nicht amortisierten Abschlusskosten eine weitere Komponente enthalten, die das Zinsrisiko berücksichtigt. Der Zinsrisikoabzug soll die Verluste decken, die durch die vorzeitige Auflösung der betroffenen Kapitalanlagen entstehen können. Dieser Abzug ist in der Kollektivversicherung wegen der hohen Rückkaufswerte von grosser Bedeutung. In der Einzelversicherung mit immer höheren Einmaleinlagen haben einzelne Gesellschaften den Zinsrisikoabzug bereits verwirklicht.

Ein weiteres Element eines Rückkaufsabzugs kann die Berücksichtigung allfälliger negativer Risikoauslese sein. Jemand, der einen Vertrag für einen längeren Zeitraum abgeschlossen hat, glaubt plötzlich (subjektiv), dass sein Risiko im Verhältnis zur Risikoprämie relativ klein sei und kündigt den Versicherungsvertrag. Dadurch würden dem Versicherer nur die schlechteren Risiken verbleiben. In der Schweiz existiert ein solcher Abzug bisher nicht.

Wenn die vom Gesetz vorgeschriebene Frist von drei Jahren Prämienzahlung noch nicht abgelaufen ist, der Versicherungsnehmer aber trotzdem aus seinem Vertragsverhältnis aussteigen will, muss er, sofern er wenigstens für ein Jahr die vertraglich vereinbarte Prämie bezahlt hat, keine Prämien mehr zahlen (Artikel 89 VVG).

Er hat aber auch keinen Anspruch auf eine Barabfindung (Rückkauf) oder auf eine beitragsfreie Versicherung (Umwandlung). Diese Situation entspricht einem Verzicht des Versicherungsnehmers.

Manche Versicherungsgesellschaften sind kulant und stellen die Kunden besser, als es das VVG vorsieht. Insbesondere bei Verträgen mit kürzeren Laufzeiten erlauben die AVB einen Rückkauf oder eine Umwandlung in eine beitragsfreie Versicherung bereits nach Ablauf von $1/10$ der Prämienzahlungsdauer oder sobald der Wert positiv ist. Der Zeitraum, während dem der Versiche-

Versicherungstechnische Aspekte von Prämien und Verträgen

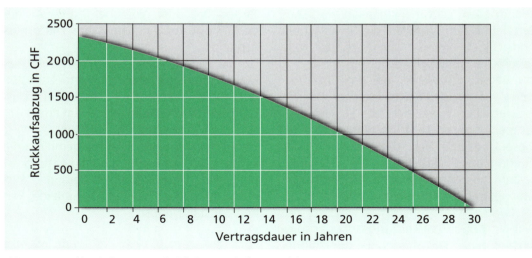

Abb. 6.3–1: Rückkaufsabzug am Beispiel einer gemischten Versicherung

rungsnehmer nach der Vertragsauflösung einen Verzicht auf eine Abfindung oder eine Umwandlung in Kauf nehmen muss, wird dadurch ebenfalls verkürzt.

Der Rückkaufswert wird im Normalfall auf das Ende des Versicherungsmonats berechnet, in dem der Versicherungsnehmer das Rückkaufbegehren gestellt hat. Für fondsgebundene Produkte bestehen sehr unterschiedliche Regelungen. Die Berechnung des Rückkaufwertes wird zum Teil auf die Börsenstichtage abgestimmt, die dem Kündigungseingang folgen.

6.3.3 Umwandlungswerte

Wenn der Versicherungsnehmer die Prämienzahlung einstellen, die Versicherung aber nicht auflösen möchte, besteht die Möglichkeit, den Versicherungsvertrag prämienfrei weiterlaufen zu lassen. Auf Antrag des Versicherungsnehmers oder auch im Verfahren bei Zahlungsverzug durch den Versicherer erzwungen, kann die Versicherungssumme so reduziert werden, dass mit den vorhandenen Mitteln eine prämienfreie Leistung finanziert wird. Als Barwert dieser prämienfreien Leistung steht im Zeitpunkt der Prämienfreistellung mindestens der Rückkaufswert zur Verfügung. Dieser wird zur Bildung einer reduzierten Erlebensfall- oder Todesfallsumme und für die laufenden Verwaltungskosten verwendet. Bei einer Umwandlung bleibt die Versicherungsform im Allgemeinen bestehen.

Gelegentlich, etwa bei Tarifen mit veränderlichen Leistungen oder Etappenzahlungen, wird bei einer Prämienfreistellung auf eine verwandte Versicherungsform umgestellt (z. B. gemischte Versicherung).

Wenn eine Versicherung prämienfrei gestellt werden soll, gelten die gleichen Fristen wie für den Rückkauf. Hält der Versicherungsnehmer diese nicht ein, besitzt er keinen Anspruch auf eine Umwandlung seiner prämienpflichtigen Versicherung in eine beitragsfreie Versicherung. In diesem Fall spricht man wieder von Verzicht.

6.3.4 Spezielle Anrechnungs- oder Transferwerte

Bei längerfristigen Versicherungsverträgen bringt der Versicherungsnehmer oft Änderungswünsche an, weil der ursprüngliche Versicherungsschutz seinen

Bedürfnissen nicht mehr gerecht wird. Aus den Neuberechnungen für die gewünschten Änderungen entsteht ein Wert, den jede Gesellschaft individuell ermittelt.

Der Begriff «Anrechnungs- oder Transferwert» ist in der Einzelversicherung ein theoretischer Wert, der für die Finanzierung einer neuen Leistung verwendet wird. Dieser gedachte Wert ist ein Guthaben des Kunden beim Versicherer. Das Guthaben besteht aus dem vorhandenen Deckungskapital, mindestens aber aus dem Rückkaufswert.

Will ein Kunde die Leistungsart oder mindestens eine der Grössen Leistungshöhe, Tarifprämie oder Versicherungsdauer ändern, steht ihm höchstens das Deckungskapital zu.

Da die Versicherungsgesellschaft aber den Kunden nicht nochmals mit Vertriebskosten belasten will, verkauft sie ihm die neue Leistung zum «Nettopreis», zu einem Preis also, der keine Vertriebskosten enthält.

Der Versicherungsnehmer hat damit nur die Leistungsart getauscht; das zur Leistungsart gehörende Deckungskapital verändert sich durch den Tausch nicht, und es erleidet keinen Substanzverlust.

6.4 Technische Änderungen

Technische Änderungen im engeren Sinne sind Vertragsänderungen, die sich auf eine einzelne Leistung beziehen (z. B. Teilrückkauf und Teilumwandlung). Diesem Vorgang liegt eine gedankliche Aufteilung des Versicherungsvertrages zugrunde. Ein Teil des Vertrages bleibt jeweils unverändert, der andere Teil wird entweder zurückgekauft (Rückkauf) oder beitragsfrei gestellt (Umwandlung). Teilumwandlungen bewirken eine Prämienreduktion und eine Reduktion der Versicherungssumme bei unveränderter Laufzeit. Teilrückkäufe sind an einer Prämienreduktion, einer Reduktion der Versicherungssumme oder einer Barabfindung zu erkennen.

Änderungen der Versicherungsvertragsdauer haben unterschiedliche Auswirkungen. In jedem Fall verändern sich die Prämien und/oder die Versicherungssummen. Veränderungen der Laufzeit lassen sich entweder mithilfe spezieller Werte (Anrechnungs- oder Transferwerte) oder mit besonderen Verfahren durchführen.

Viele «technische Änderungen» lassen sich mit drei grundlegenden Konzepten (Rückkauf, Umwandlung und Anrechnung/Transfer) durchführen.

Eine grosszügige Auslegung des Begriffs «technische Änderung» umfasst auch Einschlüsse oder Ausschlüsse. Ein Einschluss ist das Hinzufügen einer weiteren Leistung oder einer versicherten Person in einen bereits bestehenden Versicherungsvertrag. Dem Einschluss ähnlich ist das Ausschöpfen der erhöhten Steuerlimiten im Rahmen der gebundenen Vorsorge. Ein Ausschluss ist nur möglich, wenn vorher wenigstens zwei Leistungen oder Personen versichert waren.

6.4.1 Risikozwischenversicherung

Meist aus einem finanziellen Engpass heraus möchte der Versicherungsnehmer den Sparprozess einer gemischten Versicherung unterbrechen. Der Risikoschutz sollte jedoch in voller Höhe weiterbestehen. Dieses Problem löst das Versicherungsunternehmen mithilfe einer Risikozwischenversicherung.

Für die Dauer des Sparunterbruchs (in der Regel ein bis drei Jahre) wird eine konstante Todesfallrisikoversicherung in Höhe der Differenz der ursprünglichen gemischten Versicherung zur prämienfreien gemischten

Versicherung abgeschlossen. Anschliessend läuft die gemischte Versicherung auf der Basis aktueller Tarifgrundlagen und teilweise neuer Abschlussdaten (Alter, Laufzeit usw.) in der Höhe der Todesfallversicherung prämienpflichtig weiter.

Einige Versicherungsgesellschaften bieten inzwischen Produkte mit 1-jährigen Risikotarifen an. Mit diesen Tarifen lassen sich jährlich Anpassungen zwischen dem Risiko- und dem Sparteil vornehmen.

**Grundlagen der Lebens-
versicherungstechnik**

7 Prämienkalkulation

Die Berechnung der Prämien für Lebensversicherungen erfolgt mithilfe der Rechnungsgrundlagen Zins, Risiko und Kosten. Weiter berücksichtigt die Versicherungsmathematik den Umfang und die Form der Versicherungsleistungen sowie die Art der Prämienzahlungen.

Die Nettoprämien werden auf der Basis von Zins und Risiko festgelegt. Die Bruttoprämien (Tarifprämien) errechnen sich durch das zusätzliche Addieren der Kostenzuschläge.

Das für die jeweilige Versicherungsform verwendete Finanzierungsverfahren (individuelle oder kollektive Methode) beeinflusst die Prämienkalkulation grundlegend.

7.1 Einfluss der Versicherungsleistungen

Der erste Schritt der Tarifierung besteht darin, die Leistungen eines Versicherungsvertrages zu bewerten. Dabei sind zwei Grössen von Bedeutung:

- **Todesfallsummen**
  Das Todesfallkapital muss nicht unbedingt während der gesamten Versicherungsdauer konstant sein.

- **Erlebensfallsummen**
  Die Höhe der Erlebensfallleistungen sowie deren Fälligkeit sind zu fixieren.

Theoretisch können die Todesfall- und Erlebensfallsummen völlig unabhängig voneinander gewählt werden. In der Praxis muss jedoch bei einer kapitalbildenden Versicherung aus fiskalischen und aufsichtsrechtlichen Gründen die Todesfallsumme zu jedem Zeitpunkt der Vertragsdauer eine bestimmte Höhe erreichen. Entspricht das Verhältnis zwischen der versicherten Todesfallsumme und der Erlebensfallsumme nicht den vorgeschriebenen Werten, entfallen die steuerlichen Vorteile einer Lebensversicherung.

Für fondsgebundene Versicherungen ist die Erlebensfallsumme keine Bezugsgrösse für die Prämienberechnung. Der Versicherer kann die Erlebensfallleistungen nicht garantieren, weil diese von der Entwicklung der Fonds abhängig sind.

7.2 Leistungsbarwert

Der **Leistungsbarwert** eines Versicherungsvertrages ist der Erwartungswert aller Zahlungsverpflichtungen des Vertrages zu einem bestimmten Zeitpunkt unter Berücksichtigung des gewählten technischen Zinsfusses.

Für die Prämienkalkulation sind deshalb Erwartungswerte von grosser Bedeutung. Wenn z. B. ein Kapital auszuzahlen ist, weil die versicherte Person im vierten Versicherungsjahr stirbt, so muss die Wahrscheinlichkeit bekannt sein, mit der die versicherte Person genau im vierten Versicherungsjahr stirbt.

Ist eine Erlebensfallleistung nach Ablauf von zehn Versicherungsjahren vorgesehen, muss der Versicherungsmathematiker wissen, mit welcher Wahrscheinlichkeit die versicherte Person zehn Jahre überlebt. Diese Wahrscheinlichkeiten sind aus den Sterbetafeln ersichtlich.

> **Leistungsbarwert**
> Diskontierter (abgezinster) Wert einer Summe (z. B. Versicherungssumme oder Prämienzahlung) zu einem bestimmten Zeitpunkt.

7.3 Äquivalenzprinzip

Mit der Bestimmung des Leistungsbarwertes ist die Prämienberechnung für einen einzelnen Versicherungsvertrag erst teilweise abgeschlossen. Möchte der Versicherungsnehmer die Ansprüche auf die Versicherungsleistungen eines Vertrags erwerben, hat er zu Beginn der Versicherungsdauer den Leistungsbarwert des Vertrages zu entrichten, da dieser Wert den errechneten Preis für die künftigen Ansprüche darstellt. Das Äquivalenzprinzip verlangt grundsätzlich, dass der Barwert der künftigen Leistungen dem Barwert der künftigen Zahlungen entsprechen muss.

> **individuelles Äquivalenzprinzip**
> Die Prämie, die jeder Versicherte bezahlt, soll dem Erwartungswert des Schadens entsprechen, für den er versichert ist.

Die Tatsache, dass dem Versicherungsnehmer der Leistungsbarwert in Rechnung gestellt wird, beruht auf dem **individuellen Äquivalenzprinzip.** Damit zahlt der Versicherungsnehmer den Preis (Nettoprämie) für die Leistungen, zu denen der Versicherer verpflichtet ist. Dieser aufgrund des Äquivalenzprinzips berechnete Preis ist jedoch nicht endgültig. Zusätzlich sind noch die diversen Kosten, die ein Versicherungsvertrag verursacht, zu addieren.

Das individuelle Äquivalenzprinzip findet sowohl in der Einzel- als auch in der Kollektivversicherung Anwendung. Für den Spezialfall einer kollektiven Äquivalenz wird auf Ziffer 7.8 verwiesen.

7.4 Prämienarten

7.4.1 Einmalprämien

Versicherungsverträge, die mit einem einmaligen Betrag zu Beginn der Versicherung finanziert werden, heissen Einmaleinlagegeschäfte. Der Betrag, den der Versicherungsnehmer zu bezahlen hat, wird Einmalprämie genannt. Nach dem Äquivalenzprinzip besteht die Einmalprämie aus dem Leistungsbarwert und den dazu addierten Kosten (= Barwert).

7.4.2 Periodische Prämien

Häufig wird die Versicherung jedoch mit periodischen Prämien finanziert. Damit der Kunde sein Sparziel erreicht, kann er den Leistungsbarwert in «Raten» zahlen. Theoretisch könnte er zu Beginn jedes Versicherungsjahres den Preis für genau diejenigen Versicherungsleistungen entrichten, die im betreffenden Jahr versichert sind.
Die so entstehenden Prämien heissen natürliche Prämien. Natürliche Prämien haben jedoch den Nachteil, dass sie stark schwanken. Die Prämienrechnung fällt für jedes Jahr anders aus. Bei einer Versicherung mit einer einmaligen Erlebensfallleistung (Kapitalleistung) am Vertragsende müsste die diskontierte Erlebensfallsumme im letzten Versicherungsjahr mit einem Schlag aufgebracht werden. Dies ist unsinnig und widerspricht dem Spargedanken. Deshalb sind natürliche Prämien in der kapitalbildenden Lebensversicherung sehr selten.

In der Regel werden nivellierte Prämien verwendet; der Versicherungsnehmer zahlt während der gesamten Vertragsdauer jährlich den gleichen Betrag. Dieser konstante Betrag wird so festgelegt, dass der **Prämienbarwert** gleich dem Leistungsbarwert ist (Äquivalenzprinzip). Der Prämienbarwert ist die Summe aller künftigen Prämienzahlungen, diskontiert mit dem technischen Zinsfuss auf den heutigen Zeitpunkt.

Da Jahresprämien für manchen Versicherungsnehmer eine zu hohe finanzielle Belastung darstellen, offerieren Lebensversicherer eine unterjährige Zahlungsweise mit einem entsprechenden Prämienzuschlag. In der Schweiz sind neben den jährlichen auch halb-, vierteljährliche und monatliche Zahlungsmodi anzutreffen.

> **Prämienbarwert**
> Der Prämienbarwert entspricht dem Erwartungswert der diskontierten Prämienzahlungen.

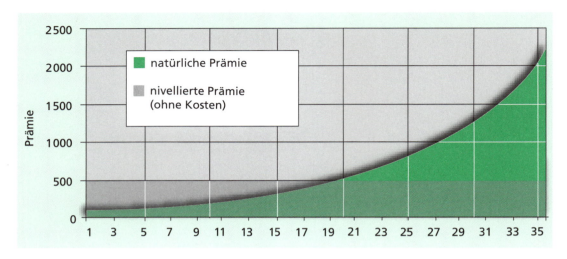

Abb. 7.4–1: Vergleich: Jährliche Risikoprämie – nivellierte Prämie

Die Verwendung von nivellierten Prämien führt zur Bildung von Reserven. Selbst bei reinen Risikoversicherungen, also Versicherungen ohne Sparkomponente, entsteht in der Regel während der Versicherungsdauer ein Deckungskapital. Dieses Kapital entsteht, weil zu Beginn der Versicherungsdauer das Sterberisiko kleiner ist als gegen Vertragsende (die Sterblichkeit nimmt mit dem Alter zu). Konstante Prämien sind zu Beginn höher als der Betrag, der zur Risikoabsicherung tatsächlich benötigt wird. Gegen Versicherungsende ist die Situation umgekehrt. Die Prämien sind niedriger als benötigt. Die zuvor gebildete Reserve schliesst diese Lücke. Bis zum Ablauf des Vertrages wird die Reserve vollständig aufgezehrt.

Bei kapitalbildenden Versicherungen werden die Reserven während der Vertragsdauer aufgebaut. Die Reserve entspricht bei Ablauf des Vertrages der auszuzahlenden Erlebensfallsumme.

Gewisse Versicherungsformen besitzen am Anfang zu niedrige nivellierte Prämien. Dies trifft z. B. für Risikoversicherungen mit fallender Todesfallsumme zu. Die zu diesem Zeitpunkt ungenügenden Prämien verursachen ein negatives Deckungskapital. Ein negatives Deckungskapital bedeutet aber, dass der Versicherungsnehmer dem Versicherer diesen Betrag noch schuldet. Wenn der Kunde die Prämienzahlung einstellt, kann der Versicherer diesen Betrag nicht mehr eintreiben. Aus diesem Grund haben Versicherungen mit abnehmender Todesfallsumme in der Regel eine abgekürzte Prämienzahlungsdauer. Die Prämie wird auf weniger Jahre verteilt, was eine höhere nivellierte Jahresprämie ergibt; auf diese Weise lässt sich zu Beginn der Laufzeit ein negatives Deckungskapital vermeiden.

7.5 Kostenzuschläge, Bruttoprämien

Der Geschäftsbetrieb ist für den Lebensversicherer mit einigem Kostenaufwand verbunden. Diese Kosten werden dem Versicherungsnehmer belastet.
Eine Besonderheit des Lebensversicherungsgeschäfts ist der Vertrieb. Die Lebensversicherer sind für den Verkauf von Versicherungsverträgen auf Vermittler angewiesen. Diese Vermittler üben eine beratende Funktion aus, da die Produkte der Lebensversicherung sehr vielfältig und zudem nicht immer leicht überblickbar sind. Für ihre Tätigkeit erhalten sie eine Abschlussvergütung.

7.5.1 Abschlusskosten

Der Betrag, den der Vermittler für den Abschluss eines Versicherungsgeschäfts erhält, ist Teil der Abschlusskosten (Alphakosten). Viele Versicherer berechnen die Abschlussvergütungen in Prozenten der Prämie.

7.5.2 Inkassokosten

Das Prämieninkasso verursacht Kosten, die bei periodischen Prämien naturgemäss höher sind als bei Einmalprämien. Einmalprämien verursachen keine laufenden Inkassokosten.

7.5.3 Bestandespflegekosten

Neue Vergütungssysteme arbeiten mit Entschädigungen für den Bestanderhalt und den Bestandeszuwachs, die zum Teil an Stelle der traditionellen Abschlussprovisionen treten.

7.5.4 Verwaltungskosten

Diese Kategorie erfasst die restlichen Kosten des Versicherungsgeschäfts. Berechnungsgrundlagen für die Verwaltungskosten sind das Deckungskapital oder die Versicherungssumme und die Prämie. Verträge mit hohen Versicherungssummen tragen mehr zu Kostendeckung bei als kleine Verträge. Nach den allgemeinen Erfahrungen verursachen die kleinen Verträge im

Verhältnis zum gesamten Vertragsvolumen die grösseren Kosten. Im Geschäft mit Privatkunden gewähren die meisten Versicherungsgesellschaften deshalb auf die Tarifprämien Rabatte, die von der Höhe der Prämie oder von der Versicherungssumme abhängen. Der Grund dafür ist, dass jeder Versicherungsvertrag unabhängig von der Höhe der Prämie oder der Versicherungssumme bestimmte Stückkosten verursacht, die bei jedem Vertrag und unabhängig von seiner Grösse anfallen.

Die Kunden verlangen heute vermehrt eine echte Kostentransparenz. Ein System mit einer Verrechnung der Fixkosten für jede Police könnte hier Verbesserungen bewirken. Das Bestimmen eines geeigneten Verfahrens, das die Kosten möglichst gerecht verteilt, ist ein Dauerthema in der Lebensversicherung.

Die unter Berücksichtigung aller Kostenzuschläge berechneten Prämien werden Bruttoprämien (Tarifprämien) genannt (im Unterschied zu den Nettoprämien, zu deren Kalkulation ausschliesslich die beiden Grundlagen Zins und Risiko verwendet werden).

7.6 Prämienelemente

Die Bruttoprämie lässt sich in verschiedene Bestandteile zerlegen:
– Kostenprämie
– Risikoprämie
– Sparprämie.

7.6.1 Kostenprämie

Die Summe aller Kostenzuschläge ergibt die Kostenprämie. Nach Abzug der Kostenprämie von der Bruttoprämie bleibt die Nettoprämie. Diese dient dem Sparen sowie der Risikodeckung.

7.6.2 Risikoprämie

Der Teil der Prämie, der für die Risikodeckung benötigt wird, heisst Risikoprämie. Um die Risikoprämie zu bestimmen, muss die Risikosumme bekannt sein. Bei einer gemischten Versicherung ist die Risikosumme die Differenz zwischen der versicherten Leistung und dem vorhandenen Deckungskapital. Die Reserve wird aus Teilen der bisherigen Prämieneinnahmen gebildet, und der Versicherer kann auf sie zurückgreifen, um die Versicherungsleistungen zu erbringen. Die Risikosumme ist der Betrag, der unter Risiko steht; beim Tod der versicherten Person geht er zulasten des Versicherers.

Die Risikoprämie berechnet sich aus der Risikosumme multipliziert mit der einjährigen Sterbewahrscheinlichkeit (q_x) der versicherten Person im betreffenden Jahr. Die Risikoprämie entspricht somit dem Erwartungswert für die finanzielle Belastung des Versicherers für einen individuellen Vertrag.

Kleine Bestände unterliegen grossen Schwankungen. Im Extremfall könnte der Bestand aus einer Person mit einer grossen Todesfallsumme bestehen. Die Existenz des Versicherers würde mit dem Wohlergehen dieser Person stehen und fallen. Erst bei einem hinreichend grossen Bestand (Gesetz der grossen Zahl) pendeln sich die finanziellen Belastungen des Versicherers in der Nähe des Erwartungswertes (Summe der Risikoprämien des ganzen Bestandes) ein. Da sowohl die Risikosumme als auch die einjährigen Sterbewahrscheinlichkeiten variieren, verändert sich die Risikoprämie von Jahr zu Jahr.

In der Einzelversicherung ist der Grundsatz der Gleichbehandlung in bestimmten Fällen eingeschränkt, und nicht immer erhalten alle Kunden die gleiche Versicherung zu den gleichen Bedingungen. Besondere gesundheitsbedingte oder berufliche Umstände können die Lebenserwartung herabsetzen oder das Risiko einer vorzeitigen oder länger dauernden Erwerbsunfähigkeit hervorrufen, sodass für die Gefahrengemeinschaft ein erhöhtes Risiko besteht. Der Versicherer berücksichtigt erhöhte Risiken und kompensiert diese mit einem Risikozuschlag oder mit erschwerten Aufnahmebedingungen.

7.6.3 Sparprämie

Bei kapitalbildenden Versicherungen machen die Sparprämien den grössten Teil der Nettoprämie aus. In Ergänzung zu den Zinsen ist die Sparprämie der Betrag, der benötigt wird, um das Deckungskapital planmässig zu erhöhen. Wie die Risikoprämie ist auch die Sparprämie von Jahr zu Jahr verschieden. Da die nivellierten Prämien die Summe der Prämien jedes Jahr gleich hoch ist, wird die variable Sparprämie durch die Risikoprämie ausgeglichen.

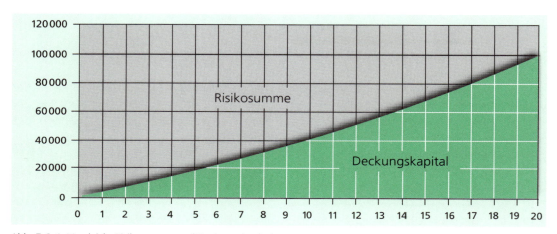

Abb. 7.6–1: Vergleich: Risikosumme und Deckungskapital

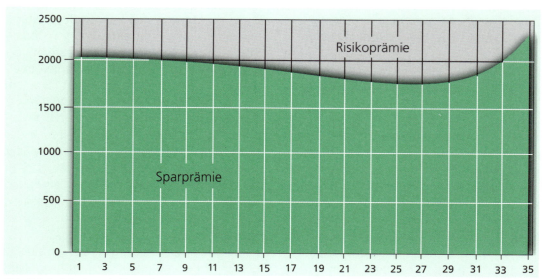

Abb. 7.6–2: Prämienaufteilung einer gemischten Versicherung

7.7 Leistungs- und Prämienprimat

Wenn der Versicherungsnehmer die Versicherungsleistungen nach seinem persönlichen Bedarf festlegt, bestimmen die gewünschten Leistungen die Prämien. Eine Versicherung, die nach diesen Gesichtspunkten ausgewählt wird, nennt man Versicherung mit Leistungsprimat.

Sofern sich der Kunde ein Budget zurechtgelegt hat, wie viel er in eine Lebensversicherung investieren kann und will, bietet der Versicherer Leistungen an, deren Prämien auf diese finanziellen Vorgaben abgestimmt sind. Die Versicherung wird dann Versicherung mit Prämienprimat genannt.

Das Prämienprimat wird vor allem in der gebundenen Vorsorge angewandt, da hier die maximalen Abzugslimiten gesetzlich vorgeschrieben sind und der Versicherungsnehmer nach Möglichkeit bemüht ist, die Limite für die steuerliche Absetzbarkeit der Prämien auszuschöpfen.

Mathematisch betrachtet, besteht in der Einzelversicherung kein Unterschied zwischen Prämien- und Leistungsprimat, da die Prämienkalkulation stets dem individuellen Äquivalenzprinzip folgt.

7.8 Finanzierungsverfahren

Die Versicherungsunternehmungen finanzieren künftige Versicherungsleistungen nach zwei verschiedenen Methoden:
- der individuellen Methode oder
- der kollektiven Methode.

7.8.1 Individuelle Methode

Die mittels des Äquivalenzprinzips berechneten Prämien berücksichtigen die persönlichen Daten des Versicherungsvertrages: Eintrittsalter und Geschlecht der versicherten Person sowie die vertraglich vereinbarten Leistungen und die Versicherungsdauer.

Die individuelle Methode der Prämienberechnung orientiert sich an den exakten Daten jedes einzelnen Vertrages. Bei dieser Methode zahlt der Versicherungsnehmer genau für die Leistungen, die aus der eigenen Police hervorgehen.

7.8.2 Kollektive Methode

Bei Kollektivversicherungen wird zur Vereinfachung manchmal darauf verzichtet, exakt auf die Daten der versicherten Personen Bezug zu nehmen. Beispielsweise werden gewisse Altersbereiche zu einer einzigen Klasse zusammengefasst. Personen in der gleichen Altersklasse sind dann versicherungstechnisch gleichgestellt.

Bei der Verwendung der kollektiven Methode ist das Äquivalenzprinzip nicht für jede einzelne versicherte Person erfüllt. Wird in einem hinreichend grossen Bestand von allen versicherten Personen die gleiche Prämie in Prozenten erhoben, gilt das **kollektive Äquivalenzprinzip**.

---

kollektives Äquivalenzprinzip
In einem Kollektiv soll die Summe der zu erwartenden Schäden der Summe der Prämieneinnahmen entsprechen.

**Grundlagen der Lebens-
versicherungstechnik**

8 Überschussbeteiligung

Lebensversicherungsverträge erstrecken sich über einen langen Zeitraum. Die Lebensversicherungsunternehmungen können die Verträge normalerweise nicht kündigen und die Prämien sind meist für die gesamte Laufzeit garantiert.

Eine vorsichtige Kalkulation der Tarifprämien ist daher unerlässlich, um die vertraglich garantierten Leistungen in jedem Fall und zu jeder Zeit erfüllen zu können. Diese auf Sicherheit ausgelegte Berechnung der Prämien führt in der Regel dazu, dass ein Überschuss entsteht. Er besteht aus der Differenz zwischen der Summe der Erträge und der Summe der Aufwendungen in der gleichen Zeitperiode.

Die Versicherungsnehmer müssen an diesem Überschuss beteiligt werden. Die Höhe des Überschussanteils, der an die Versicherungsnehmer zurückgegeben wird, hängt von den gesetzlichen Vorgaben im betreffenden Land sowie von der Geschäftspolitik der jeweiligen Gesellschaft ab. Der Anteil des Überschusses, den die Versicherungsnehmer erhalten, wird Überschussbeteiligung genannt.

In Deutschland schreibt z. B. der Gesetzgeber vor, dass mindestens 90% des Überschusses an die Versicherungsnehmer zurückzugeben sind. In der Schweiz spielt vor allem die Wettbewerbssituation unter den einzelnen Gesellschaften eine grosse Rolle; die Ausschüttung des Überschusses liegt in vergleichbarer Höhe wie im Ausland.

8.1 Überschussquellen

Die Prämien werden mithilfe der Rechnungsgrundlagen 1. Ordnung kalkuliert. Zins, Risiko sowie Kosten sind dabei sehr vorsichtig abgeschätzt. Das tatsächliche Geschehen («beobachtete Daten») schafft dann die Grundlagen 2. Ordnung und damit die Basis, um die Überschüsse zu ermitteln.

Eine allgemein gültige Methode für die Berechnung der Überschussausschüttung existiert nicht. Die Lebensversicherungsgesellschaften sind bemüht, ein über Jahre hinweg möglichst stabiles Ergebnis zu erzielen, um die Versicherungsnehmer vor Ertragsschwankungen zu schützen.

Der Überschuss setzt sich zusammen aus:
- Zinsüberschuss
- Risikoüberschuss
- Kostenüberschuss.

8.1.1 Zinsüberschuss

Der Zinsüberschuss ist die Differenz zwischen dem technischen Zins und dem von der Versicherungsgesellschaft tatsächlich erwirtschafteten Ertrag.

Der jährliche Ertrag der Kapitalanlagen einer Versicherungsunternehmung setzt sich aus mehreren Komponenten zusammen. Er besteht aus dem Zinsertrag der Obligationen, den Dividenden der Aktien, den Mietzinseinnahmen der Immobilien und weiteren Erträgen.

Die Wertveränderungen der Kapitalanlagen für die Überschussbeteiligung zu bewerten ist schwierig, weil infolge von Kurs- und Preisschwankungen auch Verluste entstehen können. Es gibt keine allgemein gültigen Regeln, wie diesen Schwankungen bei der Festlegung der Überschussanteile Rechnung getragen werden soll.

Ziel der Lebensversicherer ist, konstante Geschäftsergebnisse auszuweisen. Sie wenden deshalb Bewertungsmethoden an, welche die Ertragsschwankungen weitgehend glätten.

8.1.2 Risikoüberschuss

Der Risikoüberschuss resultiert aus der Differenz zwischen der gesamten entstandenen Schadensumme im Berichtsjahr und der Summe der Risikoprämien aus dem ganzen Bestand im selben Jahr. Er entsteht durch die vorsichtige Kalkulation der Sterblichkeit. Fast alle Lebensversicherer erzielen regelmässig Überschüsse im Risiko «Tod», obwohl auch diese Ergebnisse von Jahr zu Jahr schwanken. Im Gegensatz dazu werden beim Risiko «Langlebigkeit» (Rentenversicherungen) trotz entsprechend angepasster Renten-Sterbetafeln kaum Überschüsse erzielt. Die Erwerbsunfähigkeitsversicherungen melden sogar Defizite, dies speziell in den Jahren, die auf eine starke Rezession folgen. Die Versicherer passen deshalb ihre Berechnungsgrundlagen in kurzen Abständen der aktuellen Situation an.

8.1.3 Kostenüberschuss

Ein Kostenüberschuss entsteht, falls die eingerechneten Kosten höher sind als die effektiv verursachten. Der Kostenüberschuss selbst lässt sich gemäss dem Kostenmodell in Abschlusskosten-, Inkasso- und Verwaltungskostenüberschuss unterteilen. Die eingerechneten Kosten sind in der Regel aber zu niedrig angesetzt, und somit entstehen im Kostenbereich Verluste.

8.2 Überschusssysteme

Das Ermitteln des Überschusses ist die erste Stufe, um die Versicherten an einem guten Geschäftsergebnis zu beteiligen. Der Überschuss kann gesamthaft, aber nicht ohne weiteres für jeden einzelnen Vertrag, ermittelt werden. Die Verträge befinden sich in unterschiedlichen Stadien der Versicherungsdauer, sie haben eine unterschiedliche Gewichtung von Sparen und Risiko, und sie unterscheiden sich auch in ihren Zahlungsströmen. Um den gesamten Überschuss auf die einzelnen Verträge zu verteilen, wird ein Modell benötigt, das die Ertragskraft jedes einzelnen Vertrags sichtbar macht. An ein gerechtes Überschusssystem sind zwei verschiedene Forderungen zu stellen:

- Jedem Vertrag soll möglichst derjenige Überschuss zugeordnet werden, den er erwirtschaftet hat.
- Der Überschuss ist für den Zeitraum zuzuweisen, in dem er erzielt wurde.

Die zweite Forderung bereitet in der Praxis einige Schwierigkeiten. Das Versicherungsjahr stimmt in den wenigsten Fällen mit dem Geschäftsjahr, in dem der Überschuss ermittelt wird, überein. Zeitliche Verzögerungen bei der Zuweisung sind deshalb praktisch unvermeidlich. Vom Entstehen bis zur Weitergabe eines Überschusses vergehen in der Regel ein bis zwei Jahre. Die Stichtage der verschiedenen Verträge sind über das ganze Jahr verteilt. Um die Überschussausschüttung sicherzustellen, werden Reserven gebildet. Diese Reserven gewährleisten die Überschussbeteiligung für ein bis zwei Jahre im Voraus. Die im laufenden Geschäftsjahr auszuschüttenden Überschüsse werden aus den zuvor gebildeten Reserven finanziert.

Der erste Schritt in der Überschussverteilung besteht darin, den gesamten Bestand an Versicherungsverträgen in Teilbestände zu zerlegen. Ein solcher Teilbestand fasst Verträge zusammen, die gewisse Ähnlichkeiten aufweisen. Die Liste der Teilbestände kann wie folgt aussehen:

- Kapitalbildende Versicherungen
- Risikoversicherungen
- Erwerbsunfähigkeitsversicherungen
- Rentenversicherungen
- Fondsgebundene Lebensversicherungen
- Spezialtarife (indexgebundene Versicherungen, Fremdwährungen usw.)

Eine weitere Unterteilung dieser Teilbestände ist denkbar und in gewissen Fällen sogar notwendig (z. B. bei Tarifen, die mit unterschiedlichen Rechnungsgrundlagen kalkuliert wurden). Welche Teilbestände für die Überschussverteilung als Berechnungsbasis verwendet werden, ist weitgehend gesellschaftsabhängig.

Innerhalb eines Teilbestandes kann die Überschussbeteiligung mit zwei verschiedenen Systemen erfolgen.

Das mechanische System ist zu grob, um Gerechtigkeitsansprüchen zu genügen. Es berücksichtigt weder den tatsächlichen Ertrag noch den richtigen Zeitraum, in dem der Überschuss erzielt wurde. Seine Vorteile liegen jedoch auf der Hand. Das mechanische System ist leicht zu handhaben und zu verwalten; es erfordert keine komplizierten Berechnungen und ist daher für den Versicherungsnehmer gut nachvollziehbar.

8.2.1 Mechanisches Überschusssystem

Das mechanische System weist jedem Vertrag einen bestimmten Promillesatz der Versicherungssumme oder einen bestimmten Prozentsatz der Prämie als Überschuss zu.

Eine Verfeinerung dieses Systems besteht darin, die Sätze nach abgelaufener Versicherungsdauer zu differenzieren, sodass Versicherungsnehmer, die schon länger einen Vertrag besitzen, eine höhere Zuweisung erhalten.

8.2.2 Natürliches Überschusssystem

Das natürliche System versucht, die Ertragskraft jedes einzelnen Vertrages aufgrund der Ergebnisse, die innerhalb eines Teilbestandes erzielt wurden, möglichst genau zu erfassen. Dazu müssen die Überschüsse aus den drei Quellen Zins, Risiko und Kosten bereits auf Vertragsebene bestimmt werden.

Die Versicherer wenden in der Praxis auch Mischformen beider Überschusssysteme an.

Spezial

Berechnung der Überschüsse im natürlichen Überschusssystem

Zinsüberschuss

Der Zinsüberschuss wird für jeden Vertrag auf der Basis seines individuellen Zinsträgers berechnet. Der Zinsträger eines Vertrages ist das Deckungskapital. Der Zinsüberschuss des Vertrages errechnet sich aus der Differenz des aktuellen Zinssatzes auf dem Kapitalmarkt und dem technischen Zinssatz, multipliziert mit dem entsprechenden Zinsträger.

Risikoüberschuss

Die Schadenquote für den betrachteten Bestand ergibt sich aus dem Vergleich der gesamten Schadensumme mit dem Total der Risikoprämien. Sofern die Schadenquote unter 100% liegt, d. h. die Schadensumme ist kleiner als die gesamten Risikoprämien, kann der nicht «verbrauchte» prozentuale Teil der Risikoprämien an die Versicherungsnehmer zurückgegeben werden. Jedem Vertrag wird der Risikoüberschuss als proportionaler Teil der individuellen Risikoprämie zugeteilt.

Kostenüberschuss

Der Kostenüberschuss wird im Prinzip wie der Risikoüberschuss ermittelt. Zunächst sind die effektiv entstandenen Kosten jedes Teilbestandes zu bestimmen. Die Umlegung der Kosten auf die Teilbestände ist etwas problematisch, da nicht immer klar ist, wie die Kosten aufzuschlüsseln sind.

In einem zweiten Schritt werden die auf den Teilbestand umgelegten Kosten mit dem Total seiner Kostenprämien verglichen. Das sich ergebende Verhältnis ist das Mass für die Ausschöpfung der Kostenprämien. Der Kostenüberschuss eines einzelnen Vertrages wäre dann in erster Annäherung der nicht verbrauchte Teil seiner Kostenprämie. Dieser Ansatz vernachlässigt jedoch die Fixkosten, die bei jedem Vertrag entstehen.

Eine gerechtere Lösung würde einen Kostenüberschuss nur vorsehen, wenn die Kostenprämie diese Fixkosten übersteigt. Eine weitere Verbesserung würde darin bestehen, diese Überlegungen für jede Kostenkategorie durchzuführen.

Wie bereits erwähnt, decken die Kostenprämien den tatsächlichen Aufwand oft nicht ausreichend, sodass meist mit einem Kostendefizit zu rechnen ist.

Aufgrund der Tarifgarantie können die Versicherungsnehmer nicht direkt mit diesen Defiziten belastet werden. Die Versicherer egalisieren daher die Kostendefizite mit allfälligen Zins- und Risikoüberschüssen.

8.3 Überschussverwendung

Nachdem der Überschuss für jeden Vertrag ermittelt wurde, bleibt zu entscheiden, wie dieser dem Versicherungsnehmer zugute kommen soll. Die gebräuchlichsten Formen sind:
- Prämienreduktionen
- verzinsliche Ansammlungen
- Leistungserhöhungen
- Fondsinvestitionen.

8.3.1 Prämienreduktion

Der für das laufende Versicherungsjahr zugewiesene Überschuss wird mit der fälligen Prämie verrechnet. Dadurch ermässigen sich die Prämien für den Versicherungsnehmer. Aufgrund von Erfahrungswerten kann der Versicherer die Prämien auch von Anfang an reduzieren.
Eine Prämienreduktion ist nur bei Verträgen mit periodischen Zahlungen möglich und eignet sich vor allem für Risikoversicherungen, da bei diesen Versicherungen die laufenden Aufwendungen für den Versicherungsschutz abnehmen.

8.3.2 Verzinsliche Ansammlung

Die jährlichen Überschüsse gelangen auf ein «Sparkonto» und werden verzinst. Die Auszahlung des Guthabens inklusive Zinsen erfolgt im Todesfall, bei Vertragsablauf und gemäss speziellen Regelungen auch bei Vertragsauflösung. Eine verzinsliche Ansammlung empfiehlt sich, falls der Versicherungsbedarf durch die Hauptversicherung ausreichend gedeckt ist und das Sparen im Vordergrund steht.
Die verzinsliche Ansammlung eignet sich besonders für kapitalbildende Versicherungen.

8.3.3 Leistungserhöhung

Der Versicherer kann seinen Kunden die Leistungserhöhung auf zwei Arten gewähren:
- Leistungserhöhung für den Todes- und Erlebensfall (Bonus)
- prozentuale Leistungserhöhung im Schadenfall (vorwiegend in alten Versicherungsbeständen anzutreffen; bei Risikoversicherungen z. B. 20%).

Ist eine Leistungserhöhung durch Bonus vorgesehen, wird jeder Jahresüberschuss als Einmaleinlage für eine geeignete Versicherung verwendet. Der Kunde erhält mit seinem Bonus einen zusätzlichen Versicherungsschutz und erhöht dadurch die Leistungen seines Vertrags. Diese zusätzliche Versicherung kann selbst wiederum bonusberechtigt sein.

In der Regel werden (mit Ausnahme von Rententarifen) die Überschüsse in eine gemischte Versicherung investiert, auch wenn die ursprüngliche Police eine andere Vertragsform besitzt. Dadurch wird gewährleistet, dass diese «Bonusleistungen» sowohl im Todesfall als auch bei Vertragsablauf gleichwertig sind.

8.3.4 Fondsinvestitionen

Bei fondsgebundenen Versicherungen entsteht kein Zinsüberschuss. Ein Risikoüberschuss wird als Fondsinvestition verwendet, manchmal auch als verzinsliche Ansammlung.

Grundlagen der Lebensversicherungstechnik

Rückstellungen

Verschiedene Faktoren, die das versicherte Risiko beeinflussen, können sich während der Vertragsdauer ändern.
Die Sterbewahrscheinlichkeit nimmt mit steigendem Alter stark zu. Damit wird bei vielen Lebensversicherungsverträgen das Risiko grösser, dass irgendwann Versicherungsleistungen fällig werden. Um diese Leistungen erbringen zu können, müssen den Versicherungsunternehmungen beträchtliche Geldmittel zur Verfügung stehen.
Die Prämien werden in der Regel zu Beginn des Versicherungsvertrages für die ganze Laufzeit festgelegt. Neue Berechnungsmodelle arbeiten auch mit einjährigen Tarifen. Mit Ausnahme von Einmaleinlagegeschäften und Kollektivversicherungen sind die Prämien normalerweise immer nivelliert. Die Versicherer bauen deshalb die Kapitalsummen, die vor allem gegen Ende der Laufzeit benötigt werden, planmässig durch das Rückstellen von Prämienteilen auf.

9.1 Technische Rückstellungen

Damit der Versicherer jederzeit seine vertraglichen Verpflichtungen erfüllen kann, muss er technische Rückstellungen vornehmen. Der Erwartungswert der Versicherungsleistung ergibt sich aus der Multiplikation der Sterbewahrscheinlichkeit (q_x, Wahrscheinlichkeit des Schadeneintritts) mit der festgelegten Todesfallsumme. Die zu erwartende Anzahl der Leistungsfälle steigt im Laufe der Zeit, weil die Sterbewahrscheinlichkeiten über die Jahre hinweg zunehmen.

Auf den ersten Blick ergibt sich daraus für den Versicherer ein Problem. Der Versicherungsnehmer bezahlt während der ganzen Laufzeit des Versicherungsvertrages konstante, nivellierte Prämien. Gleichzeitig erhöht sich mit fortschreitender Vertragsdauer das Risiko des Versicherers, dass er im Schadenfall die Todesfallsumme bezahlen muss. Mit fortschreitender Vertragsdauer erhöht sich das Risiko für den Versicherer, dass ein Leistungsfall eintritt und dass er die Todesfallsumme auszahlen muss. Die nivellierte Prämie ist so berechnet, dass sie zu Beginn des Versicherungsvertrages «zu hoch» und später dann «zu niedrig» angesetzt ist. Für die gesamte Dauer des Vertrages ist sie aber «im Durchschnitt» ausgeglichen. Die Versicherungsgesellschaft legt am Anfang der Vertragsdauer einen Teil der Prämien auf die Seite, damit sie die später zu erwartenden Versicherungsleistungen bezahlen kann. Versicherungsmathematisch betrachtet, muss der Versicherer die Differenz zwischen dem Barwert seiner vertraglichen Verpflichtungen und dem Barwert der Zahlungen des Versicherungsnehmers zurückstellen. Diese Differenz wird als Rückstellung oder als Deckungskapital bezeichnet.

Die Aufgabe des Deckungskapitals ist es, den Versicherer jederzeit in die Lage zu versetzen, seine (zukünftigen) Verpflichtungen zu erfüllen. Rückstellungen oder Deckungskapitalien übernehmen somit eine Sicherungsfunktion. Rechtliche Vorschriften über das Anlegen des Deckungskapitals stellen darüber hinaus sicher, dass diese Kapitalanlagen auch eine Solvenzgarantie erfüllen. Bezahlt der Versicherungsnehmer die Prämie für einen sich über mehrere Jahre erstreckenden Versicherungsvertrag auf einmal zu Beginn der Versicherung (Einmalprämie), wird die Notwendigkeit von Rückstellungen seitens des Versicherers noch offensichtlicher. Der Versicherer erhält nur

Rückstellungen

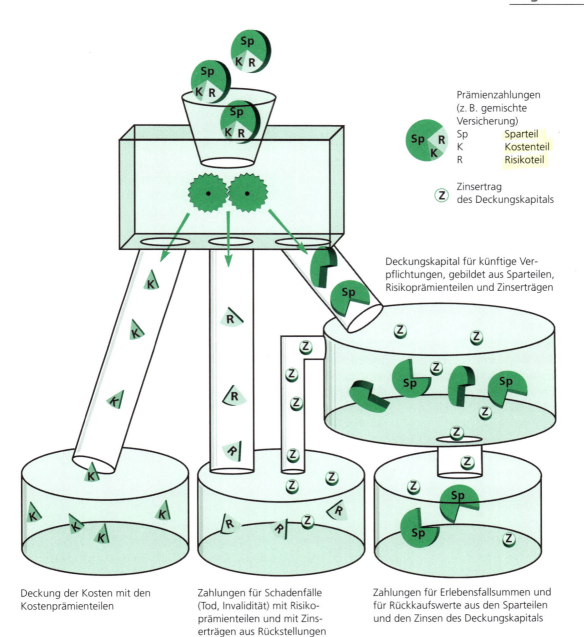

Prämienzahlungen
(z. B. gemischte
Versicherung)
Sp   Sparteil
K   Kostenteil
R   Risikoteil

Z   Zinsertrag
     des Deckungskapitals

Deckungskapital für künftige Verpflichtungen, gebildet aus Sparteilen, Risikoprämienteilen und Zinserträgen

Deckung der Kosten mit den Kostenprämienteilen

Zahlungen für Schadenfälle (Tod, Invalidität) mit Risikoprämienteilen und mit Zinserträgen aus Rückstellungen

Zahlungen für Erlebensfallsummen und für Rückkaufswerte aus den Sparteilen und den Zinsen des Deckungskapitals

Abb. 9.1–1: Zerlegen der Prämien in verschiedene Bestandteile

einmal eine Zahlung, muss aber über mehrere Jahre eine Leistungserbringung garantieren können.
Komplizierter verhält es sich, wenn die Lebensversicherung eine Sparkomponente zu Vorsorgezwecken enthält (z. B. bei einer gemischten Versicherung). Das Deckungskapital übernimmt dann zusätzlich die Funktion eines Sparguthabens. Der Versicherer muss die Sparanteile, die mit der

Prämie entrichtet werden, ebenso zurückstellen wie die darauf entfallenden Zinsen. Für die Grafik (→ S. 117) gilt die Annahme, dass jährlich Prämien bezahlt werden. Sie zeigt, dass die Prämie zerlegt werden muss, um die einzelnen Bestandteile richtig verteilen zu können.

Das für t Jahre nach Versicherungsabschluss berechnete Deckungskapital (V) wird meist mit $_tV_x$ bezeichnet. Bei Vertragsbeginn hatte der Versicherte das Alter x. Das Deckungskapital kann sowohl nach der prospektiven[1] als auch nach der retrospektiven[2] Methode definiert und berechnet werden.

Bei der prospektiven Methode entspricht es dem Barwert der (zu erwartenden) Ausgaben in der Zukunft abzüglich des Barwertes der (zu erwartenden) Einnahmen in der Zukunft.

Bei der retrospektiven Methode entspricht das Deckungskapital dem Barwert der Einnahmen der Vergangenheit abzüglich des Barwertes der Ausgaben der Vergangenheit.

Beide Rechnungsarten liefern jeweils das gleiche nummerische Ergebnis. Die erwarteten Einnahmen oder Ausgaben werden mithilfe der Rechnungsgrundlagen bestimmt. Der Begriff «erwartet» könnte auch durch den Begriff «rechnungsmässig» ersetzt werden. Die rechnungsmässigen Ausgaben der Vergangenheit und der Zukunft sind gleich den rechnungsmässigen Einnahmen der Vergangenheit und der Zukunft. Dieses Ergebnis ist nicht überraschend, da die Prämien nach dem Äquivalenzprinzip berechnet wurden.

Das Deckungskapital ist das «Gefäss», das die Einnahmen aus Vergangenheit und Zukunft und die Ausgaben aus Vergangenheit und Zukunft ausgleicht. Der Ausgleich entsteht durch die Faktoren Zins und Risiko. Das Äquivalenzprinzip gilt auch t Jahre nach Versicherungsabschluss. Das Deckungskapital und der Barwert der zukünftigen Prämien entsprechen dem Barwert der zukünftigen Leistungen.

---

[1] prospektiv: vorausschauend.
[2] retrospektiv: zurückschauend.

Rückstellungen

Beispiele zur Deckungskapitalentwicklung

Deckungskapitalverlauf einer gemischten Versicherung
Versicherungsdauer 30 Jahre

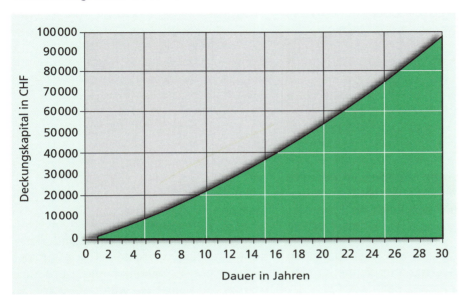

Abb. 9.1–2: Gemischte Versicherung

Schadenreserve!

Deckungskapitalverlauf einer temporären Todesfallversicherung
Versicherungsdauer 30 Jahre

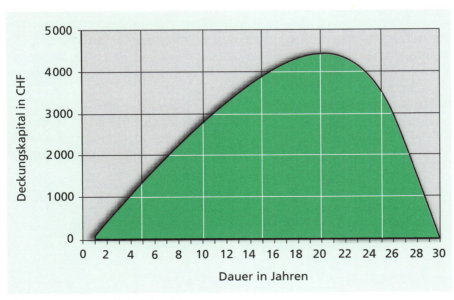

Abb. 9.1–3: Temporäre Todesfallversicherung

9.2 Gezillmertes Deckungskapital

Die bisher erklärten Berechnungsschritte stellen die wirtschaftliche Lage des Versicherungsunternehmens noch nicht vollständig korrekt dar.

Beim Abschluss eines Versicherungsvertrages entstehen der Versicherungsgesellschaft Kosten. Die Vertriebskosten sind oft höher als die erste Jahresprämie des Vertrages. Während der Vertragslaufzeit kommen zusätzlich Verwaltungskosten dazu. Diese Kosten stellen eine Forderung des Versicherers gegenüber dem Versicherungsnehmer dar. Der Versicherungsnehmer gleicht diese Forderung über die ganze Prämienzahlungsdauer aus mit den in die Prämie eingerechneten Abschluss- und Verwaltungskosten.

Wird der einzelne Versicherungsvertrag als Konto des Versicherungsnehmers betrachtet, dann ist der tatsächliche Stand dieses Kontos zu Beginn nicht null, wie aus der vorangehenden Definition des Deckungskapitals zu schliessen wäre, sondern beginnt mit einem negativen Saldo.

Um diesem Umstand zu begegnen, schlug der deutsche Versicherungsmathematiker August Zillmer schon im 19. Jahrhundert vor, die wirtschaftlichen Verhältnisse adäquat darzustellen und das Konto des Versicherungsnehmers zu Beginn mit den vollen Abschlusskosten zu belasten. Diese Schuld soll nach und nach mit einem Teil der eingenommenen Prämien abgetragen werden.

Das Deckungskapital eines Vertrages, das um die noch nicht amortisierten Abschlusskosten (Zillmerreserve) reduziert ist, wird als gezillmertes Deckungskapital bezeichnet.

Spezial

Gezillmertes Deckungskapital

Zur Berechnung des gezillmerten Deckungskapitals wird das Deckungskapital um einen bestimmten Betrag vermindert. Dieser Betrag sind die noch ausstehenden Abschlusskosten (diejenigen Abschlusskosten, die vom Versicherungsnehmer noch nicht bezahlt wurden). Dabei ist zu berücksichtigen, dass der Versicherungsnehmer auch sterben könnte, bevor er die auf ihn entfallenden Abschlusskosten bezahlt hat. Die jeweils noch nicht bezahlten Abschlusskosten sind deshalb immer zusätzlich für den Todesfall des Versicherungsnehmers versichert.

Den Betrag, um den das Deckungskapital vermindert wird, bezeichnet man gelegentlich auch als «Investition Abschlusskosten». Er stellt den Barwert der noch nicht durch Prämienzahlungen amortisierten rechnungsmässigen Abschlusskosten dar. Die rechnungsmässigen Abschlusskosten sind im Tarif festgelegt. Sie müssen nicht unbedingt den tatsächlich entstandenen Abschlusskosten entsprechen, die von Fall zu Fall variieren können.

August Zillmer berechnete in diesem Zusammenhang auch, wie hoch der Abschlusskostensatz sein darf, damit das (gezillmerte) Deckungskapital bereits nach einem Jahr nicht mehr negativ ist.

In der Schweiz sind die rechnungsmässigen Abschlusskosten im Allgemeinen niedriger

Beispiel für ein gezillmertes Deckungskapital im Vergleich zum ungezillmerten Deckungskapital: Todesfallversicherung

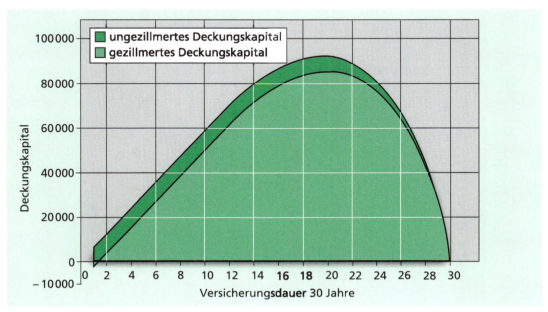

Abb. 9.2–1: Todesfallversicherung

Gezillmertes Deckungskapital

angesetzt als die tatsächlich entstandenen Abschlusskosten. Die schweizerischen Versicherungsunternehmungen stellen in ihrer Bilanz das Inventardeckungskapital und nicht das kleinere gezillmerte Deckungskapital dar. Das Inventardeckungskapital setzt sich zusammen aus dem Nettodeckungskapital und den Verwaltungskosten. Das Nettodeckungskapital entspricht dem Barwert der zukünftigen Leistungen ohne Berücksichtigung irgendwelcher Kosten. Bei der Stornierung von Verträgen kommt es dann rein buchhalterisch zu so genannten Stornogewinnen. Ökonomisch gesehen, sind dies natürlich keine richtigen Gewinne, sondern reine Bilanzeffekte.

Durch die Verwendung des Inventardeckungskapitals in der Bilanz können die schweizerischen Versicherungsgesellschaften einen Pluspunkt in Sachen Sicherheit vorweisen. In Deutschland bilanzieren die Lebensversicherer im Allgemeinen das gezillmerte Deckungskapital, also etwas weniger. Dafür unterliegen sie aber strengeren Bewertungsmassstäben für ihre Kapitalanlagen.

Beispiel für ein gezillmertes Deckungskapital im Vergleich zum ungezillmerten Deckungskapital: Gemischte Versicherung

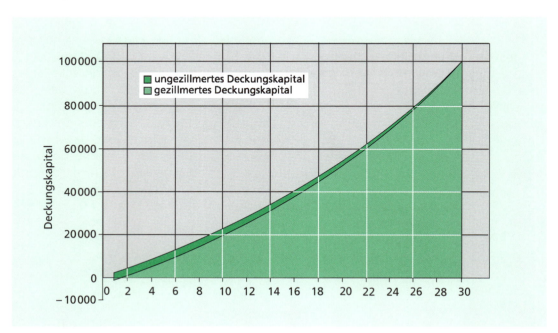

Abb. 9.2–2: Gemischte Versicherung

9.3 Prämien- und Rentenübertrag

Damit die Versicherungsgesellschaft Rechenschaft über die wirtschaftlichen Verhältnisse ablegen kann, erstellt sie ein- bis zweimal im Jahr, in der Regel per 31. Dezember und 30. Juni, eine Bilanz.

9.3.1 Prämienübertrag

Der Prämienübertrag ist jener Teil der Prämie, der vor dem Bilanztag fällig wurde, aber vom Versicherer rechnungsmässig noch nicht verdient ist und deshalb für die nachfolgende Auswertungsperiode zurückgelegt wird. Der Prämienübertrag ist Bestandteil des Deckungskapitals am Bilanztag und gehört damit zu den technischen Rückstellungen.

9.3.2 Rentenübertrag

Der Rentenübertrag hat die gleiche Funktion wie der Prämienübertrag. Er besitzt eine Korrekturfunktion und soll das rechnerisch ermittelte Deckungskapital am Bilanztag auf der tatsächlich richtigen Höhe darstellen. Das rechnerisch ermittelte Deckungskapital ergibt sich aufgrund einer linearen **Interpolation** des Deckungskapitals zwischen zwei Stichtagen eines Vertrages. Das tatsächlich vorhandene Deckungskapital muss aber ausreichen, um alle Verpflichtungen der Versicherungsgesellschaft abzudecken. Wird z. B. eine jährlich zahlbare Rente nachschüssig ausbezahlt und entspricht der Fälligkeitstag nicht dem Bilanztag, ist eine Korrektur des rechnerisch ermittelten Deckungskapitals vorzunehmen. Das rechnerisch ermittelte Deckungskapital ist zu niedrig. Da aber noch die volle Jahresrente auszubezahlen ist, muss der rechnungsmässig bereits angefallene Rentenbezug zum rechnerisch ermittelten Deckungskapital addiert werden. Wird dagegen eine jährlich zahlbare Rente vorschüssig ausbezahlt und entspricht der Fälligkeitstag nicht dem Bilanztag, ist ebenfalls eine Korrektur am rechnerisch ermittelten Deckungskapital vorzunehmen. In diesem Fall ist das rechnerisch ermittelte Deckungskapital zu hoch, weil die ganze Jahresrente schon ausbezahlt wurde. Um das tatsächlich richtige Deckungskapital zu erhalten, muss vom rechnerisch ermittelten Deckungskapital die bereits ausbezahlte Rente subtrahiert werden.

> **Interpolation**
> Berechnen der Werte zwischen bekannten Werten einer mathematischen Funktion.

9.4 Pauschale Rückstellungen

Neben den bereits beschriebenen Berechnungsverfahren, bei denen das Nettodeckungskapital oder das gezillmerte Deckungskapital für jede einzelne Leistung nach versicherungsmathematisch exakter Methode bestimmt wird, gibt es Versicherungstarife, bei denen die Rückstellungen pauschal für einen ganzen Bestand definiert sind. So kann z. B. für Erwerbsausfallrenten während der Anwartschaft ein Deckungskapital bis zum Maximum von zwei Jahresprämien aufgebaut werden. «Während der Anwartschaft» ist der Zeitraum, während dem der Versicherungsnehmer versichert ist, aber keine Leistung bezieht. Die Berechnung des Deckungkapitals dieser Renten erfolgt in Prozenten der Bestandesprämien.

Für Aussteuerversicherungen wird ebenfalls ein Deckungskapital nach pauschaler Methode gebildet. Es wird in Promille der Versicherungssumme berechnet, z. B. 40‰ der Versicherungssumme.

Bestandesprämien
Jahresprämientotal zum Zeitpunkt der Bilanzierung.

9.5 Rückstellungen für eingetretene Invaliditätsfälle

Nach Eintritt eines Leistungsfalls werden mit versicherungsmathematischen Formeln Rückstellungen zur Deckung der laufenden Invaliditätsrenten berechnet. Diese Formeln berücksichtigen zusätzlich zum temporären Rentenbarwert auch das eventuelle Ausscheiden aus dem Bestand der invaliden Personen.

Der temporäre Rentenbarwert bezeichnet den Betrag, den der Versicherer voraussichtlich aufwenden muss, um die Invaliditätsrenten zu bezahlen. Der Versicherer diskontiert zukünftige Rentenzahlungen auf den Beginn der Rentenzahlung und berücksichtigt dabei, dass Invalide vorzeitig aus dem Bestand der Versicherten ausscheiden können.

Personen scheiden aus dem Bestand der Invaliden vor allem durch erfolgreiche Reaktivierungsbehandlungen, aber auch infolge einer höheren Sterbewahrscheinlichkeit in den ersten Jahren der Invalidität aus. Bei Eintritt der Invalidität muss also nicht der Barwert einer temporären Rente zurückgestellt werden, sondern ein niedrigerer Betrag. Dies führt wiederum zu einer etwas geringeren Belastung des Versicherers und entlastet die Schadenquote Invalidität.

Die Rückstellungen für eingetretene Invaliditätsfälle werden von den Versicherungsunternehmen als «normale» Deckungskapitalien (z. B. gegenüber den Aufsichtsämtern) bezeichnet; sie werden auch «Rückstellungen für unerledigte Leistungsfälle» genannt.

9.6 Rückstellungen für unerledigte Versicherungsfälle

Bei Eintritt des versicherten Ereignisses (Tod oder Erleben bei Kapitalversicherungen) und bei Rückkäufen wird eine entsprechende Leistung fällig. Wenn die in einem Berichtsjahr (meist das Kalenderjahr) gemeldeten oder fälligen Todes- und Erlebensfälle bzw. Rückkäufe nicht abgewickelt werden können, müssen diese Leistungen als «Rückstellungen für unerledigte Versicherungsfälle» in der Bilanz aufgeführt werden.

9.7 Nicht technische Rückstellungen

Nicht technische Rückstellungen sind spezielle Rückstellungen, die nach versicherungsmathematischen Grundsätzen zur Abwicklung des Versicherungsgeschäftes nicht notwendig sind. Diese Rückstellungen bestehen aus den Überschüssen, die das Versicherungsunternehmen erwirtschaftet hat. Der weitaus grösste Teil fliesst in den Überschussfonds für die Versicherungsnehmer. Im folgenden Jahr werden daraus die Überschusszuweisungen an die Versicherten finanziert.

In guten Geschäftsjahren verwendet der Versicherer einen kleinen Teil der Überschüsse für Zusatzrückstellungen. Diese Zusatzrückstellungen sollen kurzfristig auftretende Risikoschwankungen ausgleichen. Sie werden aber auch zur Deckung möglicher künftiger Verluste benötigt, wenn sich die Rechnungsgrundlagen während der langen Laufzeit der Versicherungsverträge verändert haben.

So ist z. B. in den letzten Jahrzehnten die Lebenserwartung kontinuierlich gestiegen. Die Finanzierung der künftigen Renten von Rentenverträgen, die in den 70er-Jahren oder vorher abgeschlossen wurden, ist deshalb mit den damaligen Tarifen (Rechnungsgrundlagen) nicht mehr gesichert. Die «kaufmännische Vorsicht» war offenbar nicht ausreichend. Mit frühzeitigen Zusatzrückstellungen kann der Versicherer diesem Problem Rechnung tragen und seine Verpflichtungen gegenüber den Versicherten jederzeit in vollem Umfang einhalten.

**Grundlagen der Lebens-
versicherungstechnik**

10 Leben-Rückversicherung

Im Rahmen des Risk-Managements trifft jeder Erstversicherer Sicherheitsmassnahmen, um die unternehmerischen Risiken zu begrenzen. Eine dieser Massnahmen ist das Überwälzen von Risiken auf einen Rückversicherer.

Die Leben-Rückversicherung übernimmt verschiedene Funktionen:
– Ausgleich des versicherungstechnischen Risikos
– Dienstleistung
– Finanzierung.

Die Zusammenarbeit der Direkt- und Rückversicherer erfolgt auf der Basis von Verträgen, deren versicherungstechnische und vertragsrechtliche Form je nach Bedarf variieren kann.

10.1 Funktionen

10.1.1 Entstehung der Rückversicherung

Zeugnisse über den Ursprung der Rückversicherung kommen aus Italien, der Wiege der Versicherung. Der erste überlieferte Rückversicherungsvertrag stammt aus dem 14. Jahrhundert und hatte das Transportrisiko auf hoher See zum Gegenstand. Der Begriff **Rückversicherung** wird jedoch erst im 15. Jahrhundert erwähnt.

Vor allem im Bereich der Transport- und Feuerversicherung müssen die Versicherer wegen der extrem schwankenden Schadenhäufigkeit und des hohen Verlustpotenzials im Schadenfall mit unausgeglichenen Geschäftsergebnissen rechnen. Das (Rück-) Versichern von Teilen des Direktgeschäftes kann einen Ausgleich der Resultate bewirken. In der Entstehungsphase der Rückversicherung übernahmen andere Versicherer und Tochtergesellschaften, die eigens dafür gegründet wurden, die Funktion des Rückversicherers.

Mangels geeigneter Möglichkeiten im heimischen Markt mussten sich die **Erstversicherer** auf der Suche nach Rückversicherungsschutz häufig ins Ausland orientieren. 1844 wurde in England der erste Leben-Rückversicherungsvertrag abgeschlossen. Die Rückversicherung hat den darauf zurückzuführenden internationalen Charakter bis heute beibehalten.

Beim Lebengeschäft sind die Ergebnisse, durch die speziellen Eigenschaften des Geschäftes bedingt, ausgeglichener als etwa im Transport- oder Feuergeschäft. Die Schadenwahrscheinlichkeiten schwanken weniger stark. Die heutige Leben-Rückversicherung hat mehrere Funktionen:

- Ausgleich des **versicherungstechnischen Risikos** (Zufalls-, Diagnose- und Prognoserisiko)
- **Dienstleistung** (Unterstützung in der EDV, Tarifierung spezieller Risiken)
- **Finanzierung** (Auf- und Ausbau der Geschäftstätigkeit).

Rückversicherung
Versicherung der Versicherer.

Erstversicherer
(Direktversicherer) Versicherer, der in einem direkten Verhältnis zum Versicherungsnehmer steht.

Versicherungstechnisches Risiko
Bei der Kalkulation der Prämien entstehende Unsicherheiten über die zu wählenden Annahmen.

10.1.2 Ausgleich des versicherungstechnischen Risikos

Neben dem normalen unternehmerischen Risiko übernimmt der Versicherer ein für seine Branche charakteristisches Risiko. Dieses wird versicherungstechnisches Risiko[1] genannt.

Die spezifische Tätigkeit des Versicherers besteht im finanziellen Risikoausgleich innerhalb des Kollektivs der Versicherten. In diesem Zusammenhang stellt die Unternehmung Überlegungen und Berechnungen aufgrund statistischer und mathematischer Prinzipien an (Wahrscheinlichkeitsrechnung, Extrapolation, Gesetz der grossen Zahl, Barwertrechnung für den Zins, Sterblichkeit [Mortalität] und Krankheitshäufigkeit bzw. Invalidität [Morbidität] usw.).

Durch Rückversichern gibt der Erstversicherer (auch Direktversicherer genannt) einen Teil seines versicherungstechnischen Risikos dem Rückversicherer ab. Mit anderen Worten **zediert der Zedent eine Zession an den Zessionar** und behält einen **Selbstbehalt**.

Als Rückversicherer können auch Erstversicherer tätig sein. Bei Bedarf kann der Rückversicherer wiederum Teile seines versicherungstechnischen Risikos **retrozedieren**.

Die versicherungstechnischen Risiken lassen sich unterteilen in:
- Zufallsrisiken
- Diagnoserisiken
- Prognoserisiken.

Zufallsrisiko

Warum 1997 in Luxor ein Terroranschlag auf eine Touristengruppe verübt wurde und damit überdurchschnittlich viele Leistungen aus Lebensversicherungen fällig wurden, lässt sich durch keine Regel erklären. Es war «Zufall» und völlig grundlos. Diese Arten von Risiken nennt man Zufallsrisiken. Das Zufallsrisiko kann verkleinert werden, indem
- eine grosse Anzahl von Fällen statistisch verarbeitet bzw. versichert wird (beim Selbsttragen durch den Erstversicherer),
- Sicherungsmassnahmen getroffen werden (vermeiden, vermindern, überwälzen).

Diagnoserisiko

In einer Sterblichkeitsstatistik ist z. B. ein Fehler entstanden: 20-jährige Personen werden in einer Statistik der Altersgruppe von 16- bis 20-Jährigen zugeordnet; die im 20. Altersjahr Gestorbenen werden in derselben Statistik der Altersgruppe von 21- bis 25-Jährigen zugeordnet. Solche Fehler werden als Diagnoserisiko bezeichnet.

In der Praxis kommen solche Fälle (bewusst oder unbewusst toleriert) immer wieder vor. Das völlige Ausschalten sämtlicher Diagnoserisiken wäre theoretisch denkbar. Infolge unverhältnismässig grosser Kosten und der menschlichen Unvollkommenheit ist dies jedoch praktisch kaum durchführbar.

Prognoserisiko

Die Realität kann von den gemachten Annahmen trendmässig abweichen; die Prognose war falsch. Das Prognoserisiko lässt sich nur sehr bedingt einschränken:
- Wirtschaftliche Rezessionen und Krisen haben zur Folge, dass (oft ältere) Arbeitnehmer eher als dauerinvalid eingestuft werden.

Diagnoserisiko Erfassungsfehler oder darauf basierende Rechnungsfehler in statistischen Unterlagen.

zedieren Lateinisch «cedere»: weitergeben.

Selbstbehalt (auch Eigenbehalt, Plein, Priorität oder Maximum genannt): Beim Erstversicherer verbleibender Teil des Risikos.

retrozedieren Weitergeben von Risiken vom Rückversicherer an einen weiteren (Erst- oder Rück-) Versicherer.

Zufallsrisiko Störprozesse bewirken eine Zielabweichung, können aber nicht durch eine Regel erklärt oder begründet werden.

---

[1] Haller, Ackermann: Versicherungswirtschaft – kundenorientiert; Kap. 4, S. 24 f.

Grundlagen der Lebensversicherungstechnik

- Ein neues, kostengünstiges Therapieverfahren bei Krebs könnte eine markante und dauernd wirksame Lebensverlängerung von Rentnern bewirken.
- Die Immunschwächekrankheit AIDS[1] kann die Sterbewahrscheinlichkeit langfristig erhöhen.

> **Prognoserisiko**
> Die Abweichungen von den Erwartungen folgen einem Trend. Sie sind weder «zufällig» (Zufallsrisiko) noch durch Rechnungsfehler» (Diagnoserisiko) entstanden.

Da die Prämien in der Regel langfristig garantiert sind und solche Trendänderungen praktisch nicht vorhersagbar sind, gibt es zur Ausschaltung bzw. Reduktion des **Prognoserisikos** kaum Mittel und Wege. Abweichungen vom erwarteten Trend entstehen

- durch die Art der Risiken (Besteht eine Zu- oder Abnahme der Sterblichkeit bei unterschiedlichem Alter und Geschlecht usw?)
- durch die Grösse der Risiken (Liegen die Abweichungen noch innerhalb des Sicherheitszuschlages?)
- durch den Zeitpunkt des Eintrittes des versicherten Ereignisses.

> **Kapazität**
> Der Rückversicherer übernimmt Zessionen und erhöht damit die Zeichnungskapazität des Erstversicherers.

Mathematisch behilft man sich meist mit allgemeinen Sicherheitszuschlägen.

Während das Zufallsrisiko zufriedenstellend genau berechnet werden kann, genügt die Wahrscheinlichkeitsrechnung zur Bestimmung gewisser Diagnoserisiken und gewisser unvorhersehbarer Prognoserisiken nicht mehr. In diesen Fällen muss sowohl der Erst- als auch der Rückversicherer prophylaktisch im Voraus oder aus allgemeinen Gewinnen im Nachhinein die Rückstellungen erhöhen.

10.1.3 Bereitstellen von Kapazität

Der Rückversicherer übernimmt einen Teil der Risiken. Er stellt (Zeichnungs-)Kapazität zur Verfügung, und der Erstversicherer kann damit grössere Volumen an Risikodeckungen zeichnen.

Der Begriff **Kapazität** lässt sich im Zusammenhang mit einer einzelnen Police, einer ganzen Rückversicherungsgesellschaft, einem Rückversicherungskonzern oder einem ganzen Markt anwenden.

10.1.4 Dienstleistung

Rückversicherer stehen mit vielen Erstversicherungsgesellschaften in geschäftlicher Beziehung. Die internationale Tätigkeit gewährleistet einen geografischen Risikoausgleich; gleichzeitig wächst das Know-how. Die Rückversicherer kennen die neuesten Trends und haben einen breiten Überblick über das internationale Versicherungsgeschäft. Dieses Wissen geben sie als Dienstleistung weiter, sei es gegen Entgelt oder im Rahmen eines Rückversicherungsvertrages als Service. Zu diesen **Dienstleistungen** gehören:

- Tarifierung von erhöhten, speziellen Risiken
- Entwicklung von Tarifunterlagen
- Entwicklung von Produkten
- Informatikunterstützung
- Beratung beim Geschäftsaufbau und -ausbau.

---

[1] AIDS: Acquired Immune Deficiency Syndrome, schwere Störung des Immunsystems.

10.1.5 Finanzierung

Ein Versicherungsunternehmen benötigt eine bestimmte minimale Grösse, um den notwendigen Risikoausgleich gewährleisten zu können. Entsprechend dieser Grösse besteht ein hoher Kapitalbedarf. Dieser äussert sich vor allem auch während der Gründungs-, Aufbau- oder Ausbauphase, in der ein Unternehmen Tarife entwickeln und die Verwaltung sowie ein Vertriebsnetz aufbauen muss.

In der Lebensversicherung kommt hinzu, dass beim Versicherungsabschluss verhältnismässig grosse Abschlussvergütungen fällig werden. Die Vergütungen können ohne weiteres eine Jahresprämie übersteigen. Diese hohen Investitionen werden mit Eigen- oder Fremdkapital finanziert.

Die Rückversicherungsgesellschaft kann mit einem Rückversicherungsvertrag auch als Fremdkapitalgeber auftreten. Der Erstversicherer zediert einen Teil seiner Risiken dem Rückversicherer. Der Rückversicherer gibt dem Erstversicherer dafür eine (Rück-) Versicherungsprovision. Diese Provision entspricht einem Kredit. Der Erstversicherer zahlt den Kredit mit jenem Teil der Prämien zurück, der für die Provision einberechnet wurde.

10.2 Vertragsformen

Rückversicherungsverträge unterscheiden sich durch
- die versicherungstechnische Form und
- die vertragsrechtliche Form.

10.2.1 Versicherungstechnische Formen

Bei den versicherungstechnischen Formen von Rückversicherungsverträgen existieren zwei Systeme:
- Die Vertragsform auf Bruttobasis, mit den beiden Varianten ohne Rückstellungsdepot und mit Rückstellungsdepot
- Die Vertragsform auf Risikobasis.

Bruttobasis ohne Rückstellungsdepot
Alle Teile (Prämie, Schadenzahlungen) eines einzelnen Versicherungsvertrages werden proportional rückversichert.

Bruttobasis mit Rückstellungsdepot
Alle Teile werden auch proportional rückversichert. Die Sparprämie, und somit das Deckungskapital, belässt der Rückversicherer jedoch zinsbringend beim Erstversicherer.

Bruttobasis

Die Vertragsform Bruttobasis wird gelegentlich auch als «Original» bezeichnet, da ein proportionaler Anteil des ursprünglichen Versicherungsvertrages und somit auch der «Original»-Prämie rückversichert wird.

Die Variante auf **Bruttobasis ohne Rückstellungsdepot** bildet die Originalversion. Der Rückversicherer erhält bei dieser Vertragsform einen proportionalen Anteil der Sparprämie, die er in seiner Bilanz als Deckungskapital auszuweisen hat und die er in Kapitalanlagen zinsbringend zu investieren hat, bis das Deckungskapital oder Teile davon fällig werden. Er beteiligt sich somit auch an Erlebensfallleistungen und an Rückkäufen. Diese Art der Rückversicherung eignet sich, um Finanzierungsfunktionen zu erfüllen.

Dieses aufwändige, aber klar abgegrenzte Verfahren kann durch die Variante **Bruttobasis mit Rückstellungsdepot** etwas vereinfacht werden. Die Sparprämien sind nicht an den Rückversicherer zu überweisen, sondern sie verbleiben beim Erstversicherer, der sie jedoch, sozusagen im Auftrag des Rückversicherers, zinsbringend anlegt. Damit entfällt die Überweisung der Sparprämie bzw. des Deckungskapitals im Schaden- oder Rückkaufsfall. Dies ist dort zusätzlich von Vorteil, wo Geldüberweisungen über die Landesgrenzen hinweg erschwert oder sogar gesetzlich verboten sind.

Ob mit oder ohne Rückstellungsdepot auf Originalbasis rückversichert wird, kann aus

Leben-Rückversicherung

der Bilanz ersehen werden. Bei der Variante mit Rückstellungsdepot sollte in der Bilanz eine Aktivposition «Depots aus übernommenen Rückversicherungen» oder eine Passivposition «Depots aus abgegebenen Rückversicherungen» stehen. Fehlen solche Positionen, so ist dies ein Hinweis, aber noch kein Beweis, dass keine Rückversicherungsverhältnisse bestehen (was eher unwahrscheinlich ist) oder dass ausschliesslich die Variante ohne Rückstellungsdepot gewählt wurde. Allerdings können diese Depots auch unter anderen Positionen subsumiert sein und erscheinen dann in der Bilanz nicht als eigenständige Positionen. In diesem Zusammenhang wird häufig fälschlicherweise von einem Reservedepot gesprochen. Da es sich aber um Fremdkapital handelt, ist der Begriff Rückstellungsdepot korrekt.

Risikobasis

Ein Rückversicherungsvertrag kann durch die Variante der Rückversicherung auf Risikobasis wesentlich vereinfacht werden.
Die Sparprämien (und das Deckungskapital) sowie die «Original»-Kostenprämien bleiben beim Erstversicherer und sind nicht Bestandteil des Rückversicherungsvertrages. Der Rückversicherer erhält einen speziellen, unterproportionalen Anteil der Kostenprämien.

10.2.2 Vertragsrechtliche Formen

Die vertragsrechtliche Form von Rückversicherungverträgen legt fest, ob der Erstversicherer einen Teil dem Rückversicherer abgeben muss bzw. kann und ob der Rückversicherer einen Teil annehmen muss bzw. kann.

Obligatorischer Vertrag

Im Rahmen eines obligatorischen Rückversicherungsvertrages verpflichtet sich der Zedent, sämtliche Verträge eines vorher definierten Portefeuilles, die den vereinbarten Selbstbehalt des Erstversicherers übersteigen, rückzuversichern. Der Rückversicherer seinerseits muss diese Teile akzeptieren und haftet im Rahmen seiner vertraglich vereinbarten Maximalhaftung. Das Obligatorium gilt für beide Vertragspartner.

> **Risikobasis**
> Nur der Risikoteil wird proportional rückversichert.

Fakultativer Vertrag

Fakultative Verträge werden in der Regel nicht für ganze Portefeuilles abgeschlossen, sondern nur für gewisse Risikokategorien wie Spitzenrisiken mit extrem hohen Versicherungssummen oder Risiken mit erhöhter Sterblichkeit. Der Zedent ist

Vertragsrechtliche Rückversicherungsformen	
Erstversicherer (erstes Risiko) Zedent	Rückversicherer (zweites Risiko) Zessionar
Art der Zession	
obligatorisch fakultativ fakultativ	obligatorisch fakultativ obligatorisch

Abb. 10.2–1: Vertragsrechtliche Rückversicherungsformen

frei, Risiken, die unter eine vordefinierte Kategorie fallen, dem Rückversicherer zum Akzept anzubieten. Der Rückversicherer seinerseits ist frei, das Risiko zu akzeptieren oder abzulehnen. Bevor der Rückversicherer seine Entscheidung fällt, prüft er das angebotene Risiko eingehend. Zu diesem Zweck kann er medizinische Untersuchungsberichte der versicherten Person und Auskünfte hinsichtlich der finanziellen Lage des Versicherungsnehmers usw. verlangen.

Beide Vertragspartner sind frei, ob sie einen Teil des Risikos zedieren bzw. übernehmen wollen. Die fakultative Rückversicherung ist unentbehrlich, wenn die bestehenden obligatorischen Verträge für die Übernahme grosser Risiken nicht ausreichen.

Kombinierter Vertrag

Es gibt auch Rückversicherungsverträge, bei denen nur der eine Vertragspartner gebunden (obligatorisch) und der andere frei (fakultativ) ist. In der Praxis überwiegt bei den Mischformen der fakultativ-obligatorische Vertrag: Der Erstversicherer kann ein Risiko anbieten und der Rückversicherer muss dieses dann akzeptieren.

Spezial

Leben-Rückversicherung

Aktuelle Probleme der Leben-Rückversicherung

Wie in anderen Wirtschaftszweigen entwickelt sich die Versicherungswirtschaft und damit auch die Rückversicherung rasant. Zwar hat sich an den schon Anfang des 20. Jahrhunderts angewandten Rückversicherungsformen nicht viel geändert; die Inhalte der Rückversicherung wandeln sich jedoch kontinuierlich.

Neue Risiken

Während früher das Todesfallrisiko und das Invaliditätsrisiko im Mittelpunkt des Interesses standen, liegt heute das Schwergewicht bei den Risiken einer zunehmend höheren Lebenserwartung der Bevölkerung.
Personen, die nicht an einem Herzinfarkt, an Krebs oder einer anderen schweren Krankheit sterben, werden im Alter vielleicht zu Pflegefällen. In vielen Ländern haben deshalb Erstversicherer, zum Teil mit erheblicher Unterstützung durch die Rückversicherer, neue Produkte entwickelt, die den Versicherten in einem solchen Fall vor dem finanziellen Ruin schützen sollen, z. B. durch vorzeitige Auszahlung von Todesfallsummen bei Ausbruch einer «dread disease»[1] oder eine Zahlung einer Rente bei Eintritt der Pflegebedürftigkeit.
Die Immunschwächekrankheit AIDS hat sich wesentlich geringer als befürchtet auf den Versichertenbestand und damit auf die Schadenbelastung ausgewirkt.
Mittelfristig könnten neue Probleme auftauchen: Langzeitfolgen von erhöhter radioaktiver Strahlung (Tschernobyl-Unfall) oder von Giftstoffen in der Nahrung. Über die Auswirkungen von niedrigen Dosen während eines längeren Zeitraumes auf den Menschen bestehen sehr gegensätzliche Ansichten.
Unterschiedliche Meinungen gibt es auch im Zusammenhang mit gentechnisch veränderten Lebewesen. Der Beweis fehlt, dass solches Erbgut nicht ungewollt in andere Organismen gelangen kann und diese dann auf die Dauer unvorhergesehene Eigenschaften entwickeln.

Neue Ziele

Waren schon die traditionellen Finanzierungsverträge zur Bereitstellung von Kapital insbesondere auch ein Mittel zur Optimierung der Bilanzen von Direktversicherungsgesellschaften, so wird dieser Optimierungsgedanke heute zu einem zentralen Anliegen der Lebensversicherer. Rückversicherer arbeiten heute verstärkt an Finanzierungs-Rückversicherungskonzepten, die im Rahmen der gesetzlichen Bestimmungen die Steuerlast einer Zedentin reduzieren helfen, ihr Zugang zu attraktiven Kapitalmärkten verschaffen und anderes mehr.

Neues Umfeld

Vor dem Hintergrund politischer und wirtschaftlicher Veränderungen sehen sich die Rückversicherungen mit neuen Herausforderungen konfrontiert. Die Deregulierung des Direktgeschäftes in einem zunehmend liberalisierten europäischen Versicherungsmarkt, Konzentrationsprozesse im Rahmen von Gesellschaftsübernahmen und Fusionen, Konkursfälle auch

---

[1] «dread disease»: furchtbare, schwere Krankheit.

Leben-Rückversicherung

im traditionell profitablen Lebensversicherungsgeschäft und politische Umwälzungen in Osteuropa verfehlen ihre Wirkung auf die Rückversicherung nicht. In Westeuropa und Amerika wird der Konkurrenzkampf im Direktgeschäft immer härter. Als Folge davon handeln die Erstversicherer auch härtere Rückversicherungsverträge aus. Für die Rückversicherer bedeutet dies unter anderem eine tendenzielle Verschlechterung ihrer Margen. Langfristige Bindungen zwischen Erstversicherer und Rückversicherer werden durch den wachsenden Wettbewerbsdruck aufgeweicht. Der Rückversicherer ist mehr denn je gefordert, sich durch innovative Produkte-Ideen und mit einem kostengünstigen, qualitativ einwandfreien Service zu profilieren.

In den osteuropäischen Ländern steckt die Erstversicherung noch in den Anfängen. Sowohl der Rückversicherungs-Risikoschutz wie auch die Mithilfe von Rückversicherern beim Aufbau eines funktionsfähigen Versicherungswesens sind gefragt.

Teil 3 Einzellebensversicherung

Einzellebensversicherung

11 Absatzkanäle und Verkauf

Die Bedeutung des Aussendienstes für das Image der Gesellschaft und als Absatzkanal ist nach wie vor gross. Wohl konnten in den vergangenen Jahren oft gleichzeitig mit Produktelancierungen zahlreiche neuartige Vertriebsformen eigene Marktanteile gewinnen. Die Wahl des Absatzkanales ist jedoch stark vom Produkt abhängig: Während sich einzelne Produkte ohne weiteres über das Telefon oder Internet verkaufen lassen, erfolgen für andere die Vertragsabschlüsse erst nach intensiven persönlichen Beratungen. Besonders im Finanz- und Vorsorgebereich werden deshalb die Anforderungen an die Ausbildung von Fachpersonen weiter steigen.

11.1 Absatzkanäle

11.1.1 Aussendienst

Der exklusive, für eine einzige Gesellschaft tätige Aussendienst ist heute in der Schweiz nach wie vor ein wichtiger Absatzkanal für Lebensversicherungen. Repräsentative Umfragen zeigen, dass rund ⅔ der erwachsenen Schweizerinnen und Schweizer den Beizug eines Beraters einer Versicherungsgesellschaft als den besten Weg für den Abschluss einer Versicherung betrachten.

Höhere Anforderungen

An den Aussendienst, dem Bindeglied zwischen der Versicherungsgesellschaft und den Kunden, werden in Zukunft aus verschiedenen Gründen höhere Anforderungen gestellt.

Trotz des Alleinganges der Schweiz wird der schweizerische Versicherungsmarkt unter dem Einfluss der EU immer stärker dereguliert. Dies ergibt eine viel grössere Produktevielfalt und damit eine erschwerte Vergleichbarkeit für den Kunden. Die relativen Steuervorteile der Lebensversicherer, vor allem gegenüber den Banken, gehen verloren. Dies bewirkt einen noch stärkeren Einstieg der Banken und anderer Substitutionskonkurrenten ins Lebensversicherungsgeschäft und umgekehrt und damit einen wesentlich schärferen Preis- und Renditewettbewerb mit starkem Druck auf die Margen. In diesem harten, deregulierten Markt werden sich nur jene Versicherungsberater behaupten, bei denen aus Sicht des Kunden die Qualität ihrer Beratung und ihrer Betreuung den Preis auch wert ist. Dabei werden die Kunden immer kritischer und anspruchsvoller. Manchmal verlangen sie hoch stehende und individuelle Problemlösungen und kaufen daneben auch standardisierte Produkte zum bestmöglichen Preis-Leistungs-Verhältnis «von der Stange».

Mit der zunehmenden Konkurrenz und Sättigung des privaten und kollektiven Vorsorgemarktes wird neben der Neuakquisition die Pflege bestehender Kunden immer wichtiger. Dabei wird der Aussendienst vermehrt durch Methoden des Direct-Marketing unterstützt, ergänzt, aber auch konkurrenziert. Zusätzliche Konkurrenz erwächst den Aussendienstmitarbeitern durch spezialisierte Berater im Finanzmarkt und im Bereich der kollektiven Vorsorge. Dabei muss der Aussendienstmitarbeiter seine wertvolle Zeit immer gezielter auf jene Kundengruppen ausrichten, bei denen sich sein Einsatz unter den Ertragsaspekten am meisten lohnt. Höhere Anforderungen ergeben sich auch aus dem Einsatz der Informatik zur Produktivitäts- sowie Qualitätssteigerung im Verkauf. Dies gilt für die Adressbeschaffung, Besuchsvorbereitung, Beratung, Betreuung und für die Leistungserbringung. Die Bewältigung all dieser Systeme durch die Aussendienstmitarbeiter stellt eine nicht zu unterschätzende Aufgabe dar.

Verbesserte Selektion

Die Qualität der Dienstleistungen, die den Kunden erbracht werden, hängt direkt mit der Qualifikation und Einsatzbereitschaft der involvierten Berater zusammen. Deshalb investieren verschiedene Gesellschaften schon seit einiger Zeit systematisch in die Ausbildung ihrer Aussendienstmitarbeiter und in das ganze Vertriebssystem. Dies gilt sowohl für die einzelnen Berater wie auch für die Kader im Aussendienst.

Die Basis für einen guten Aussendienst wird mit der Rekrutierung der richtigen Mitarbeiter gelegt. Da die bisherige Rekrutierungspraxis durch die Generalagenten stark von subjektiven und gefühlsmässigen Elementen geprägt war, haben einzelne Versicherer objektivere Selektionsverfahren für die Auswahl der bestgeeigneten Aussendienstmitarbeiter und -kader eingeführt.

Zuerst müssen die Anforderungskriterien ermittelt und klar definiert werden. Beispiele für Selektionsmethoden sind das **strukturierte Interview** und das **Assessment Center** (AC).

Voraussetzung für den erfolgreichen Einsatz geeigneter Selektionsverfahren ist das Anpassen der Verfahren an die spezifischen Bedürfnisse der eigenen Gesellschaft und eine sorgfältige Aus- und Weiterbildung sämtlicher beteiligten Personen.

Gezielte Ausbildung

Einen wesentlichen Beitrag zur besseren Qualität und Weiterentwicklung der einzelnen Aussendienstmitarbeiter stellen die Grund- und Spezialausbildung sowie die permanente Weiterbildung dar.

Mit der Grundausbildung muss die Basis für eine erfolgreiche Beratertätigkeit in einer immer komplexeren Umwelt gelegt werden. Wichtig ist dabei, dass sie von allem Anfang an auf die Bedürfnisse der Kunden ausgerichtet und damit praxisbezogen gestaltet ist. Eine zentrale Bedeutung erhält die Ausbildung im Bereich der Persönlichkeitsentwicklung und der sozialen Kompetenzen. Alle Ausbildungsstufen werden immer mehr mit Computerlernprogrammen unterstützt und attraktiver gestaltet (Computer Based Training, Lehrgänge über Internet). Mittels Tests ist sicherzustellen, dass das gewünschte Niveau von den Teilnehmern auch erreicht wird. Die Lebensversicherer können es sich nicht leisten, Kunden durch ungenügend oder schlecht ausgebildete Berater zu verlieren oder gar nicht erst zu gewinnen.

Da der Markt vermehrt differenziert bearbeitet werden muss und der gesamte Stoff auf einmal nicht zu bewältigen wäre, werden die einzelnen Mitarbeiter in einer Spezialausbildung mit modulartig aufgebauten Programmen auf ihr spezifisches Einsatzgebiet vorbereitet.

Eine kontinuierliche Weiterbildung sorgt dafür, dass der Aussendienst mit den aktuellen wirtschaftlichen und gesellschaftlichen Veränderungen Schritt halten kann. Das Coaching on the Job ermöglicht eine optimale individuelle Entwicklung.

Für die Weiterbildung in der Versicherungsbranche oder allgemein im Finanzsektor bietet sich das modulare Berufsqualifikationssystem der BFV (Schweizerische Trägerschaft für Berufs- und Höhere Fachprüfungen in

---

Strukturiertes Interview
Zu jedem Anforderungskriterium werden kurze, offene Fragen gestellt.

Assessment Center
Im Assessment Center zeigt ein Bewerber durch sein Tun und Handeln, ob er den Anforderungskriterien entspricht.

Einzellebensversicherung

Bank, Versicherung und Finanzplanung) an. Wer sich gründliche theoretische und praktische Kenntnisse erworben hat, kann den eidgenössischen Fachausweis oder das eidgenössische Diplom erwerben. Dieses von Bankern, Versicherern und Finanzplanern aufgebaute modulare Prüfungssystem erlaubt eine flexible Weiterbildung, unabhängig davon, ob sich jemand auf den Fachausweis bzw. das Diplom vorbereiten will oder sich nach individuellen Bedürfnissen weiterbilden möchte.

Verkaufsunterstützung

Auch mit der besten Ausbildung ist der Aussendienst immer mehr auf die unmittelbare Unterstützung durch die Gesellschaft angewiesen. Dazu gehören Massnahmen im Bereich der Werbung und Public Relations, die durch die Steigerung des Bekanntheitsgrades, die Imageverbesserung einer Gesellschaft sowie die Darstellung des Nutzens ihrer Dienstleistungen eine Türöffnerfunktion spielen und damit die Chancen des Aussendienstes verbessern, bei potenziellen Kunden einen Beratungstermin vereinbaren zu können.

Bereits wesentlich konkreter ist die Unterstützung durch die Verkaufsförderungsmassnahmen, welche sich neben den Verkäufern auch auf Vermittler sowie Kunden ausrichten. Als Beispiele seien hier erwähnt: Argumentarien, **Sales Folder**, Videofilme, Zeigeblätter, Dokumentationen, Wettbewerbe, Kundenzeitschriften, Tagungen, Seminare.

Eine direkte Unterstützung erhält der Aussendienst durch so genannte **Leads**. Diese Leads werden durch Direct-Marketing-Massnahmen beschafft und möglichst auf elektronischem Weg dem zuständigen Berater zugestellt. Dieser wird dadurch bei der Adressauswahl entlastet und bekommt zudem bessere Chancen für einen Gesprächstermin. Möglich ist auch, den Aussendienst durch telefonische Terminakquisition zusätzlich zu unterstützen.

Die Direct-Marketing-Unterstützung betrifft zudem vermehrt auch die Bestandesbetreuung, bei der periodische Informationen über Aktualitäten, neue Angebote usw. oder die Möglichkeiten kleinerer Anpassungen direkt durch die Gesellschaft vorgenommen werden. Der Aussendienst kann damit seine kostbare Zeit auf die eigentlichen Beratungs- und Verkaufsaktivitäten konzentrieren.

Bereits erwähnt wurde die umfassende Informatikunterstützung. Sie reicht von Abfrage- und Kundeninformationssystemen zur Besuchsvorbereitung und Bestandesbearbeitung über EDV-gestützte Beratungen und Berechnungen zu eigentlichen Optimierungs-, Offert- sowie Kundenpflegesystemen bis zur differenzierten Betreuung der Kundenbestände. Der gezielte und koordinierte Informatikeinsatz zugunsten des Aussendienstes ist eines der entscheidenden Elemente zur Qualitäts- und Produktivitätssteigerung im Verkauf.

Entschädigung

Wichtig für die Motivation und Führung des Aussendienstes, aber auch für die Konkurrenzfähigkeit einer Gesellschaft ist das Entschädigungssystem. Dabei spielen immer mehr die Fragen der Gewichtung der Abschluss- und Betreuungsvergütungen, der Portefeuillequalität, der Stornofristen, der Entschädigung nach Verkaufsaufwand und dem Deckungsbeitrag an die Fixkosten, der Beratung gegen Honorar sowie der finanziellen Beteiligung an den Unterstützungsmassnahmen der Gesellschaft eine wichtige Rolle. Die verschiedentlich angesprochene Verstärkung des Konkurrenzdruckes führt dazu, dass für den gleichen Abschluss weniger Vergütungen

---

Sales Folder
Prospekte, Broschüren, die für die Generalagenturen Informationen über Werbemassnahmen der Unternehmung enthalten.

Leads
Adressen von Personen, die für ein bestimmtes Vorsorgethema ein spezifisches Interesse angemeldet haben.

bezahlt werden können bzw. neue, renditestarke Produkte tiefer provisioniert werden müssen. Dies hat jedoch im Einklang zu den aufgeführten Unterstützungs- und Schulungsmassnahmen zu stehen, mit deren Hilfe die Anzahl und die Höhe der getätigten Abschlüsse pro Zeiteinheit entsprechend gesteigert werden können.

Führung

Der Führung des Aussendienstes kommt eine grosse Bedeutung zu. Sie erfordert klare, messbare Ziele und einen regelmässigen Soll-Ist-Vergleich mit den daraus resultierenden Förderungsmassnahmen. Diese Art Führung ist weniger im Sinne der Kontrolle als in der gemeinsamen Förderung und Verbesserung des Geschäftes zu sehen. Sie steht und fällt mit den verfügbaren Führungsdaten bezüglich Marktpotenzial, Marktausschöpfung und -durchdringung, ertragsorientierten Kennziffern auf den verschiedensten Stufen des Aussendienstes, der Entwicklung einzelner Marktsegmente, Teilbeständen, Stornoraten, Ausbauten, Cross-Selling-Abschlüssen, Reinvestitionen von Leistungen usw. Dies setzt den gezielten Aufbau von Führungsinformationssystemen voraus.

Bedeutung zufriedener Kunden

Eine gute Quelle für zusätzliche Kontakte stellen zufriedene Kunden dar, die ihren Berater im Bekanntenkreis weiter empfehlen. Studien zeigen, dass eine Empfehlung aus dem engeren Bekanntenkreis weit wirksamer ist als Werbe-, Verkaufsförderungs- oder PR-Massnahmen. Die Wirkung derartiger Empfehlungen ist deshalb so stark, weil ein zufriedener Kunde die Dienstleistung seines Beraters selbst erfahren hat. Einen schlechten Berater empfiehlt niemand weiter.

11.1.2 Vermittler

Interne Verkaufsunterstützung und Cross-Selling

Viele wichtige Kundenkontakte für Abschlüsse im Rahmen der Lebensversicherung entstehen durch bestehende Kundenbeziehungen im Nichtlebenbereich. Die Deregulierung des Versicherungsmarktes und die Kundensegmentierung im Versicherungs- und Bankenwesen führten zu neuen Produktelancierungen, sie erhöhen die Aktivitäten im Allfinanzbereich und verstärkten den Wettbewerb. Durch Vergleiche in den Medien sind die Kunden gut informiert und stellen hohe Ansprüche an die Beratungskompetenz des Aussendienstes und der Vermittler. In diesem Umfeld ist eine umfassende Gesamtberatung durch eine einzelne Person oft nicht mehr möglich. Für die Beratung und den Verkauf von Lebensversicherungen arbeiten Aussendienstmitarbeitende im Nichtlebenbereich mit firmeneigenen Spezialisten oder Kooperationspartnern zusammen. Teilweise werden den Beratern als Verkaufsunterstützung die Dienste von internen Kompetenzzentren zur Verfügung gestellt. Bestehen in einer Gesellschaft unterschiedliche Verkaufsorganisationen, die sich gegenseitig mit Kundenkontakten unterstützen, spricht man von einem systematischen Cross-Selling.

Nebenberufliche Vermittler

Die Kategorie der nebenberuflichen Vermittler ist sehr heterogen zusammengesetzt. Es handelt sich dabei um Anlageberater, Vermögensverwalter, Steuerberater, Treuhänder, Anwälte, Architekten, Liegenschaftsverwalter usw. Durch ihre Berufstätigkeit haben diese Vermittler Kontakte zu Personen, die aufgrund ihres Einkommens, Vermögens, ihrer geschäftlichen Tätigkeit, ihrem Liegenschaftsbesitz usw.

einen Vorsorgebedarf aufweisen. Durch die Zusammenarbeit mit einem spezialisierten Lebensversicherungsberater können diese Vermittler zusätzliche Einkünfte erzielen.

Mehrfachagenten

Mehrfachagenten unterscheiden sich vom exklusiven eigenen Aussendienst, indem sie mit mehreren Lebensversicherungsgesellschaften zusammenarbeiten. Häufig handelt es sich um ehemalige Aussendienstmitarbeiter, die sich aus dem Exklusivvertrag gelöst und Agenturverträge mit mehreren Versicherern abgeschlossen haben, um damit ihr Produkteangebot entsprechend zu verbreitern. Im Normalfall leben diese Vermittler ausschliesslich von Provisionen (keine fixen Bezüge wie beim exklusiven Aussendienst).

Einen Spezialfall stellen Versicherungstreuhänder, Versicherungszentren und Strukturvertriebs-Organisationen dar. Diese meist grösseren Gebilde betreiben ein professionelles Marketing und bieten oft neben Versicherungsprodukten auch reine Finanzdienstleistungen an. Auch sie stehen in einem Agenturvertragsverhältnis mit mehreren Versicherungsgesellschaften.

Makler

Im Gegensatz zu den bisher genannten Vermittlerkategorien arbeiten Versicherungsmakler aufgrund eines Maklervertrages mit ihren Kunden zusammen. Sie handeln also im Auftrag ihrer Kunden und unterliegen in einzelnen Ländern strengen Qualitätsvorschriften (Best Advice in Grossbritannien, → S. 147).

Die grossen, international tätigen Maklerorganisationen sind stark im internationalen Unternehmungsgeschäft verwurzelt, drängen aber vermehrt ins Segment der mittelgrossen Unternehmen und vermögenden Privatkunden. Sie verfügen über Spezialisten für die verschiedensten Versicherungsbranchen und Dienstleistungen.

Mittlere und kleinere, häufig national oder regional tätige Maklerbüros richten sich vor allem auf Mittel- und Kleinbetriebe aus, arbeiten aber auch für finanziell starke Privatkunden. Oft dringen Makler in direkte Beziehungen zwischen Versicherungsgesellschaften und Kunden mit dem Angebot ein, für den Kunden bessere Konditionen auszuhandeln.

Eine erfolgreiche Zusammenarbeit mit Maklern bedingt auf Versichererseite fachlich kompetente Spezialisten, flexible Systeme und vor allem eine auf das Maklergeschäft ausgerichtete Denkweise. Der Makler erwartet vom Versicherer einen hohen Grad an Bonität und Solvenz, ein günstiges Preis-Leistungs-Verhältnis, flexible Produkte, einen kundenfreundlichen Service und eine rasche, einwandfreie Leistungserbringung. Dies umfasst auch die Unterstützung mit Software, E-Commerce (Internet-Lösungen), Schulung sowie Direct-Marketing-Massnahmen für die Kundenbearbeitung. Gerade in diesen Bereichen versuchen sich einzelne Versicherer zu profilieren, um einen möglichst hohen Anteil des Maklergeschäftes zu erhalten.

Der Anteil der Makler am Gesamtgeschäft hat in den letzten Jahren stets zugenommen, weil mit der Deregulierung und der Allfinanz vielfältigere und für den Kunden weniger überblickbare und schwerer vergleichbare Vorsorge- und Finanzprodukte entstanden sind. Mit der damit abnehmenden Transparenz und der fachlichen sowie zeitlichen Überforderung sinkt die Motivation der Kunden für eigene Abklärungen und erhöht das Bedürfnis, sich durch einen unabhängigen, professionellen Makler die bestmögliche Lösung aus dem breiten Angebot heraussuchen zu lassen.

Spezial

Best Advice

Konzept

Auf der Basis des Financial Services Act von 1986 wurden in Grossbritannien Regeln eingeführt, um den Verkauf und das Marketing von Anlageprodukten, zu denen die meisten Formen der Lebensversicherung und der Altersvorsorge gehören, zu regulieren. Das Ziel ist, dem Kunden nur Produkte zu verkaufen, die seinen Bedürfnissen entsprechen. Daraus ergeben sich die folgenden Anforderungen an die Beratung durch Exklusivagenten (tied agents):
– Wahl der richtigen Produkteart (Risikoschutz, Sparen oder Anlegen)
– Bestimmen der bedarfsgerechten Dauer
– Festlegen der angemessenen Höhe der Versicherungssumme oder der Prämie
– Berücksichtigen der finanziellen Leistungsfähigkeit des Kunden
– Festlegen der höchsten Priorität (aus einer Bedarfsreihe, sofern sich der Kunde finanziell nicht alles leisten kann)
– Berücksichtigen der Risikobereitschaft des Kunden (eher konservativ oder spekulativ)
– Auswählen des besten unter alternativen Produkten, die in Frage kommen.

Zusätzlich zu diesen Kriterien müssen die unabhängigen Finanzberater (independant financial adviser) noch sicherstellen, dass das Produkt von der bestgeeigneten Gesellschaft stammt. Dabei gelten die Punkte:
– Kostenstruktur und -höhe
– Bedingungen für einen vorzeitigen Rückkauf
– bisherige Anlageergebnisse
– finanzielle Stärke
– Beratungs- und Servicequalität
– Effizienz in der Administration.

Praktische Durchführung

Um den Anforderungen des Best Advice zu genügen, muss ein Berater seinen Kunden sehr gut kennen. Die Regeln verlangen, dass ein Verkäufer zuerst eine detaillierte Analyse der finanziellen Ausgangslage und Bedürfnisse eines Kunden durchführen muss, bevor er bezüglich eines bestimmten Produktes Empfehlungen machen darf. Dies bedingt den Einsatz von Analyseformularen oder entsprechender Software.

Die abgeschlossene Analyse wie auch die schriftliche Empfehlung müssen vom Kunden unterschrieben werden, um die Richtigkeit der dem Berater gegebenen Informationen zu bestätigen und zum Ausdruck zu bringen, ob er der Empfehlung des Beraters folgen will oder nicht.

Die Gesellschaften kontrollieren die Aktivitäten ihres Aussendienstes sehr streng. Einzelne Gesellschaften machen Stichproben, andere führen Vollerhebungen der genannten Unterlagen durch.

Die Aufsichtsbehörde (LAUTRO) führt regelmässige Kontrollen durch, und sie kann strenge Strafen sowie hohe Bussen aussprechen.

11.1.3 Banken

Das Gesetz über die berufliche Vorsorge und die Verordnung über die gebundene Vorsorge schufen für die Banken seit 1985 die Voraussetzungen, direkt die Tätigkeit im Lebensversicherungsgeschäft aufzunehmen. ==Die Trennung zwischen Spar- und Risikoteil (so genanntes Unbundling)== sowie Steuervorteile für das Banksparen erleichterten den Einstieg der Banken.

Interessant am Engagement der Banken sind die unterschiedlichen Lösungen, die gewählt werden: Konzentrationsbewegungen innerhalb der Bankenszene einerseits, Zusammenschlüsse und Kooperationen mit Versicherungsgesellschaften andererseits öffnen neue Absatzkanäle.

11.1.4 Allfinanz

Grosses Wachstumspotenzial

Der höhere Wissensstand im Zusammenhang mit neuen Kapitalanlageformen und Massnahmen zur Steueroptimierung sowie der steigende Wohlstand vieler Kunden bewirkten einen zunehmenden Bedarf nach einer optimalen Beratung im Bereich der beruflichen und privaten Vorsorge. Für den Vorsorgemarkt war ein kräftiges Wachstum vorauszusehen.

Die Bearbeitung dieses Marktes erfolgte unterschiedlich. Zahlreiche Banken betrieben in den vergangenen Jahren eine Kundensegmentierung und schufen das «Private Banking» für grössere Vermögen. Als Folge mussten etliche Bankkunden einen Abbau der Dienstleistungsqualität hinnehmen. Personen mit durchschnittlichen Vermögensverhältnissen zeigten deshalb ein vermehrtes Interesse an den Allfinanzprodukten der Versicherer.

Die Anbieter von Vorsorgeprodukten sind heute mehr denn je gefordert: Ihre Kunden sind kritischer und anspruchsvoller, und sie verlangen ein möglichst gutes Preis-Leistungs-Verhältnis oder individuell ausgearbeitete Problemlösungen mit hohen Erwartungen an die Beratungs- und Servicequalität.

Der Wettbewerb innerhalb der Bankbranche und in der Assekuranz führte zu Überlegungen, bestehende Vertriebskanäle besser auszuschöpfen, neue Kunden anzusprechen und die Kundenbindung durch eine breitere Angebotspalette zu vertiefen.

Die veränderten Rahmenbedingungen in Europa ermöglichten den Erwerb von Beteiligungen zwischen Banken und Versicherungen bzw. den Aufbau von Versicherungs-Tochtergesellschaften durch die Banken. Die parallel dazu verlaufende Deregulierung und Öffnung der Märkte förderte Übernahmen und Fusionen im Finanz- und Vorsorgemarkt. Die Liberalisierung der Aufsicht erweiterte den Spielraum für die Allfinanz entscheidend.

Die Aktivitäten im Allfinanzbereich wurden zudem durch die Entwicklung der Informations- und Kommunikationstechnologie begünstigt. Der moderne Informatikeinsatz reicht heute von der Administration über die Produktentwicklung bis zur Verkaufsunterstützung. Der Computer ermöglicht es, erweiterte Dienstleistungen rasch zu erbringen und neue Vertriebskanäle kostengünstig aufzubauen.

Ziele, Chancen und Gefahren

Die zentrale Grundidee von Allfinanz besteht darin, mit einer branchenübergreifenden Ausweitung der Angebotspalette neue Wachstums- und Ertragsquellen zu erschliessen.

Hier stellt sich aber die Frage, ob der Kunde wirklich bereit ist, seine gesamten Finanz- und Vorsorgeangelegenheiten einer einzigen Institution anzuvertrauen. In Finanz- und Versicherungsfragen schafft nicht die Generalisierung, sondern die Fachkompe-

Absatzkanäle und Verkauf

tenz, die Servicequalität und das Eingehen auf die spezifischen Kundenbedürfnisse eine bessere Kundenloyalität. Auch darf nicht vergessen werden, dass sich die Bank- und Versicherungsdienstleistungen in weiten Bereichen überschneiden. Eine branchenübergreifende Ausdehnung der Tätigkeit beinhaltet deshalb immer die Gefahr einer kosten- und ertragsmässig unerwünschten «Kannibalisierung» des traditionellen Geschäftes. Der Verkauf von Allfinanzprodukten ist deshalb nur dann sinnvoll, wenn dem Kunden auf Produkt-, Preis- oder Dienstleistungsebene etwas Besseres angeboten wird als bisher. Für den Kunden muss also ein Zusatznutzen entstehen, sei es beim Preis-Leistungs-Verhältnis, in Form von mehr **Convenience** oder einer umfassenderen Lösung für eine komplexe Problemstellung.

Die bedeutet, dass dem Kunden die Dienstleistung rascher, an einem näher gelegenen Ort (oder dort, wo er ohnehin hingeht), auf für ihn bequeme Art (z. B. mündlich statt schriftlich) oder vielleicht auch nur besser verständlich (z. B. mit Grafiken dargestellt) erbracht wird.

Ein zweites Ziel der Allfinanz ist das gegenseitige Erschliessen von Verkaufskanälen. Damit sollen die hohe Kontaktfrequenz der Bankfilialen sowie die grosse Mobilität und die zeitliche Verfügbarkeit der Versicherungsberater wechselseitig genutzt werden. Dieser auf den ersten Blick bestechenden Vertriebsidee sind allerdings vom fachlichen Know-how her klare Grenzen gesetzt. Trotz aller technischen Hilfsmittel dürfte es kaum gelingen, eine umfassende Palette von Versicherungs- und Bankdienstleistungen durch einen einzigen Berater allein und kompetent abzudecken. Die Gefahr einer Überforderung ist gross, weshalb auch in Zukunft je nach Kundensegment ein relativ hoher Spezialisierungsgrad nötig sein wird.

> **Convenience**
> Bequemlichkeit, Annehmlichkeit oder Vorteil.

Als weiteres Argument für Allfinanz wird heute im härter gewordenen Umfeld das Erzielen von Synergieeffekten und Kostenvorteilen hervorgehoben.

Im Bereich des Anlagemanagements, der Datenverarbeitung und des Marketing bestehen zweifellos Chancen. So lassen sich z. B. bestehende Betriebsstrukturen besser auslasten, womit eine erwünschte Reduktion der Fixkostenbelastung erzielt wird. Datenschutz, das Bankgeheimnis und die Vertraulichkeit im Versicherungsbereich setzen jedoch enge Grenzen.

Einzellebensversicherung

Spezial

Der Weg zum umfassenden Allfinanzangebot

Während bis vor wenigen Jahren das Geschäft von Versicherungen und Banken klar voneinander abgegerenzt war, vermischen sich die beiden Branchen heute zunehmend. Um eine umfassende Allfinanzberatung anbieten zu können und die entsprechenden Produkte auch selber zu verkaufen, suchen sowohl Banken als auch Versicherungsgesellschaften neue Wege im Marketingbereich.

Tochtergesellschaften

Die Banken haben zuerst damit begonnen, eigene Versicherungs-Tochtergesellschaften zu gründen. Einige Versicherer gehen jetzt den umgekehrten Weg und kaufen oder gründen Banken. Damit dieser Aufbau erfolgreich ist, sind ausreichende finanzielle Mittel und spezifisches Know-how entscheidend. Infolge der hohen Anfangsinvestitionen und Ausbildungskosten dauert es im Vergleich zu einer Kooperation länger, bis ein angemessener Return on Investment erreicht wird. Die Muttergesellschaft hat dafür jedoch einen breiteren Handlungsspielraum und kann ihre eigene Unternehmenskultur sowie ihre Vorstellungen bezüglich der Kundenbearbeitung in ihre Tochtergesellschaft einbringen.

Um ihren Kunden eine umfassende Beratung bieten zu können, beschäftigen die Banken heute auch ausgewiesene Versicherungsspezialisten.

11.1.5 Direktverkauf

Im Rahmen des Direktverkaufs können sowohl eigene Kundengruppen als auch Drittpersonen gezielt angesprochen werden. Dabei richtet sich der Direktverkauf eher an preissensible Kunden, denen ein einfaches, rasch und leicht verständliches und vom Preis-Leistungs-Verhältnis her attraktives Produkt angeboten wird.

Abgrenzung

Im Gegensatz zum umfassenderen Begriff Direct-Marketing, das ein responseorientiertes Marketing darstellt, beinhaltet der Direktverkauf den direkten Absatz von Lebensversicherungsprodukten auf schriftlichem und/oder telefonischem Weg von der Gesellschaft zum Kunden. Direct-Marketing kann also auch die Unterstützung des Aussendienstes oder Kollektivspezialisten mit Leads beinhalten, während der Direktverkauf einen zusätzlichen, ergänzenden Absatzkanal zum Aussendienst oder andern bestehenden Vertriebskanälen darstellt.

Entwicklung

In der Schweiz wird der Direktverkauf von Lebensversicherungen bereits von einigen Gesellschaften betrieben. Mit der zunehmenden Deregulierung und Polarisierung der Angebote im Markt und der damit verbundenen Preis- und Renditesensibilisierung der Kunden nimmt der Anteil des Direktverkaufs via Telefon, Call Centers oder Internet zu.

Vor- und Nachteile

Erhebliche Probleme entstehen bei deutlichen Preisdifferenzen zwischen den einzelnen Absatzkanälen. So kann den Kunden ein Produkt kaum unter demselben Namen zu deutlich unterschiedlichen Preisen verkauft werden. Die richtige Positionierung und Abgrenzung der einzelnen Vertriebskanäle und die damit verbundene zielgruppenspezifische Differenzierung des Angebotes ist deshalb sorgfältig und konsequent vorzunehmen. Dabei muss man sich den künftig stark veränderten Vorsorge- und Finanzmarkt vor Augen halten. Neben diesen marketingspezifischen Voraussetzungen bedingt ein erfolgreicher Direktverkauf viel Know-how.

> **Responseorientiertes Marketing**
> Auf Kundenreaktionen basierendes Marketing (z. B. Talon in der Presse).

Die Vorteile des Direktverkaufs liegen in
- der vergleichsweise raschen Erschliessung neuer Teilmärkte
- der grossen Zielgruppengenauigkeit
- den bezüglich Erfolg leicht messbaren Marketingmassnahmen
- den langfristigen Kostenvorteilen dieses Vertriebskanals
- der damit verbundenen Steigerung des Bekanntheitsgrades
- der Kontrolle über den eigenen Absatzkanal

Dem stehen als Nachteile gegenüber
- die relativ hohen Anfangsinvestitionen
- das Konfliktpotenzial mit dem eigenen Aussendienst und den Maklern
- die Beschränkung der Zielgruppen und der Angebotspalette

Einzellebensversicherung

Spezial

Der Schweizer Markt und Europa

Wenn sich der Versicherungsmarkt weiter liberalisiert, werden in der Schweiz vermehrt ausländische Versicherer als Konkurrenten auftreten. Diese könnten versuchen, durch tiefere Prämien oder höhere Überschussangebote Marktanteile zu gewinnen. Kapitalanlagen im Ausland erzielen in der Regel höhere Erträge. Eine Harmonisierung des Steuerrechts zwischen den Einzelstaaten würde die Konkurrenz noch zusätzlich verschärfen. Solcher Konkurrenz kann nur ein in jeder Beziehung qualitativ hochstehendes Produkt entgegenwirken. Dazu gehören
- günstige und verständliche Versicherungsbedingungen
- gut fundierte Beratung vor dem Abschluss
- aufmerksame Betreuung während der Vertragsdauer
- kostengünstige Verwaltung
- rasche und konziliante Erledigung im Schadenfall.

Andererseits kann sich durch die Öffnung des Marktes ein interessantes Tätigkeitsgebiet in den umliegenden Ländern und im gesamten Europa ergeben. Für beide Fälle gilt es, die gesetzlichen Bestimmungen in den einzelnen Ländern und die vertraglichen Vereinbarungen zwischen diesen selbst und der Schweiz genau zu verfolgen, um erfolgreich darauf reagieren zu können.

Spezial

E-Business und Versicherungen

Die Welt wird sich weiter vernetzen. Immer mehr Personen haben Zugriff zum Internet. Obwohl die Aktivitäten der Versicherer im Web bis jetzt erst am Anfang stehen, muss diese Kommunikationsplattform aufmerksam beobachtet werden. E-Business, der Verkauf über Internet, wird zunehmend an Bedeutung gewinnen und Marktanteile erobern.
Wenn Versicherungsprodukte online verkauft werden sollen, müssen sie bestimmte Eigenschaften aufweisen. Dazu gehören einfache standardisierte Produkte, wie z. B. Motorfahrzeug-, Haftpflicht-, Hausrat-, Gebäude- und Risikoleben-Versicherungen. Spezialisierte Online-Anbieter werden ausgesuchte Kundensegmente anvisieren und dafür eigene vereinfachte Produkte entwickeln.
Im Internet werden Risikomärkte als neue Verkaufsform für Versicherungen entstehen: Der Kunde gibt seine Bedürfnisse bekannt und erhält danach von verschiedenen Versicherungsgesellschaften ein Angebot.
E-Business steigert die Markttransparenz und damit auch den Wettbewerb; der Kunde profitiert von tieferen Preisen und er ist besser über das Angebot informiert.
Die etablierten Versicherungsunternehmungen sehen sich mit grossen Veränderungen konfrontiert. Der Druck auf die Margen wird weiter steigen. Dies führt dazu, dass Geschäftsabläufe neu und effizienter organisiert werden.

11.2 Beratung und Verkauf

11.2.1 Anforderungen an die Beratung

Die Anforderungen an die Beratung sind sehr unterschiedlich, je nachdem, welche Zielgruppe mit welchem Angebot über welchen Absatzkanal angesprochen wird.

Standardisierte oder individuelle Lösungen

Ob standardisierte oder auf die Kundenbedürfnisse massgeschneiderte Lösungen angeboten werden, hängt in erster Linie von der Zielgruppe und vom Absatzkanal ab. Dabei spielen die gesellschaftseigenen Aussendienste, die unabhängigen Agenten und die Makler ihre Stärken im Bereich der individuellen Beratung und Problemlösung aus, während standardisierte Produkte primär über den Direktverkauf oder ähnliche Kanäle verkauft werden.

Einzel- oder Kollektivversicherung

Im Gegensatz zur Einzelversicherung stellt die Kollektivversicherung ganz andere Anforderungen an die Beratung und damit an die in diesem Geschäft eingesetzten Agenten und Spezialisten. Sie müssen die rechtlichen Normen für die berufliche Vorsorge, die spezifischen Rechtsverhältnisse bei firmeneigenen Stiftungen oder bei Sammelstiftungen und die vielfältigen Produkte genau kennen. Weiter müssen diese Mitarbeiter die Dienstleistungen der Kollektivversicherung erbringen können und die eingesetzten administrativen Lösungen, Informatikdienstleistungen usw. beherrschen. Wenn in diesen Bereichen versucht wird, die bestmögliche Beratungs- und Servicequalität zu erreichen, drängt sich eine entsprechende Spezialisierung der eingesetzten Berater auf.

Angestellte oder Selbstständigerwerbende

Während sich der Vorsorgebedarf von Arbeitnehmern in seiner Struktur eher standardisieren lässt, stellen die Selbstständigerwerbenden erheblich höhere Anforderungen an die Beratung. Sie setzt Kenntnisse sowohl in der beruflichen als auch individuellen Vorsorge voraus, weil der Selbstständigerwerbende die Möglichkeit hat, sich freiwillig einer kollektiven Lösung anzuschliessen. Nur das Wissen der spezifischen Vor- und Nachteile der 2. und 3. Säule sowie der von den Steuerbehörden praktizierten Gesetzesauslegung erlaubt hier eine gute Beratung.

11.2.2 Beratungsdienstleistungen

Die Beratung des Kunden umfasst sämtliche bereits aufgeführten finanzwirtschaftlichen Funktionen. Dies bedeutet, dass der Kunde bezüglich der Funktionen Schützen, Einnehmen und Ausgeben, Finanzieren, Sparen und Anlegen sowie Verteilen beraten werden muss.

Die Basis für die gesamte Beratung wird mit der Analyse des individuellen Vorsorgebedarfes bei der Aufnahme des Ist-Zustandes gelegt. Mit einer Gesamtberatung werden dem Kunden Vorsorgelücken und Doppelspurigkeiten bezüglich vorübergehendem und dauerndem Erwerbsausfall, vorzeitigem Tod infolge Krankheit oder Unfall und dem Alter aufgezeigt. Die daraus gewonnene Transparenz gibt dem Kunden die Möglichkeit, für seine Vorsorge im Sinne eines eigenen Risk Managements, selbst die Prioritäten zu setzen. Er ist damit nicht mehr allein auf die Empfehlungen seines Beraters angewiesen und wird dadurch von der Richtigkeit der getroffenen Lösung eher überzeugt sein. Dass diese komplexen und aufwändigen Berechnungen im Rahmen einer Gesamtberatung sich für einen PC-Einsatz anbieten, liegt auf der Hand. Mit dieser Informatikunterstützung sind viele Aussendienstmitarbeiter überhaupt erst in der Lage, eine korrekt berechnete und dank Computergrafiken auch gut dargestellte Gesamtberatung durchzuführen. Die bisherigen Erfahrungen zeigen denn auch, dass die Abschlussquote im Anschluss an solche Gesamtberatungen wesentlich höher liegt. Dank der geschaffenen Transparenz und dem damit gewonnenen Vertrauen des Kunden haben die darauf basierenden Lösungen länger Bestand. Die einmal in einer Datei abgespeicherte Gesamtberatung lässt sich im Rahmen späterer periodischer Überprüfungen der bestehenden Lösung ohne grossen Zusatzaufwand aktualisieren und auf den neuesten Stand bringen.

Beim Bewerten der verschiedenen Handlungsalternativen spielen Steuerfragen und -berechnungen eine grosse Rolle. Auch in diesem Fall lässt sich dank dem Einsatz des PC ganz erheblich Zeit einsparen. Es geht dabei z. B. um das Berechnen von Steuervorteilen in der gebundenen Vorsorge oder den Vergleich zwischen einer direkten und einer indirekten Amortisation von Hypothekarkrediten unter dem Gesichtspunkt der Besteuerung.

Für den Optimierungsprozess stehen leistungsfähige Offertsysteme zur Verfügung. Die genannten Berechnungen können in

---

Der Problemlösungs- und Entscheidungsprozess besteht dabei aus:
- Kundenzielsetzungen
- der Analyse des Ist-Zustandes
- dem Ermitteln möglicher Handlungsalternativen und deren Bewertung als Entscheidungsgrundlage für den Kunden
- dem Lösen der konkreten Durchführungsfragen
- dem periodischem Soll-Ist-Vergleich unter Einbezug der sich verändernden Umwelt und der persönlichen Situation

diese Systeme eingespiesen werden. Damit ist der Berater in der Lage, eine Vorsorgelösung auf der Basis des Leistungs- und/oder Prämienprimats ohne grossen Aufwand den Kundenwünschen entsprechend zu optimieren. Im Zusammenhang mit der wirtschaftlichen Situation und der demografischen Entwicklung spielt der Bedarf nach einer individuellen Pensionierung eine immer grössere Rolle. Dabei sind Berechnungen über den Kapitalbedarf bei einer Pensionierung nach Mass von grossem Nutzen für den Kunden. Auch diese komplexen Berechnungen können sehr effizient mit PC-Unterstützung realisiert werden.

Bei den Einmaleinlagegeschäften umfasst die Beratung neben dem Risikoschutz vor allem Anlagefragen. Im Vergleich zu den Bankprodukten ist den Aspekten Sicherheit, Rendite und Liquidität Rechnung zu tragen. Für eine Gegenüberstellung sind auch die Steueraspekte sowie die Chancen und Risiken im Bereiche der Fonds und Fremdwährungen miteinzubeziehen.

Aufbauend auf einer Vorsorgeberatung kann sich je nach Zielgruppe eine Finanz- und Vermögensplanung oder eine Seniorenberatung anschliessen. Zu berücksichtigen sind auch die erbrechtlichen sowie die konkursrechtlichen Vorteile der Lebensversicherung.

11.2.3 Weitere Dienstleistungen

Call Centers

Mit dem Call Center öffnet sich dem Kunden parallel zum persönlichen Versicherungsberater ein weiterer Kommunikationsweg mit vielen Funktionen:
– 24-Stunden-Service für Auskünfte und Hilfeleistungen (z. B. Reiseversicherung)
– Schadenbearbeitung in der Nichtleben-Versicherung (unbürokratisch, ohne Formulare)
– Entgegennehmen und Weiterleiten von Anfragen für Lebensversicherungen
– Bearbeiten von Anfragen und Aufträgen, die per E-Mail eingehen
– Notfallorganisation bei Grossschäden
– usw.

Ursprünglich darauf ausgelegt, den Kunden zusätzliche und bessere Dienstleistungen anbieten zu können, entwickeln sich die Call Centers der Versicherer zu Knotenpunkten, die mehrere Aufgaben erfüllen. Kommunikationsmittel ist an erster Stelle das Telefon; die Zahl der Kontakte per E-Mail steigt jedoch konstant.

Gesellschaftsintern wird unterschieden zwischen Inbound Call Centers und Outbound Call Centers. Erstere bearbeiten von aussen eintreffende Fragen und Wünsche wenn möglich sofort oder leiten Aufträge oder Anfragen rasch und ohne Umwege an die richtige Stelle weiter. Das Outbound Call Center geht aktiv auf die Kunden zu und arbeitet in den Bereichen Verkauf, Verkaufsunterstützung (Nachfassen, Terminvereinbarung), Meinungsumfragen usw.

Alle diese Massnahmen erhöhen die Convenience: Eine breite Palette von zusätzlichen Serviceleistungen steigert die Zufriedenheit der Kunden mit ihrem Versicherer.

Kundenzeitschriften

Die Kundenzeitschriften sind ein Mittel zur Kundenbindung. Vorerst wird dieses Mittel vorwiegend im Kollektivbereich benützt, weil das Kosten-Nutzen-Verhältnis dort besonders gut ist. Der Inhalt umfasst eine breite Palette von Themen:
– Erläuterungen zu Änderungen von Rechtserlassen oder zu wichtigen Urteilen
– Hinweise auf neue Produkte
– Lebensberatung
– usw.

In der Einzelversicherung sind den Rechnungen regelmässig Info-Flyer beigelegt, mit dem Ziel, mehr Transparenz zu schaffen.

Gesundheitsdienst

Einige Versicherer boten in der Vergangenheit einen so genannten Gesundheitsdienst an. Die versicherte Person hat das Recht, meist im Abstand von zwei Jahren, eine kurze ärztliche Kontrolle auf Kosten des Versicherers vornehmen zu lassen. Der Versicherer stellt der versicherten Person einen Gutschein aus, der sie zu einer Untersuchung bei einem frei wählbaren Arzt berechtigt. Der Arzt wird der versicherten Person den Befund mitteilen; der Versicherer wird aber über den Befund nicht orientiert. Stellt der Arzt eine Gesundheitsstörung fest, kann sich die versicherte Person bei diesem Arzt oder einem anderen behandeln lassen. Diese Behandlung geht auf Kosten der versicherten Person oder deren Krankenversicherung.

11.2.4 Verkaufsprozess

Der Verkauf von Lebensversicherungen setzt eine genaue Analyse der verschiedenen Stufen des Verkaufsprozesses voraus. Der Ablauf kann wie folgt dargestellt werden:
- gezielte Adress- und Leads-Beschaffung
- Terminvereinbarung mit potenziellen oder bestehenden Kunden
- sorgfältige Besuchsvorbereitung
- individuelle und zielgruppengerechte Beratung
- Optimieren des Angebots und der Offerte
- Vertragsabschluss
- kontinuierliche Betreuung mit periodischer Überprüfung der vorhandenen Vorsorge bis zur Leistungserbringung und dem Ausschöpfen dieses Potenzials für Anschlussgeschäfte.

Einzellebensversicherung

12

Vertragsabschluss, Bestandesbetreuung und Leistungserbringung

Wenn der künftige Versicherungsnehmer den Antrag auf eine Lebensversicherung gestellt hat, entstehen beiden Vertragspartnern bereits vor dem definitiven Vertragsabschluss verschiedene Rechte und Pflichten. Die Versicherungsgesellschaft prüft den Antrag und entscheidet, ob sie den Vertrag unter den gegebenen Voraussetzungen annehmen kann.

Nach dem Vertragsabschluss kann der Versicherer nicht einfach abwarten, bis der Vertrag abläuft oder bis das versicherte Ereignis eintritt. Das Prämieninkasso muss überwacht werden und bei Zahlungsschwierigkeiten werden dem Versicherungsnehmer verschiedene Lösungsvorschläge angeboten.

Während der oft langen Vertragsdauer können sich die Bedürfnisse des Versicherungsnehmers ändern. Auf Wunsch erarbeitet der Versicherer individuelle Vertragsvarianten, die den neuen Gegebenheiten angepasst sind.

Die Leistungserbringung erfolgt nach Ablauf der Vertragsdauer oder bei Eintritt des versicherten Ereignisses. Die Versicherungsgesellschaft klärt anhand der Begünstigungsverfügung ab, welche Personen die Versicherungsleistungen erhalten werden. Je nach Vertrag prüft der Versicherer auch, ob und in welchem Umfang eine Leistungspflicht besteht.

12.1 Vertragsabschluss

Obschon im Allgemeinen der Versicherer oder dessen Aussendienst an den Kunden herantritt, stellt aus rechtlicher Sicht der Kunde (Antragssteller oder Versicherungsnehmer) einen Antrag für die gewünschte Versicherung, die gewünschten Leistungen und die entsprechenden Summen. Der Versicherer prüft dann den Antrag aus materieller und medizinischer Sicht.

12.1.1 Bindefrist

Mit der Unterzeichnung des Antrages beginnt die Bindefrist. Der Versicherungsnehmer ist bei Versicherungen ohne ärztliche Untersuchung während 14 Tagen, bei Versicherungen mit ärztlicher Untersuchung 4 Wochen an seinen Antrag gebunden[1]. Diese Zeitspanne soll dem Versicherer Gelegenheit geben, die Antragsprüfung durchzuführen und bei der zu versichernden Person notwendige Untersuchungen vornehmen zu lassen. Trifft in dieser Zeit die Annahmebestätigung beim Versicherungsnehmer nicht ein, so ist er nicht mehr an seinen Antrag gebunden. Er muss die beantragte Versicherung nicht abschliessen. Dies gilt auch, wenn die Versicherung nicht wie beantragt angenommen wird.

12.1.2 Provisorische Versicherung

Damit der Versicherungsnehmer, nachdem er sich zum Vertragsabschluss entschlossen hat, nicht das Ergebnis der Antragsprüfung abwarten muss, bis er einen Versicherungsschutz hat, gewähren die meisten Versicherungsgesellschaften eine provisorische Versicherung. Allerdings wird diese auf einen Höchstbetrag und eine bestimmte Dauer beschränkt. Die provisorische Versicherung gilt, sofern der Kunde voll arbeitsfähig ist und sich nicht in ärztlicher Behandlung befindet. Die provisorische Versicherung beginnt im Allgemeinen mit dem Eingang des Antrages auf der Generaldirektion.

---

[1] VVG, Art. 1.

12.1.3 Widerrufsrecht

Bei den meisten Lebensversicherern besteht heute ein Widerrufsrecht, und zwar auch wenn die provisorische Versicherung bereits läuft. Der Versicherungsnehmer kann innert einer bestimmten Frist, z.B. 14 Tage, mit einem eingeschriebenen Brief vom Vertrag und von seinem Antrag zurücktreten.

12.1.4 Materielle Prüfung

Die Versicherungsgesellschaft prüft, ob das Risiko summenmässig versicherbar ist (eventuell unter Mithilfe eines Rückversicherers), und ob es der Situation der versicherten Person, des Versicherungsnehmers und allenfalls der Begünstigten entspricht.

12.1.5 Medizinische Prüfung

Für die Lebensversicherungsunternehmung stellt sich die zentrale Frage, ob der Gesundheitszustand der zu versichernden Person die Übernahme des Risikos erlaubt. Je nach Art und Höhe des zu übernehmenden Risikos bei Tod und/oder Erwerbsunfähigkeit erfolgt die medizinische Risikoprüfung auf verschiedene Weise. Entweder stützt sich der Versicherer auf die Angaben der zu versichernden Person (aufgrund der im Antrag oder auf einem separaten Blatt gestellten Fragen), oder er berücksichtigt zusätzlich die Ergebnisse einer von ihm verlangten und bezahlten ärztlichen Untersuchung. Die medizinische Prüfung beinhaltet Abklärungen über den Status, die Anamnese und die Heredität.

Status

Der Status enthält Angaben über Körpergrösse und -gewicht, Nationalität, Beruf, Hobbys, Sportarten mit erhöhtem Risiko, beabsichtigte länger dauernde Auslandreisen und -aufenthalte, beabsichtigte vorübergehende Wohnsitznahme ausserhalb des Tarifgebietes, bestehende Gebrechen und Krankheiten, chronische Erkrankungen, ständige Therapien, Suchtverhalten, bestehende Versicherungen, erschwerte Annahmen oder Ablehnungen früher eingereichter Anträge usw.

Anamnese

Die zu versichernde Person liefert alle Angaben über ihre gesundheitliche Vorgeschichte. Es sind Auskünfte über durchgemachte Krankheiten, Operationen, erlittene Unfälle, Spital- und Kuraufenthalte, bei Frauen zusätzlich über Schwangerschaften.

> **Anamnese**
> Vorgeschichte von Krankheiten, Operationen, erlittene Unfälle.

Heredität

Zum Abklären der Heredität interessieren die Krankheitsgeschichte und die Todesursache naher blutsverwandter Angehöriger wie Eltern, Geschwister und Grosseltern. Diese Angaben liefern Auskünfte über allfällige erbliche Belastungen.

Handelt es sich von Anfang an um eine Versicherung mit ärztlicher Untersuchung, erfolgt diese Prüfung aufgrund eines einheitlich gestalteten, vierseitigen Fragebogens. Die zu versichernde Person beantwortet dem Arzt die auf den ersten beiden Seiten gestellten Fragen über Status, Anamnese und Heredität.

> **Heredität**
> (Erblichkeit) Einflüsse ungünstiger Erbfaktoren auf den Gesundheitszustand der zu versichernden Person.

Der Arzt führt anschliessend die Ergebnisse seiner Untersuchungen zusätzlich zum Status auf. Die ärztliche Untersuchung dient der eingehenden Analyse des gegenwärtigen Gesundheitszustandes. Dazu gehören z.B. Lungengeräusche,

> **Status**
> Gegenwärtiger allgemeiner Zustand.

Einzellebensversicherung

Blutdruckmessung, Urinanalyse, allgemeines Erscheinungsbild, seine Prognosen betreffend Lebenserwartung und gesundheitlich bedingter Arbeitsfähigkeit. Oft werden weitere Zusatzuntersuchungen verlangt wie HIV-Test, EKG (Elektrokardiogramm), Thoraxuntersuchung (Brustraum), Blutwerte (Zucker, Cholesterin), Leberfunktion. Gegebenenfalls fügt der Arzt Röntgenbilder, EKG-Streifen und andere Unterlagen bei.

Die Angaben im Fragebogen wie auch die Ausführungen des untersuchenden Arztes liefern zusätzliche Hinweise über das objektive und das subjektive Risiko. Kriterien, die das **objektive Risiko** bestimmen, sind z. B. das Alter, das Geschlecht, der Beruf, durchgemachte und ausgeheilte Krankheiten. Kriterien, die das **subjektive Risiko** definieren, sind z. B. die Lebensweise (so genannte Lifestyle-Risiken wie Rauchen, Alkohol- und Drogenmissbrauch, gefährliche Sportarten usw.), die Umwelt, beruflich bedingte Suchtgefährdung, Unfallhäufigkeit (es gibt Personen, die grundsätzlich zu Unfällen neigen). Die Ausprägungen dieser Gefahren (gemäss VVG: Gefahrstatsachen) können das subjektive Risiko sowohl erhöhen als auch vermindern (Rauchen oder Nichtrauchen).

Aufgrund der Angaben des Versicherungsnehmers und der ärztlichen Untersuchungsergebnisse macht der beratende Arzt dem Underwriter eine Empfehlung. Dieser entscheidet dann über die Annahme des Antrages oder über allfällige weitere Abklärungen. Dies geschieht durch Einholen von Auskünften bei behandelnden Ärzten, Spitälern, Kurhäusern oder mit der Durchführung einer zusätzlichen ärztlichen Untersuchung. Erst nach dem Vorliegen aller Auskünfte wird definitiv über eine **vorbehaltlose Annahme**, eine **erschwerte Annahme**, eine **Zurückstellung** oder eine **Ablehnung** des Antrages entschieden.

12.1.6 Antragsprüfung/Underwriting

Der Versicherer prüft aufgrund der eingereichten Antragspapiere, ob die zu versichernde Person zu normalen Bedingungen versichert werden kann. Da die Prämien aufgrund eines (durchschnittlichen) Versichertenkollektivs berechnet sind, ist es besonders in der Einzelversicherung von Bedeutung, dass nicht Personen mit bereits bestehenden Gesundheitsstörungen unbesehen versichert werden.

Einige Versicherungsgesellschaften kennen besondere Nichtrauchertarife. Im Allgemeinen entschliessen sich die Versicherer bei mässigen Rauchern für eine normale Annahme des Antrages, es sei denn, es bestehen bereits Folgen des Rauchens, wie etwa eine chronische Bronchitis.

Obwohl es völlig klar ist, dass bereits die Tatsache, dass jemand eine Versicherung abschliesst, ein Geschäftsgeheimnis darstellt, ist doch der Einhaltung des Arztgeheimnisses eine noch weit grössere Bedeutung beizumessen. Die zu versichernde Person muss deshalb im Antrag oder im Untersuchungsformular den Versicherer ermächtigen, Auskünfte über den Gesundheitszustand einzuholen und den Arzt von seiner **Schweigepflicht** entbinden. Solche Auskünfte werden dem beratenden Arzt des Versicherers oder dem ärztlichen Dienst

---

Objektives Risiko
Gefahren, die durch die an der Versicherung beteiligen Personen nicht beeinflusst werden können.

Subjektives Risiko
Gefahren, die durch die an der Versicherung beteiligen Personen beeinflusst werden können.

Schweigepflicht
(Berufs-, Amtsgeheimnis): Verpflichtung, private Daten geheimzuhalten[1]. Gilt für gewisse Berufsstände[2].

---

[1] ZGB, Art. 28, Abs. 1 und 2.
[2] StGB, Art. 321, Abs. 1.

Vertragsabschluss, Bestandesbetreuung und Leistungserbringung

zugestellt. Eine kleine Gruppe von Spezialisten nimmt dort die Auswertung vor oder trifft zumindest eine Vorauslese.

Medizinische Akten werden von den Versicherungsgesellschaften unter besonderem Verschluss gehalten und sind nur den vom beratenden Arzt bezeichneten Spezialisten zugänglich. Sie werden über die Bedeutung des Arztgeheimnisses belehrt und müssen eine entsprechende Verpflichtung zur Geheimhaltung unterzeichnen. Bezeichnet ein behandelnder Arzt seine Auskunft als besonders schützenswerte Daten, werden sie nur vom **Gesellschaftsarzt** behandelt und bei diesem unter Verschluss gehalten.

Im Allgemeinen ergeben sich aber wegen des Arztgeheimnisses keine Probleme, da die zu versichernde Person selbst ein Interesse daran hat, dass der Versicherer seinen Gesundheitszustand genau beurteilen kann. Der Versicherungsnehmer möchte ja verhindern, dass sich der Versicherer im Schadenfall auf eine Anzeigepflichtverletzung berufen kann. Will die zu versichernde Person dem Berater die verlangten Angaben nicht machen, kann sie die Antworten direkt dem Gesellschaftsarzt persönlich zustellen.

Neben dem Gesundheitszustand haben auch der Beruf, der Aufenthaltsort, ein gefährliches Hobby oder die finanziellen Verhältnisse einen Einfluss auf den Annahmeentscheid des Versicherers. So werden Autorennfahrer, Astronauten, Kriegsberichterstatter oder andere Personen mit Berufen, die über der normalen Gefährdung liegen, mit besonderen Bedingungen rechnen müssen.

Die meisten Versicherer akzeptieren Veränderungen nach Inkrafttreten der Versicherung. Dies muss jedoch in den allgemeinen Bedingungen festgehalten sein, denn nach VVG sind Gefahrserhöhungen während der Vertragsdauer dem Versicherer meldepflichtig.

Zur Beurteilung des subjektiven Risikos zählt auch das Abklären des Bedarfs, insbesondere die Höhe der Versicherungsleistung. Da es sich bei der Lebensversicherung um eine Summenversicherung handelt, findet die gesetzliche Regelung zur Überversicherung keine Anwendung. Speziell bei Leistungen für den Fall einer Erwerbsunfähigkeit spielen verständlicherweise die Einkommensverhältnisse und bereits versicherte Renten (AHV/IV, UVG, Lohnfortzahlung, Pensionskasse) eine entscheidende Rolle. Deshalb fragt der Versicherer im Antrag nach bestehenden Leistungen und verlangt bei hohen Leistungen eventuell Lohn- oder Steuerbestätigungen. In ganz besonderen Fällen, z. B. bei extrem hohen Versicherungsleistungen und spezieller Finanzierung mit Einmaleinlagen oder sehr hohen Jahresprämien, werden zuweilen sogar professionelle Auskunfteien mit Abklärungen beauftragt. Die Versicherer haben sich, ähnlich wie die Banken, selbst eine Vereinbarung über die Sorgfaltspflicht auferlegt. Durch eine umfassende Prüfung soll verhindert werden, dass grosse Einmalprämien oder hohe Jahresprämien zur Steuerhinterziehung oder Geldwäscherei missbraucht werden.

Seit dem 1. April 1998 ist das Bundesgesetz zur Bekämpfung der Geldwäscherei (GwG) in Kraft. Es ist ein Rahmengesetz, das für verschiedene Branchen Selbstregulierungsorganisationen vorsieht. Der Schweizerische Versicherungsverband hat eine solche Organisation gegründet (SRO-SVV). Das Reglement dieser Selbstregulierungsorganisation trat per 1. Januar 1999 in Kraft und definiert die Sorgfaltspflichten für die Gesellschaften. Es löste die frühere Vereinbarung über die Sorgfaltspflicht bei der Entgegennahme von Geldern vom Dezember 1990 ab.

> **Gesellschaftsarzt**
> Beratender Arzt des Versicherers sowohl bei der Antragsprüfung als auch bei der Prüfung des Leistungsanspruchs.

Einzellebensversicherung

12.1.7 Anzeigepflicht

Der Versicherungsnehmer und die zu versichernde Person sind verpflichtet, alle ihnen bekannten Tatsachen wahrheitsgetreu anzugeben. Im VVG[1] wird von «erheblichen Gefahrstatsachen» (hier: Gefahren) gesprochen. Erheblich sind diejenigen Gefahren, die geeignet sind, den Entschluss des Versicherers, den Vertrag überhaupt oder zu den vereinbarten Bedingungen abzuschliessen, beeinflussen können. Fragt der Versicherer schriftlich in bestimmter, unzweideutiger Form nach Gefahren, so werden diese von Gesetzes wegen als erheblich vermutet. Die Unerheblichkeit müsste der Kunde im Streitfall selbst beweisen können. So würde es bei der Frage «Welche schweren Krankheiten haben Sie schon durchgemacht?» dem Befragten überlassen, was er als schwere Krankheit betrachtet. Die Frage hingegen «Welche Krankheiten haben Sie in den letzten fünf Jahren durchgemacht?» verlangt, dass alle Krankheiten aufgeführt werden. Aus diesem Grunde wird dem Betreffenden ein regelrechter Fragenkatalog vorgelegt.

Macht der Befragte unrichtige Angaben oder verschweigt er etwas, liegt eine Anzeigepflichtverletzung[2] vor. Der Versicherer kann in diesem Fall vom Vertrag zurücktreten. Dabei muss er eine Frist von vier Wochen einhalten, gerechnet vom Zeitpunkt an, in dem ihm der Beweis für die Anzeigepflichtverletzung vorliegt. Bei rückkaufsfähigen Versicherungen muss der Versicherer den Rückkaufswert auszahlen[3], jede andere Leistung entfällt. Bei einer falschen Altersangabe ist ein Rücktritt vom Vertrag nur möglich, wenn das richtige Alter ausserhalb der Aufnahmegrenzen liegt, andernfalls wird die Prämie dem richtigen Alter angepasst und die Differenz der Deckungskapitalien muss nachbezahlt oder zurückerstattet werden[4].

12.1.8 Erschwerte Bedingungen

Risikoerhöhende Faktoren im medizinischen oder nichtmedizinischen Bereich führen dazu, dass der Versicherer den Antrag nicht zu normalen Bedingungen annehmen kann, sondern dem Versicherungsnehmer einen Gegenvorschlag mit erschwerten Bedingungen unterbreitet. In seltenen Fällen stellt die Versicherung den Antrag auf eine bestimmte Zeit zurück oder lehnt ihn definitiv ab.

Beim Todesfallrisiko wird aus technischer Sicht versucht, die zu versichernde Person in eine neue Gruppe mit einer bestimmten Übersterblichkeit einzuordnen. Eine solche Gruppe weist gegenüber der üblicherweise verwendeten Sterbetafel eine höhere Sterblichkeit auf, die in Prozenten der «normalen» Sterblichkeit angegeben wird, welche sich aufgrund medizinisch-statistischer Unterlagen ergibt. 100% Übersterblichkeit bedeutet, dass in einem bestimmten Alter doppelt so viele Personen sterben, wie nach der angewandten Sterbetafel erwartet wird. Sterben z. B. von 10 000 40-jährigen Männern normalerweise im folgenden Jahr 22, bei der untersuchten Gruppe mit erhöhtem Risiko aber 44, bedeutet dies eine Übersterblichkeit von 100%. Mit den neuen Sterbezahlen wird eine neue Sterbetafel berechnet und aus dieser die erforderliche Zuschlagsprämie ermittelt. Die Übersterblichkeit kann ein Vielfaches oder auch nur ein Bruchteil von 100% sein und ergibt dann eine entsprechende Zuschlagsprämie.

---

[1] VVG, Art. 4ff.
[2] VVG, Art. 6–10.
[3] VVG, Art. 90, Abs 2, in Verbindung mit Art. 25, Abs. 4.
[4] VVG, Art. 75.

Erschwerungsarten

Als Massnahmen sind denkbar:

Zuschlag ohne Rückgewähr

Die Zuschlagsprämie dient jährlich zur Versicherung des erhöhten Risikos und wird deshalb verbraucht.

Zuschlag mit Rückgewähr

Gegen eine entsprechend erhöhte Zuschlagsprämie kann vereinbart werden, dass der Versicherer die bezahlten Zuschlagsprämien im Erlebensfall bei Vertragsablauf ohne Zinsen zurückerstattet. Es handelt sich eigentlich um eine reine Erlebensfallversicherung. Die Summe der bezahlten Zuschlagsprämien bildet die Erlebensfallleistung.

Liegt nur eine mässige Übersterblichkeit vor, oder ist die Vertragsdauer kurz, kann der Zuschlag mit Rückgewähr ein Vielfaches des Zuschlages ohne Rückgewähr betragen. Die Wahrscheinlichkeit, den Vertragsablauf zu erleben, ist dann recht gross, sodass nur wenige Zuschlagsprämien zur Versicherung der vermehrten Todesfälle verbleiben.

Reduktion der Todesfallsumme

Der Versicherungsnehmer bezahlt bei einer gemischten Versicherung die vereinbarte Prämie und erhält im Erlebensfall auch die vereinbarte Summe, im Todesfall jedoch nur eine reduzierte Leistung.

Diese drei beschriebenen Erschwerungsarten sind technisch gleichwertig und finden Anwendung, wenn das Risiko der entsprechenden Gruppe im Durchschnitt während der Vertragsdauer gleichbleibend erhöht ist, z.B. bei Personen mit hohem Blutdruck oder Zuckerkrankheit.

Nimmt das Risiko der ganzen Gruppe im Verlauf der Jahre ab, z.B. nach einer durchgemachten Krebserkrankung, führt dies zu folgenden Erschwerungen:

Temporärer Zuschlag

Der Versicherungsnehmer zahlt während einer vorgegebenen Anzahl Jahre eine Zuschlagsprämie, z. B. 8‰ der Versicherungssumme während 5 Jahren. Nach dieser Zeit fällt sie ohne neue Gesundheitsprüfung automatisch weg.

Staffelung der Todesfallsumme

Der Versicherungsnehmer bezahlt die normale Tarifprämie, doch wird im Todesfall während der ersten Jahre die Leistung gekürzt, z.B. beträgt dann die Versicherungsleistung im 1. Versicherungsjahr nur 1/6 der vollen Versicherungsleistung, im 2. Versicherungsjahr nur 2/6 usw., bis im 6. Jahr die volle Leistung erreicht wird (1/6-Staffelung).

Abkürzung der Vertragsdauer

Bei einer gemischten Versicherung wünscht der Antragsteller ein Schlussalter von 65 Jahren. Der Abschluss erfolgt dann aber z. B. bei einer übergewichtigen Person auf das Schlussalter 60 oder 55. Zum neuen tieferen Endalter wird dann eine normale Prämie entrichtet.

Änderung des Tarifs oder der Versicherungskombination

Die Versicherung bietet dem Antragsteller einen anderen als den von ihm gewünschten Tarif an. Anstelle der beantragten reinen Todesfallversicherung wird dem Versicherungsnehmer eine gemischte Versicherung offeriert oder statt einer konstanten Todesfallsumme eine fallende Todesfallsumme.

Ausschluss eines bestimmten Risikos oder Wagnisses

Die Teilnahme an einer gefährlichen Expedition oder einem Autorennen, allenfalls auch das Risiko einer kurz bevorstehenden Operation, wird ausgeschlossen. Der Ausschluss von Tod als Folge einer bestimmten Krankheit ist nicht üblich. Die genaue Abklärung der Todesursache kann erhebliche Schwierigkeiten bieten oder sogar unmöglich werden. Dies könnte zu Auseinandersetzungen mit den Begünstigten führen.

Bei Erwerbsunfähigkeit

Bei Leistungen im Falle einer Erwerbsunfähigkeit wird die entsprechende Prämie um einen Prozentsatz erhöht oder aber ein Ausschluss (Vorbehalt) für ein bestimmtes Leiden oder Unfallfolgen vereinbart. Der Ausschluss ist relativ schwierig zu handhaben, weil er von der Gesellschaft eindeutig formuliert sein muss.

Leidet die zu versichernde Person z. B. an einer Versteifung eines Hüftgelenkes, ist aber voll arbeitsfähig, soll sie nicht später wegen dieser Versteifung Leistungen geltend machen können, was im Vorbehalt festgehalten wird. Dagegen wäre es wenig sinnvoll, «Folgen des Übergewichtes» auszuschliessen. Falls keine normale Annahme mehr möglich ist, würde in diesem Fall ein Zuschlag erhoben.

Spezial

Lifestyle-Risiken

Zum Lebensstil vieler Menschen gehören heute Sportarten mit erhöhten Risiken (Wagnisse). Sie spiegeln einen Zeitgeist: In einer von Gesetzen weitgehend geregelten Welt mit allgemein hohen Sicherheitsstandards wollen Einzelne ihre eigenen Grenzen erfahren, sich von der Masse und von üblichen Normen abheben. Zu erwarten wäre, dass Risikosportarten wie Canyoning, Eisklettern, Gleitschirmfliegen, Deltasegeln, Motorsport, Fallschirmspringen, Tauchen usw. extreme Unfallzahlen aufweisen. Tatsächlich verursachen jedoch die vielfach alltäglichen Freizeitbeschäftigungen eine hohe Zahl von Schäden: Fussball spielen, Ski fahren, Snowboarden und Radfahren nehmen Spitzenpositionen ein. Risikosportarten verursachen relativ wenig Schadenfälle, weil diese Sportler in der Regel eine bessere Kondition und eine umfassendere sportliche Ausbildung haben. Weil die Unfallzahlen dieser Sportarten verglichen mit jenen des Breitensportes kaum ins Gewicht fallen, müssen die Lebensversicherer eher selten Anträge ablehnen oder hohe Prämienzuschläge erheben.

Ein besonderes Phänomen mit beträchtlichen Risiken ist der Gebrauch von Dopingmitteln im Amateursport. Bei Ausdauerwettbewerben verwenden die Teilnehmer oft Substanzen, die das Schmerzempfinden und die Ermüdungserscheinungen unterdrücken.

Im weiteren Sinn zum Doping zählt auch der Medikamenten- und Drogenmissbrauch. Unsere Gesellschaft fordert Höchstleistungen in allen Lebenslagen. Oft arbeiten Spitzenmanager, höhere Kader, Ärzte und Politiker mit Aufputschmitteln nächtelang, schlafen danach mit Schlafmitteln oder Tranquilizern und vertreiben Depressionen mit Alkohol. Nervosität vor einer Rede verhindern Betablocker und die Symptome viraler Erkrankungen (z. B. Grippe) lassen sich mit Ephedrin bekämpfen, das abschwellend und euphorisierend wirkt...

Die Lebensversicherer versuchen in der Risikoprüfung vermehrt etwas über die subjektiven Risiken ihrer Kunden zu erfahren. Während sich objektive Risiken verhältnismässig gut definieren und messen lassen, sind der Lebensstil und die Gewohnheiten einer Person nur mithilfe von Fragebogen einigermassen zu erfassen.

Die Folgen von Lifestyle-Risiken sind oft nicht exakt von anderen Krankheitsbildern zu trennen. Der Lebensstil als Risikofaktor lässt sich daher meist nur als zusätzliche Entscheidungsgrundlage für das Underwriting verwenden; er hilft das Bild einer Person weiter abzurunden.

12.1.9 Vertragsabschluss und Police

Mit der Annahme des Antrages durch den Versicherer kommt der Versicherungsvertrag zustande. Bei erschwerten Bedingungen wird dem Versicherungsnehmer eine entsprechende Nachtragserklärung vorgelegt, mit deren Unterzeichnung der Vertrag ebenfalls zustande kommt. Es wäre auch möglich, den Versicherungsnehmer bei Zustellung der Police auf die Abweichung vom Antrag hinzuweisen, z. B. auf einen Vorbehalt, und ihm anzubieten, dass er die Police zurückweisen kann, falls er mit der Änderung nicht einverstanden ist.

Die Annahme des Antrages wird dem Versicherungsnehmer meist schriftlich mitgeteilt mit der Aufforderung, die erste Prämie zu bezahlen, worauf ihm die Police zugestellt wird. Wird der Einfachheit halber die Police zusammen mit der Zahlungsaufforderung gesandt, beginnt damit die definitive Versicherung[1]. Wird die Prämie nicht bezahlt, muss eine Mahnung erfolgen, damit die Versicherung nach Ablauf der Mahnfrist wieder erlischt.

Die erste Prämie ist mit der Annahme des Antrages oder am gewählten Stichtag fällig. Bei Einmalprämien kann der Versicherer Zinsen für eine verspätet geleistete Zahlung erheben. Um dieses Problem gar nicht aufkommen zu lassen, kann auch das Datum des Zahlungseingangs als Beginn genommen werden. Dies führt allenfalls zu einer Alterserhöhung, falls das Tarifalter in der Zwischenzeit geändert hat.

Berichtigungsrecht

Der Versicherungsnehmer hat das Recht, innert vier Wochen die Berichtigung der Police (später auch von Nachträgen) zu verlangen, falls der Inhalt nicht mit den getroffenen Vereinbarungen übereinstimmt[2].

Die Police enthält normalerweise:

- die Personalien der Versicherungsnehmer und der versicherten Personen
- den Beginn, die Dauer und den Ablauf des Vertrages
- die Versicherungsleistungen
- die Prämie, die Zahlungsart und die Fälligkeit der Prämie
- die Definition der Begünstigten
- allfällige spezielle Bedingungen
- einen Hinweis auf die anwendbaren Bedingungen
- einen Hinweis auf das Berichtigungsrecht

---

[1] VVG, Art. 19, Abs. 2.
[2] VVG, Art. 12.

Spezial

Versicherungen nach Schweizer Tarifen im Ausland und Versicherungen von Ausländern in der Schweiz

Bietet ein Versicherer Lebensversicherungen zu Schweizer Tarifen auch im Ausland an, können verschiedene Details eine Bedeutung erlangen:

- Unter Umständen ist die Sterblichkeit in einem anderen Umfeld erhöht, was einen Zuschlag erforderlich macht.
- Die Schadenabklärung kann erschwert sein, sei es aus sprachlichen Gründen oder aufgrund gesetzlicher Vorschriften. So ist die Auskunftserteilung oft eingeschränkt oder verboten.
- Leistungen bei Erwerbsunfähigkeit können massiv durch die Sozialgesetzgebung des anderen Landes beeinflusst werden. In vielen Ländern wird eine Berufsunfähigkeit versichert, die an sich schon eine etwas höhere Prämie bedingt, welche dann noch um Berufszuschläge erhöht werden kann. Im Leistungsfall würden sich dann aus den AVB unterschiedliche Ansprüche ergeben. Beim Abschluss von Erwerbsausfallrenten ist deshalb Vorsicht geboten. Nicht zu hohe Renten, längere Wartefristen oder gar ein Versicherungsschutz nur bei Totalinvalidität helfen, das Risiko zu vermindern.

Die wirtschaftliche Entwicklung der letzten Jahrzehnte hat dazu geführt, dass in der Schweiz vermehrt Ausländer tätig sind, die hier versichert werden. Wenn diese Personen gut verdienen, ohne bereits fest integriert zu sein, ist die Wahrscheinlichkeit erhöht, dass sie in ihr Heimatland zurückkehren werden. Besteht nun ein starkes Lohngefälle, kann eine in der Schweiz abgeschlossene (nicht besonders hohe) Rente im Heimatland bereits ein hohes Einkommen bedeuten, was den Anreiz zu Leistungsansprüchen erfahrungsgemäss erhöht.

12.2 Bestandesbetreuung

Lebensversicherungen werden meist für längere Zeiträume abgeschlossen. Die Verträge sind flexibel und können den Bedürfnissen der Kunden optimal angepasst werden. Grundlage für Änderungen ist dabei das Deckungskapital oder der Rückkaufswert, der dem Versicherungsnehmer nicht entzogen werden kann[1]. Voraussetzung ist die Bezahlung der Prämien[2].

12.2.1 Betreuung der Kunden

Da sich die Vorsorgebedürfnisse im Laufe der Zeit dauernd verändern, muss eine bestehende Police periodisch überprüft und einem allenfalls veränderten Bedarf des Kunden angepasst werden. Aufgrund regelmässiger Kundenkontakte werden nicht nur die bestehende Kundenbindung vertieft, sondern auch Chancen für Ausbau- und Zusatzgeschäfte wahrgenommen. Hier liegen auch die grossen Chancen des Cross-Sellings. Verschiedene Analysen zeigen, dass sich mit der Anzahl von Versicherungsverträgen auch die Kundentreue erheblich verbessert. Die deregulierten Märkte mit dem stark anwachsenden Konkurrenzdruck lassen der systematischen, aber auch differenzierten Kundenbetreuung ein viel grösseres Gewicht zukommen als früher. Weil dem Aussendienst neben der Neuakquisition für die Betreuung seiner Kunden nur eine beschränkte Zeit zur Verfügung steht, müssen vermehrt Direct-Marketing-Methoden zur Pflege des Kundenstammes eingesetzt werden. Den einzelnen Gesellschaften bietet sich hier eine Vielzahl von Möglichkeiten.

Allein der Kunde entscheidet, ob er mit einer Beratung und der Betreuung zufrieden ist. Dabei variieren die einzelnen Kundenbedürfnisse sehr stark. Um die eigenen Stärken und Schwächen bezüglich Beratung und Kundenpflege herauszufinden, bleibt nur der Weg der Kundenbefragung. Durch gezielte, nach Segmenten differenzierter Kundenzufriedenheitsanalysen kann erkannt werden, wo der Hebel für Verbesserungsmassnahmen anzusetzen ist. Ein zufriedener Kunde stellt ein ganz erhebliches Geschäfts- und Vermittlungspotenzial

---

[1] VVG, Art. 90, Abs. 2, in Verbindung mit Art. 25, Abs. 4.
[2] VVG, Art. 16–24.

dar; deshalb lohnt sich die intensive Auseinandersetzung mit den Kundenbedürfnissen.

12.2.2 Positionierung im Wettbewerb

Neue Produkte können von der Konkurrenz relativ rasch nachgeahmt werden. Die Möglichkeiten, sich von der Konkurrenz zu differenzieren, sind damit in diesem Bereich relativ beschränkt. Sehr viel schwieriger und langwieriger ist es, die Qualität und Effizienz eines Aussendienstes zu steigern und den Kunden durch informatikgestützte Beratungs- und Servicedienstleistungen einen höheren Nutzen zu bieten. Hier bestehen mehr Ansatzpunkte, sich von der Konkurrenz abzuheben und sich im Markt gegenüber anderen Lebensversicherern, Banken und insbesondere auch gegenüber anderen Vertriebskanälen klar zu positionieren. Die Unterschiede in der Beratung und Betreuung sind für die Kunden auch besser ersichtlich als schwer verständliche Produktedifferenzierungen.

12.2.3 Prämienzahlung

Der Versicherungsnehmer kann periodische Prämien jährlich, gegen einen Unterjährigkeitszuschlag auch halb-, vierteljährlich oder monatlich bezahlen. Sie sind am Stichtag fällig, der in der Police angegeben ist, wobei meist eine Zahlungsfrist von einem Monat eingeräumt wird. Ist die Prämie auch dann nicht bezahlt, wird der Versicherungsnehmer gemahnt und ihm eine Zahlungsfrist von 14 Tagen zur Bezahlung gesetzt. Nach Ablauf dieser Frist ist der Versicherungsnehmer in Verzug[1].

Verzugsfolgen und Unverfallbarkeit

Bleibt die Mahnung ohne Erfolg, erlischt der Versicherungsschutz nach Ablauf der Mahnfrist[2]. Sofern die Prämien für drei Versicherungsjahre bezahlt wurden, erfolgt eine Umwandlung in eine prämienfreie Versicherung mit reduzierten Leistungen[3]. Die Prämienzahlungdauer von drei Jahren darf unter-, aber nicht überschritten werden. Häufig wird in den AVB eine Frist von $1/10$ der Versicherungsdauer mit einem Maximum von drei Jahren festgehalten. Die Umwandlung erfolgt auf Ende der Mahnfrist, allenfalls – je nach AVB – auf Ende einer Zahlungsperiode oder des Versicherungsjahres unter Verrechnung der ausstehenden Prämien, Verzugszinsen und Mahnkosten.

Wiederinkraftsetzung

Die meisten AVB sehen vor, dass die Verzugsfolgen (Erlöschen der Versicherung oder eine Prämienfreistellung) durch das Nachzahlen der ausstehenden Prämien samt Verzugszinsen und Mahnkosten aufgehoben werden können und damit der volle Schutz wieder erreicht wird. Das versicherte Ereignis darf aber noch nicht eingetreten sein. Innerhalb eines Jahres nach der erstmals unbezahlt gebliebenen Prämie wird in der Regel auf eine neue Gesundheitsprüfung verzichtet. Spätestens nach Ablauf eines Jahres verlangt der Versicherer eine neue Gesundheitsprüfung. Häufig werden dann auch spezielle Berechnungen vorgenommen, besonders wenn bei reinen Todesfallversicherungen während längerer Zeit kein Versicherungsschutz bestand.

---

[1] VVG, Art. 20, Abs. 1–2.
[2] VVG, Art. 20, Abs. 3.
[3] VVG, Art. 93, Abs. 1.

12.2.4 Nachversicherungs-Garantie

Verschiedene Versicherer bieten ihren Kunden ohne Prämienzuschlag eine Nachversicherungs-Garantie an. Der Versicherungsnehmer kann dabei in bestimmten Zeitabständen oder bei in den AVB festgehaltenen Ereignissen wie Heirat, Geburt, Aufnahme einer selbstständigen Erwerbstätigkeit die Versicherungsleistungen ohne Gesundheitsprüfung erhöhen lassen. Einschränkungen können für den Fall bestehen, dass das versicherte Ereignis kurz nach der Erhöhung eintritt.

12.2.5 Änderungen der Versicherung

Eine einmal abgeschlossene Versicherung lässt sich auf Wunsch des Versicherungsnehmers während der Vertragsdauer abändern, wobei eine ganze Palette von Änderungsmöglichkeiten angeboten wird. Bei den so genannten technischen Änderungen ist die Leistung oder die Prämie betroffen, bei nicht-technischen Änderungen eher der personelle Teil, wie etwa eine Änderung der Begünstigung in der freien Vorsorge.

Technische Änderungen

Änderung des Zahlungsmodus

Dem Versicherungsnehmer steht es offen, den Zahlungsmodus von jährlicher auf unterjährige Zahlung oder umgekehrt umstellen zu lassen (z. B. bei Zahlungsschwierigkeiten). Für die unterjährige Zahlung wird ein Zuschlag erhoben. Bei hohen Zinsen kann allerdings auch die unterjährige Zahlung interessant sein, da die Unterjährigkeitszuschläge langfristig fixiert sind und von einem durchschnittlichen Zinsniveau ausgehen.

Änderung der Versicherungsart

Eine Änderung der Versicherungsart besteht in der Umstellung einer Versicherung z. B. von einem Risikotarif auf einen gemischten Tarif oder auch umgekehrt. So kann ein junger Familienvater eine höhere Risikoversicherung abschliessen und diese später, nach Verbesserung der finanziellen Verhältnisse, auf eine gemischte Versicherung umstellen.

Abkürzung oder Verlängerung der Vertragsdauer

Eine Änderung der beruflichen oder familiären Verhältnisse lässt vielleicht den Wunsch aufkommen, die Vertragsdauer zu ändern.

Einschluss neuer oder Erhöhung bestehender Leistungen

Verschiedene Umstände können solche Änderungen erforderlich machen, z. B. wenn bei einem Stellenwechsel eine Versicherungslücke entsteht.

Reduktion oder Ausschluss bestehender Leistungen

Durch einen Teilverzicht, eine Teilumwandlung oder bei rückkaufsfähigen Versicherungen durch einen Teilrückkauf können die Leistungen herabgesetzt werden. Einzelne Leistungen lassen sich auch ganz ausschliessen.

Ein- oder Ausschluss versicherter Personen

Lässt ein Versicherer den Einschluss mehrerer Personen in der gleichen Police zu oder bei Versicherungen auf zwei Leben, kann eine Person ausgeschlossen oder zusätzlich versichert werden.

Änderung der Wartefrist bei Erwerbsausfallrenten

Bei einem Stellenwechsel drängt sich manchmal eine Änderung auf, indem die Wartefrist abgekürzt oder verlängert wird, um diese Leistung mit jener der Krankenversicherung und der Pensionskasse des Arbeitgebers zu koordinieren.

Umwandlung in eine prämienfreie Versicherung

Die meisten Versicherungen lassen sich nach Ablauf von drei Jahren gemäss VVG[1] oder je nach AVB nach 1/10 der Dauer in eine prämienfreie Versicherung umwandeln. Auch eine teilweise Umwandlung ist möglich. Dadurch wird die Versicherungsleistung reduziert. Mitversicherte Zusatzleistungen fallen dabei häufig weg (z. B. die Unfalltod-Zusatzversicherung).

Nicht technische Änderungen

Begünstigung

Der Versicherungsnehmer kann die Begünstigung jederzeit ohne Benachrichtigung der bisher Begünstigten ändern, ausgenommen, er hat eine unwiderrufliche Begünstigung verfügt. Bei der gebundenen Vorsorge bestehen gesetzliche Vorschriften, die Ehepartner und Kinder schützen. Fehlen solche, kann die Reihenfolge und der Anteil der übrigen Personen geändert werden.

Abtretung

Eine Abtretung an einen neuen Versicherungsnehmer durch den bisherigen Versicherungsnehmer ist wiederum ohne Benachrichtigung der Begünstigten und der Versicherten möglich. Bei einer unwiderruflichen Begünstigung muss der Begünstigte einverstanden sein. Bei der gebundenen Vorsorge ist eine Abtretung nicht möglich.

12.2.6 Kundendienst

Allgemeine Kommunikation mit dem Kunden

Der Versicherer hat ein grosses Interesse an zufriedenen Kunden, damit die Versicherung möglichst lange in Kraft bleibt und der Kunde womöglich weitere Versicherungen bei ihm abschliesst. Der Kundenbetreuung wird deshalb grosse Aufmerksamkeit geschenkt, z. B.
– durch periodische Mitteilungen, insbesondere Informationen zusammen mit der Prämienrechnung
– Mitteilungen über Verbesserungen der AVB, wenn diese bei bestehenden Policen angewendet werden
– Mitteilung von Überschussbeteiligungsguthaben
– durch Besuche eines Aussendienstmitarbeiters, periodisch oder bei besonderen Anlässen.

Stornobekämpfung

Aufgabe des Kundendienstes ist auch die Stornobekämpfung, wenn der Versicherungsnehmer seine Police nicht mehr weiterführen will oder glaubt, sie wegen Zahlungsschwierigkeiten nicht weiterführen zu können. Eine gute Beratung könnte zu Änderungen führen wie
– Ändern des Zahlungsmodus
– Ändern des Zuweisungsmodus der Überschussbeteiligung, indem diese künftig zur Prämienreduktion verwendet wird (sofern dieser Modus nicht bereits gewählt wurde)
– Bezug eines Policendarlehens

---

[1] VVG, Art. 90, Abs. 1.

Einzellebensversicherung

- Verlängern der Vertragsdauer
- Ausschluss der mitversicherten Person, etwa bei einer Scheidung und Änderung der Begünstigung
- Teilrückkauf in Höhe der zu zahlenden Prämie unter Inkaufnahme einer Leistungsreduktion
- Teilumwandlung zur Reduktion der Prämienbelastung.

Schadenfall

Ein guter Kundendienst zeigt sich vor allem auch im Schadenfall, sei es, dass im Falle einer Erwerbsunfähigkeit der Versicherungsnehmer über die erforderlichen Schritte unterrichtet wird oder im Todesfall, indem die begünstigten Hinterlassenen über Massnahmen, über Steuerfragen, Erbschaftsprobleme bis hin zum Anlegen fälliger Leistungen beraten werden. Seriöse Beratung ist hier wichtig und führt zu zufriedenen oder sogar zu neuen Kunden.

Belehnung, Vorbezug

Auf rückkaufsfähigen Policen kann der Versicherungsnehmer ein Darlehen beziehen. Ein solches Darlehen ist zu einem der Marktlage angepassten Zinssatz zu verzinsen. Es kann jederzeit ganz oder teilweise zurückbezahlt werden und wird bei Fälligkeit der Versicherungsleistung sowie bei Umwandlung oder Rückkauf verrechnet. Die Police muss dem Versicherer im ersten Rang verpfändet werden.

Bei der gebundenen Vorsorge kann der Rückkaufswert im Sinne der Wohnbauförderung zur Reduktion der Hypothekarbelastung für eigenen Wohnbedarf bezogen werden, oder die Police lässt sich zum Aufschub der Amortisation verpfänden.

Verpfändung, Abtretung von Versicherungsansprüchen

Mit der Verpfändung der Police werden Ansprüche von Drittpersonen sichergestellt. Bis zur Höhe des Pfandbetrages geht der Pfandanspruch der Begünstigung vor. Zur Gültigkeit einer Verpfändung ist ein schriftlicher Pfandvertrag, die Übergabe der Police an den Pfandinhaber und die Mitteilung an den Versicherer erforderlich[1]. Leistungen erfolgen an den Pfandinhaber, sofern dieser nicht etwas anderes bestimmt. Häufig werden Leistungen im Falle einer Erwerbsunfähigkeit mit Zustimmung des Pfandinhabers an die versicherte Person ausbezahlt.

Ansprüche aus dem Versicherungsvertrag können an eine Drittperson abgetreten werden. Damit geht das Forderungsrecht an diese über. Eine Abtretung ausschliesslich von Ansprüchen ist in der Lebensversicherung eher selten. Dagegen ist eine Abtretung mit allen Rechten und Pflichten als Versicherungsnehmer durchaus gebräuchlich.

Wünscht ein Versicherungsnehmer, der nicht selbst auch versicherte Person ist, dass nach seinem Tod eine bestimmte Person neuer Versicherungsnehmer wird, muss er dies in einer letztwilligen Verfügung festhalten, entweder in einem Testament oder auf der Police selbst. Fehlt eine solche Verfügung, werden die Erben des Versicherungsnehmers entsprechend ihrem Anteil an der Erbschaft gemeinsam neue Versicherungsnehmer. Als Folge werden dann Änderungen der Police nur noch mit der Zustimmung aller Versicherungsnehmer möglich sein.

---

[1] VVG, Art. 73.

Vorzeitige Auflösung durch Rückkauf oder Verzicht

Nachdem der Versicherungsnehmer die Prämie für das erste Versicherungsjahr bezahlt hat, kann er jederzeit vom Vertrag zurücktreten[1]. Tritt er innerhalb der im VVG vorgesehenen Frist von drei Jahren oder in einer kürzeren gemäss AVB zurück, hat er keinerlei Anspruch auf eine Leistung. Die Versicherung wird als Verzicht annulliert[2]. Nach Ablauf der genannten Fristen kann er bei einer rückkaufsfähigen Police den Rückkauf verlangen, bei reinen Todesfallversicherungen mit Laufzeiten von mehr als zehn Jahren ist nur die Umwandlung in eine prämienfreie Versicherung möglich, sofern nicht die AVB eine günstigere Lösung, also auch eine Rückkaufsmöglichkeit, vorsehen. Bei Altersrenten ist die Regelung von der gewählten Versicherungsart abhängig. Dabei wird dem Umstand Rechnung getragen, dass ein schwer kranker Versicherter sich nicht durch den Rückkauf eine höhere Leistung verschaffen kann als im Todesfall.

Bei der gebundenen Vorsorge bieten die meisten Versicherer bereits ab dem ersten Versicherungsjahr eine Rückkaufsmöglichkeit an, wenn nicht sogar das Deckungskapital angeboten wird.

---

[1] VVG, Art. 89.
[2] In der Kollektivversicherung ist bei einem Dienstaustritt der individuelle Rückkauf des versicherten Teils der austretenden Person bereits im ersten Jahr möglich.

Einzellebensversicherung

12.3 Leistungserbringung

Die Leistungspflicht des Versicherers wird durch ein bestimmtes in der Police umschriebenes Ereignis ausgelöst. Einzel oder kombiniert sind folgende Leistungen möglich:
- Kapital- oder Rentenzahlung, wenn die versicherte Person einen bestimmten Termin erlebt; Zahlung von Altersrenten beim Erleben aufeinander folgender Termine
- Kapital- oder Rentenzahlung im Todesfall der versicherten Person
- Zusatzleistung bei Unfalltod
- Prämienbefreiung bei Erwerbsunfähigkeit
- Erwerbsausfallrente, evtl. ein Invaliditätskapital
- Weitere Zusatzleistungen wie Spitaltaggeld, Operationskostenbeitrag oder vorzeitige Auszahlung bei Heirat eines mitversicherten Kindes.

12.3.1 Erlebensfall

Im Erlebensfall tritt meist der Versicherer an den Versicherungsnehmer heran, um die Auszahlung vorzunehmen. Auf einen Altersnachweis wird fast immer verzichtet, und das Versicherungsunternehmen klärt nur die Begünstigung ab. Der Versicherer muss auch die Frage der Meldepflicht an die Eidgenössische Steuerverwaltung überprüfen. Nach erfolgter Abklärung der Auszahlungsweise erfolgt die Zahlung gegen Rückgabe der Originalpolice und das Quittieren durch die Bezugsberechtigten. Wenn weiterhin Leistungen versichert sind, oder bei gestaffelter Auszahlung, bleibt die Police bis zur letzten Zahlung im Besitz des Versicherungsnehmers.

Bei Altersrenten kann der Versicherer einen Lebensnachweis verlangen. Über den Tod hinaus bezogene Rentenraten müssen zurückerstattet werden, was nicht immer leicht zu erreichen ist. Da die Auszahlung in vielen Fällen auf ein Bankkonto erfolgt, versucht das Versicherungsunternehmen, die Rückerstattung durch die Bank sicherzustellen. Ein Lebensnachweis wird dann nur noch nach jeweils einer Anzahl Jahre verlangt. Bei Renten mit garantierter Zahlungsdauer oder solchen mit Prämienrückgewähr genügt ein erster Lebensnachweis nach Ablauf der garantierten Rückgewährsdauer.

12.3.2 Todesfall

Im Todesfall einer versicherten Person muss der Versicherer unverzüglich benachrichtigt werden, besonders wenn auch Anspruch auf eine Unfalltod-Zusatzleistung erhoben wird. Im Allgemeinen wird ein amtlicher Todesschein und ein Zeugnis des zuletzt behandelnden Arztes über die Todesursache verlangt. Bei Unfalltod kann ein Polizeirapport zur Klärung beitragen. Der Versicherer klärt sodann die Anspruchsberechtigung ab, was bei mehreren Begünstigten gelegentlich eine Verzögerung in der Auszahlung bewirken kann. Liegen alle erforderlichen Unterlagen vor, muss das Versicherungsunternehmen innert vier Wochen die vereinbarte Leistung erbringen[1]. In der Regel erfolgt die Auszahlung aber weit schneller.

Bei einer Altersrente mit Rückgewähr oder mit garantierter Zahlungsdauer wird kein Arztzeugnis benötigt; der Versicherer muss aber auch in diesem Fall die Begünstigten abklären.

Sind seit dem Tode der versicherten Person bereits mehrere Jahre vergangen, verlangen verschiedene Versicherer kein Arztzeugnis mehr, sondern lediglich die Angabe der Todesursache.

12.3.3 Erwerbsunfähigkeit

Die versicherte Person gilt als erwerbsunfähig, wenn sie infolge einer medizinisch objektiv nachgewiesenen Schädigung der körperlichen oder geistigen Gesundheit ausserstande ist, ihren Beruf oder eine andere, ihren Kenntnissen und Fähigkeiten angemessene Erwerbstätigkeit auszuüben und sie dadurch gleichzeitig einen Erwerbsausfall oder einen diesem Ausfall entsprechenden finanziellen Nachteil erleidet.

Der Eintritt einer Erwerbsunfähigkeit ist dem Versicherer spätestens bei Ablauf der Wartefrist mitzuteilen. In der Regel wird ein Arztzeugnis verlangt, das Auskunft geben soll über die Ursache, die voraussichtliche Dauer und den vom Arzt geschätzten Grad der Erwerbsunfähigkeit. Die Versicherer erbringen ihre Leistung aufgrund der prozentualen Erwerbseinbusse. Deshalb werden auch häufig Abklärungen in dieser Richtung erforderlich. Da auch nur Leistungen bei Erwerbsunfähigkeit im Krankheitsfall versichert werden können, spielt die Diagnose eine entscheidende Rolle. Häufig ist die Wartefrist für die Prämienbefreiung kürzer als jene bei der Erwerbsausfallrente, weshalb die Meldung bereits nach der ersten Frist erfolgen muss, damit die Leistungen termingerecht erfolgen können.

Die Auszahlung der Erwerbsausfallrente oder die Befreiung von der Prämienzahlung erfolgt aufgrund des Grades der Erwerbsunfähigkeit. Zu viel einbezahlte Prämien werden dem Versicherungsnehmer zurückerstattet, bis zum Ablauf der Wartefrist noch ausstehende Prämien werden nachbelastet oder mit den Rentenleistungen verrechnet. Ohne andere Weisung erfolgen die Zahlungen an den Versicherungsnehmer. Ausnahmen können bei Kollektivversicherungen oder bei verpfändeten Policen bestehen.

Die versicherte Person muss eine Änderung des Grades ihrer Erwerbsunfähigkeit oder das Wiedererlangen der vollen Erwerbsfähigkeit dem Versicherer unverzüglich melden. Zu viel bezogene Leistungen müssen zurückerstattet werden.

Die meisten AVB sehen vor, dass bei einer Erwerbsunfähigkeit von weniger als 25% keine Leistungen erbracht werden, bei ⅔ und mehr jedoch die vollen Leistungen. Invaliditätskapitalien bei Krankheit werden in der Schweiz kaum angeboten, allenfalls

Erwerbsunfähigkeit
Medizinisch objektiv nachweisbare Gesundheitsschädigung verbunden mit einer Einschränkung der Erwerbstätigkeit und einer finanziellen Einbusse.

---
[1] VVG, Art. 41.

als vorzeitige Auszahlung einer auf den Tod oder Erlebensfall versicherten Leistung. Die Invalidität muss dabei voraussichtlich dauernd sein und, je nach AVB, auch vollständig.

12.3.4 Spitaltaggeld

Ein Spitaltaggeld wird aufgrund der nachgewiesenen Dauer des Spitalaufenthaltes ausbezahlt, wobei auch hier die individuelle Diagnose von Bedeutung ist.

12.3.5 Operationskostenbeiträge

Einzelne Gesellschaften leisten Operationskostenbeiträge an lebenswichtige Eingriffe. Die beitragsberechtigten Eingriffe sind in den AVB definiert.

12.3.6 Auszahlungsverfügungen

Der Versicherungsnehmer kann verfügen, dass ein fällig werdendes Kapital in Form einer Zeitrente, in einzelnen Fällen auch als Altersrente ausbezahlt werden soll. Diese Verfügung kann er entweder für den Todesfall oder den Erlebensfall oder für beide treffen. Dabei kann er die Dauer und die Zahlungsweise verbindlich festlegen oder einen gewissen Spielraum offen lassen. Auch bei der Begünstigung kann er verfügen, dass der im Todesfall Begünstigte den Anspruch endgültig erwirbt oder aber, dass er die Rentenraten nur erhalten soll, wenn er den Fälligkeitstermin erlebt, andernfalls geht die Bezugsberechtigung an den nächsten Begünstigten über. In beiden Fällen ergeben sich unterschiedliche rechtliche und steuerliche Verhältnisse. Bei der endgültigen Anspruchsberechtigung kann der Begünstigte den Rückkauf der zukünftigen Renten verlangen und er muss bei der Bundessteuer und in den meisten Kantonen das Kapital zu einem reduzierten Satz als Einkommen versteuern, im andern Fall entfällt ein Rückkaufsrecht und die Rente ist als Einkommen zu versteuern.

Hat der Versicherungsnehmer für sich oder andere Begünstigte ein Wahlrecht auf eine Zeitrente ausbedungen, so müssen die Bezugsberechtigten innert einer vereinbarten Frist davon Gebrauch machen, sonst erfolgt eine Barauszahlung.

Der Versicherungsnehmer könnte auch festlegen, dass ein versichertes Kapital einem Begünstigten nicht schon bei Fälligkeit, sondern erst in einem bestimmten Zeitpunkt, z. B. bei Volljährigkeit, ausbezahlt wird. Sofern der Versicherer nicht ein so genanntes Auszahlungskonto führt, muss er in einem solchen Fall versuchen, zu einer Übereinkunft zu gelangen, dass er das Kapital auf ein gesperrtes Sparheft oder an einen Treuhänder auszahlen darf.

12.3.7 Leistungsbeschränkungen

Im Todesfall und bei Erwerbsunfähigkeit prüft der Versicherer, ob eine Leistungspflicht überhaupt besteht. Das VVG und die AVB umschreiben einige Umstände, die eine Kürzung der Leistungen oder den Verlust auf einen Anspruch mit sich bringen können.

Grobfahrlässigkeit

Grobfahrlässigkeit[1] könnte nach VVG zu einer Kürzung führen, doch verzichten die meisten Gesellschaften in den AVB auf dieses Recht. Damit entfällt auch die Abschätzung, ob Grobfahrlässigkeit

---

[1] VVG, Art. 14, Abs. 2 und 3.

oder nur leichte Fahrlässigkeit vorliegt. Die vollen Leistungen werden dann auch bei grobfahrlässigem Herbeiführen des versicherten Ereignisses erbracht.

Selbstmord

Selbstmord ist in den ersten drei Versicherungsjahren von der Versicherung ausgeschlossen. Kann ein solcher nachgewiesen werden, muss der Versicherer nur das auf den Todestag berechnete Deckungskapital auszahlen, das naturgemäss recht klein ist. Aus Kulanzgründen werden gelegentlich an Stelle des Deckungskapitals die verzinsten Prämien zurückbezahlt. Der Nachweis kann bei einem als Unfall getarnten Selbstmord einige Schwierigkeiten bieten. Da ein Freitod Urteilsfähigkeit voraussetzt, wird oft auch Selbstmord in urteilsunfähigem Zustand ausgeschlossen. Bei versuchter Selbsttötung besteht zudem kein Anspruch auf Erwerbsunfähigkeitsleistungen.

Anzeigepflichtverletzung

Eine Anzeigepflichtverletzung entbindet den Versicherer ebenfalls von seiner Leistungspflicht. Versicherungsnehmer und versicherte Person sind für die abgegebenen Erklärungen verantwortlich, auch wenn die Antworten von einer andern Person, z. B. vom Aussendienstmitarbeiter, geschrieben wurden. Auf der andern Seite könnte dieser sogar haftbar werden, wenn er das Verschweigen oder eine unrichtige Angabe veranlasst hat.

Kriegerische Ereignisse

Kriegerische Ereignisse sind bei allen Lebensversicherern in Absprache mit der Aufsichtsbehörde einheitlich geregelt. Der 2. Weltkrieg zeigte, dass im Gegensatz zu früheren kriegerischen Auseinandersetzungen vor allem die Zivilbevölkerung von Tod und Invalidität bedroht war, und zwar in einem Ausmass, das man sich bis anhin nicht vorstellen konnte. Besetzung, Vertreibung oder Ausrottung von Bevölkerungsteilen und Flächenbombardemente sind Stichworte dazu. Seither hat sich diese Tendenz weiterhin zuungunsten der Zivilbevölkerung verschoben. Das damalige Eidgenössische Versicherungsamt (heute Bundesamt für Privatversicherungswesen) genehmigte am 2. 9. 1939 die so genannte Kriegsklausel. Sie ist gemäss Bundesratsbeschluss vom 15. 10. 1954 von sämtlichen in der Schweiz beaufsichtigten Lebensversicherungsgesellschaften in ihrem vollen Wortlaut in die AVB für Kapitalversicherungen auf den Todesfall aufzunehmen.

Solange keine kriegerischen Handlungen vorkommen, gelten die normalen, mit dem Kunden vereinbarten Allgemeinen Versicherungsbedingungen. Falls die Schweiz in einen Krieg verwickelt wird, ist ein **Kriegsumlagebeitrag** vorgesehen.

Die Kriegsklausel mit dem Umlagebeitrag wurde 1954 im einzelnen mit folgendem Grundgedanken begründet[1]:

«Alle Versicherten einer Gesellschaft werden in einer Schicksals- und Gefahrengemeinschaft zusammengefasst und im Kriegsfall nach den gleichen Grundsätzen entschädigt. Um die Gefahr einer Besserstellung der Versicherten, deren Leistungen zu Kriegsbeginn oder noch in einem früheren Stadium des Krieges fällig werden, vor den anderen Versicherten auszuschalten und auch um einer allfälligen Insolvenz der Gesellschaft vorzubeugen, kann die Auszahlung eines angemessenen Teiles der Leistungen aufgeschoben werden. Zur Deckung der durch den Krieg verursachten Schäden sollen sämtliche Mittel der Gesellschaft sowie ein nach Kriegsschluss festzusetzender Kriegsumlagebei-

> **Kriegsumlagebeitrag**
> Dieser Beitrag dient zur Deckung der durch den Krieg mittelbar und unmittelbar verursachten Schäden, wenn die Schweiz in einen Krieg verwickelt wird.

---

[1] Aus einem Exposé des Eidgenössischen Versicherungsamtes, 1954.

Einzellebensversicherung

trag herangezogen werden, wobei dieser schon von Kriegsbeginn an geschuldet ist.»
In einem weiteren Absatz wird festgehalten, dass bei Teilnahme der versicherten Person an einem Krieg oder an einer kriegsähnlichen Handlung, ohne dass die Schweiz selbst Krieg führt oder in kriegsähnliche Handlungen hereingezogen ist, nur das auf den Todestag berechnete Deckungskapital ausbezahlt werden muss. Ausländer, die in ihrem Land an kriegerischen Ereignissen teilnehmen, oder Schweizer, die sich als Freiwillige daran beteiligen, müssen also mit einer Leistungskürzung rechnen. Die Verteidigung des eigenen Lebens oder jenes von Angehörigen, selbst mit einer Waffe, gilt aber nicht als Teilnahme. Ebenso würden so genannte Blauhelm-Einsätze als Aktivdienst gewertet und als solche den vollen Versicherungsschutz beinhalten.

Bei der Unfalltod-Zusatzversicherung sind aber Krieg oder kriegsähnliche Ereignisse von der Versicherung ausgeschlossen. Häufig erstreckt sich der Ausschluss bei der Unfalltod-Zusatzversicherung auch auf bürgerliche Unruhen, sofern die versicherte Person aktiv daran teilnimmt.

Spezial

Fragen der Zukunft

Dread Disease

Dread Disease bedeutet «furchtbare Krankheit», die in der Regel zum Tod führt, und in der Lebensversicherung, dass bei Eintritt einer solchen Krankheit eine Leistung erbracht wird. In den 60er-Jahren wurde in den USA eine Krebspolice angeboten, bei der die Versicherungssumme bei der Diagnose eines (damals) unheilbaren Krebses ausbezahlt wurde. In den 80er-Jahren wurde in Südafrika der Versicherungsschutz erweitert auf
- Krebs
- Herzinfarkt
- Herzkranzgefässoperationen (Bypass)
- Hirnschlag.

Der Versicherer erbringt die Leistung, meist ein Teil der Versicherungssumme, wenn die entsprechende Diagnose feststeht. Die Idee ist, dass mit diesem Geld die Kosten für die Behandlung oder Pflege aufgebracht werden können und so die Familie entlastet wird. Die Frage, ob es sich dabei um eine Lebensversicherung oder eher um eine Krankenversicherung handelt, stellt sich vor allem in Ländern, in denen eine unterschiedliche Gesetzgebung besteht.

Die Palette der definitionsmässig als furchtbar geltenden Krankheiten wurde bald ergänzt durch
- Nierentransplantationen (USA)
- grössere Organtransplantationen (England)
- chronische, nicht heilbare Nierenleiden (England)
- Paraplegie.

Ungünstige Erfahrungen führten dazu, dass in einzelnen Ländern gemäss AVB keine Leistung erbracht wird, wenn die Diagnose in den ersten drei, evtl. sechs Monaten nach Abschluss gestellt wird. Offensichtlich hatten Personen, die sich nicht wohl fühlten und einen bestimmten Verdacht hatten, zuerst einen Antrag eingereicht und erst nach Annahme desselben einen Arzt konsultiert. Für die Risikobeurteilung spielen eindeutig die Lebensgewohnheiten eine grosse Rolle. Bei Krebs ist bekanntlich das Erkrankungsrisiko für Lungenkrebs bei Rauchern über 10-mal grösser als bei Nichtrauchern. Auch vererbte Anlagen können mitspielen.

Da meist ein Teil der Versicherungssumme vorausbezahlt wird (seltener eine zusätzliche), reduziert sich die spätere Leistung, was nicht unbedingt sinnvoll ist, weil nach der Diagnosestellung unter Umständen kein weiterer Versicherungsschutz mehr erhältlich ist.

Auch im Schadenfall können sich Probleme ergeben, falls eine Diagnose noch unsicher ist. Südafrikanische Gesellschaften klagen auch über eine grössere Anzahl von Anzeigepflichtverletzungen als im normalen Lebengeschäft. In der Schweiz steht man dieser Art Versicherung eher skeptisch gegenüber. So war etwa die vor Jahren mögliche Zusatzleistung bei Tod nach langer Krankheit nicht erfolgreich. Auch ist die Prämie gegenüber einer Todesfallversicherung relativ hoch. Wenn schon, wird sich wohl am ehesten die vorzeitige Auszahlung eines Teils der Versicherungssumme behaupten.

Fragen der Zukunft

Gentechnologie

Hier stehen die Versicherer noch vor unabsehbaren Entwicklungen. Zurzeit nimmt man an, dass sich für etwa 300 Krankheiten durch gentechnische Untersuchungen eine Prädisposition (Veranlagung, Anfälligkeit) erkennen lässt. Wenn Prädisposition auch nicht bedeutet, dass man die Krankheit erleiden muss, könnten doch zur Vorbeugung Verhaltensweisen oder Gewohnheiten geändert werden.

Ein Versicherer kann keine gentechnische Untersuchung verlangen, wohl aber müsste bei den Fragen nach dem Gesundheitszustand oder nach durchgeführten Kontrolluntersuchungen eine bereits erfolgte gentechnische Untersuchung angegeben werden wie jede andere spezielle Untersuchung, etwa eine Röntgenkontrolle. Das Ergebnis wird dann bei der Risikobeurteilung berücksichtigt. Solche Untersuchungen könnten nach einer Verbesserung der Technologie auch vom Versicherer verlangt werden. Liesse sich durch Früherkennung einer Krankheitsveranlagung und entsprechende Vorsorge die Sterblichkeit verbessern, so würde sich eine Reduktion der Risikoprämie ergeben. Andererseits würden aber die Kosten für die Untersuchungen massiv ansteigen.

Seit dem September 2000 dürfen britische Versicherer Resultate von Gentests für die Risikoprüfung ihrer Antragsteller verwenden. Die Versicherungsgesellschaften arbeiten mit einem Verhaltenskodex, dessen wichtigster Punkt ist, dass der Versicherungsnehmer den Test freiwillig machen kann. Trotz der provisorischen Bewilligung der Regierung, solche Testergebnisse zu verwenden, ist in Grossbritannien dieses Vorgehen ziemlich umstritten. Befürchtet wird das Entstehen einer genetischen Unterklasse von Menschen, die in bestimmten Bereichen trotz Datenschutzvorschriften benachteiligt würden.

Der Schweizerische Versicherungsverband stellt sich zum Thema Gentests auf den Standpunkt, dass der Versicherungsnehmer selbst über eine genetische Untersuchung entscheiden können soll. Der SVV verlangt jedoch, dass freiwillig durchgeführte Tests bekannt gegeben werden müssen. Das Verschweigen von Untersuchungen zum eigenen Nutzen birgt die Gefahr der Antiselektion. Eine Person, die ihre Anfälligkeit für bestimmte Krankheiten kennt, wird eher eine Lebensversicherung abschliessen oder die Versicherungssumme erhöhen.

Einzellebensversicherung

13 Produkte der Lebensversicherung

Wer sich etwas näher mit Lebensversicherungen beschäftigt, stellt eine grosse Vielfalt von Versicherungsarten und -formen fest. Die Gesellschaften versuchen, sich den Bedürfnissen des praktischen Lebens anzupassen und den Kunden eine individuell geeignete Versicherungslösung anzubieten. Die Produkte der Lebensversicherung bestehen aus zwei Hauptgruppen: Versicherungen mit Kapitalleistungen und/oder Rentenleistungen.
Diese lassen sich wiederum einteilen in:
– Versicherungen auf den Erlebensfall
– Versicherungen auf den Todesfall
– Invaliditäts- und Erwerbsausfallversicherungen
– Leibrentenversicherungen (Lebensrenten).

Diese Einteilung gilt sowohl für die Einzellebensversicherung wie auch (heute in beschränktem Umfang) für die Kollektivlebensversicherung.

13.1 Kapitalversicherungen

Kapitalversicherungsverträge verpflichten den Versicherer bei Eintritt des versicherten Ereignisses eine einmalige Leistung zu erbringen. Die Gruppe der Versicherungen auf den Erlebensfall enthält aus der Sicht der Risikodefinition auch die Leibrenten[1].

13.1.1 Vermögensbildende Versicherungen

Vermögensbildende Versicherungen weisen immer einen Sparteil auf. Auf ein im Voraus bestimmtes Ereignis wird eine garantierte Kapitalzahlung fällig. Weil dauernd neue Varianten auf dem Markt erscheinen, beschränkt sich die nachfolgende Beschreibung auf die wichtigsten Versicherungsarten (Produkte) aus der Kategorie der klassischen vermögensbildenden Versicherungen:

- gemischte Versicherungen
- gemischte Versicherungen auf zwei Leben
- gemischte Versicherungen mit steigendem Kapital
- gemischte Versicherungen mit mehreren Auszahlungen (so genannte Etappenpläne)
- Terminversicherungen
- Erlebensfallversicherungen mit Rückgewähr.

Die gemischte Versicherung

Die gemischte Versicherung ist nach wie vor die gebräuchlichste Form der Lebensversicherung. Sie verbindet die Vorsorge für das Alter mit der Vorsorge für die Familie oder, anders ausgedrückt: Finanzielle Sicherheit der versicherten Person im Alter in Verbindung mit einem Schutz für die Hinterlassenen.

Neben der Vorsorge für das Alter ist die gemischte Versicherung ein ideales Instrument, um mittel- und langfristige Spar- und Anlageziele garantiert zu erreichen. Das versicherte Kapital kommt nach Ablauf der Versicherungsdauer oder bei einem vorzeitigen Todesfall der versicherten Person sofort zur Auszahlung.

Die gemischte Versicherung lässt sich auch als flexible Vorsorgelösung ausgestalten,

---

[1] Leibrente: Das Wort «Leib» besass ursprünglich die Bedeutung «Leben».

wobei der Kunde das Verhältnis zwischen dem Spar- und dem Risikoteil frei wählen kann. Mit diesem Produkt lassen sich die Prämien und der Versicherungsschutz kurzfristig den individuellen Bedürfnissen anpassen: Sei der Grund der Kauf eines Eigenheims, die Pensionierung oder ein anderes Vorhaben; der Versicherungsnehmer kann seine Vorsorgelösung jederzeit auf seine aktuellen Ziele ausrichten.

Die gemischte Versicherung auf zwei Leben

Nach Ablauf der Versicherung oder nach dem Tod einer der versicherten Personen wird das Kapital ausbezahlt. Diese Versicherung verbindet die Altersvorsorge mit der Vorsorge für den Fall, dass einer der Versicherten stirbt. Das Produkt eignet sich besonders für eine gegenseitige Sicherung von Eheleuten sowie von Lebens- und Geschäftspartnern.

Die gemischte Versicherung mit steigendem Kapital

Die gemischte Versicherung mit steigendem Kapital erlaubt eine planmässige Anpassung des Versicherungsschutzes an die Preissteigerungen und an die berufliche Laufbahn der versicherten Person. Damit ist gewährleistet, dass die Vorsorge für das Alter und der Schutz der Hinterbliebenen dem steigenden Bedarf laufend angepasst werden.

Das versicherte Kapital und die Prämie erhöhen sich z. B. jedes Jahr um einen bestimmten Prozentsatz der Anfangssumme oder der Anfangsprämie.

Diese Versicherungsform eignet sich für Selbstständigerwerbende und Kaderkräfte, deren berufliche Karriere noch nicht abgeschlossen ist. Zudem bietet diese Vertragsform einen gewissen Inflationsschutz. Weil die Kunden nach dem allgemeinen Rückgang der Teuerung ihre gemischte Versicherung mit steigendem Kapital in eine Police mit gleich bleibendem Kapital umwandelten, verzichten heute viele Gesellschaften auf den Verkauf solcher Einzellebensversicherungen.

Die gemischte Versicherung mit mehreren Auszahlungen

Der Etappenplan als besondere Form der Lebensversicherung erlaubt die Kombination des mittelfristigen Sparens mit einer Todesfallrisiko-Versicherung. Die Auszahlung der Erlebensfallleistung erfolgt in Teilsummen, die beispielsweise in Abständen von fünf Jahren fällig werden, letztmals bei Ablauf der Versicherungsdauer. Im Todesfall während der Versicherungsdauer wird das versicherte Kapital in der Höhe der Versicherungssumme sofort nach dem Tode der versicherten Person ausbezahlt.

Dieses Produkt unterstützt speziell das Konsumsparen. Zielpublikum sind insbesondere jene Personen, die innert weniger Jahre über Kapitalien verfügen wollen und zusätzlich einen Versicherungsschutz wünschen. Diese Versicherungen werden zunehmend von kapitalmarktorientierten Produkten verdrängt.

Die Terminversicherung

Bei dieser Versicherung wird das versicherte Kapital an einem zum Voraus festgesetzten Zeitpunkt ausbezahlt, auch wenn die versicherte Person schon vor diesem Termin gestorben ist. Vom Todestag der versicherten Person an sind während der restlichen Vertragsdauer keine Prämien mehr zu entrichten.

Diese Versicherung ermöglicht das planmässige Bereitstellen von Mitteln auf einen im Voraus bestimmten Zeitpunkt. Sie eignet sich auch für die Rückzahlung einer Schuld zu einem bestimmten Zeitpunkt. Der Versicherungsnehmer kann damit beispielsweise seinen Kindern eine Ausbildung oder eine Aussteuer finanzieren.

Einzellebensversicherung

Die Erlebensfallversicherung mit Prämienrückgewähr

Reine Erlebensfallversicherungen, die bei vorzeitigem Tod der versicherten Person ohne jegliche Vergütung erlöschen, sind kaum anzutreffen. In der Praxis werden Erlebensfallversicherungen angeboten, die mindestens eine Prämienrückgewähr vorsehen. Bei vorzeitigem Tod des Versicherten erstattet die Versicherungsunternehmung die Summe der bis zum Todestag bezahlten Prämien mit oder ohne Zins zurück. Dadurch ist die Erlebensfallversicherung mit Rückgewähr im Gegensatz zur reinen Erlebensfallversicherung auch rückkaufsfähig.

Die Erlebensfallversicherung mit Rückgewähr dient der planmässigen Kapitalbildung. Eine Erlebensfallversicherung in dieser Form ist eigentlich keine echte Versicherung. Deshalb geniesst ein Versicherungsnehmer mit Wohnsitz in der Schweiz heute keine besonderen steuerlichen Vorteile mehr.

13.1.2 Risikoversicherungen

Neben den dargestellten Mischformen von Erlebensfall- und Todesfallrisikoversicherungen als vermögensbildende Versicherungen bilden reine Risikoversicherungen eine weitere wichtige Kategorie. Diese Versicherungen übernehmen die Risiken Todesfall oder Erwerbsunfähigkeit. Die gängigsten Produkte sind:
- temporäre Todesfallversicherungen
  - mit gleich bleibendem Kapital
  - mit abnehmendem Kapital
  - Überlebenszeitrenten
- lebenslange[1] Todesfallversicherungen
- Erwerbsunfähigkeitsversicherungen
  - Renten
  - Prämienbefreiung
  - Kapital.

---

[1] lebenslang: Anstelle des gebräuchlichen Begriffs «lebenslänglich» wird der Begriff «lebenslang» verwendet.

Temporäre Todesfallversicherungen

Die temporären Todesfallversicherungen decken das Sterberisiko nur während einer bestimmten Dauer.

Die gleich bleibende Todesfallversicherung

Stirbt der Versicherte während der vereinbarten Versicherungsdauer, so gelangt das versicherte Kapital zur Auszahlung. Erlebt der Versicherungsnehmer den Ablauf des Vertrages, so erlischt die Versicherung ohne Rückerstattung von bezahlten Prämien. Die Prämien sind während der ganzen Versicherungsdauer zu entrichten, längstens jedoch bis zum Tode des Versicherten.

Diese Versicherungsform ist speziell empfehlenswert, wenn mit niedrigen Prämien ein hoher Versicherungsschutz erreicht werden soll. Oft verlangen auch Gläubiger eine solche Versicherung zur Sicherstellung einer Schuld.

Die abnehmende Todesfallversicherung

Bei dieser Todesfallversicherung nimmt das versicherte Kapital während der Dauer der Versicherung zu Beginn jedes Versicherungsjahres um den gleichen Betrag ab (lineare Abnahme).

Diese Versicherungsart ist empfehlenswert, wenn ein anfänglich hoher Versicherungsschutz benötigt wird, der im Laufe der Zeit abnimmt. Häufig dient die abnehmende Todesfallversicherung der Sicherstellung einer finanziellen Verpflichtung, die amortisiert wird (z. B. Hypothek).

Die Überlebenszeitrente

Die Überlebenszeitrente ist eine abgewandelte Form der «abnehmenden» Todesfallversicherung mit einem Rentenbezug.

Produkte der Lebensversicherung

Stirbt der Versicherte während der Versicherungsdauer, bezahlt die Versicherungsgesellschaft vom Todestag bis zum vereinbarten Ablauf eine Rente (meist vierteljährlich) an die begünstigte Person. Weil diese Rentenzahlungen in jedem Fall erbracht werden müssen, hat die Versicherungsunternehmung jedes Jahr den mit dem technischen Zinssatz diskontierten Betrag der noch zu erbringenden Rentenzahlungen als Reserve auszuscheiden. Sofern der Versicherungsnehmer nichts anderes verfügt hat, steht es dem Begünstigten frei, sich diese Reserve anstelle der regelmässigen Rentenleistungen auszahlen zu lassen; in diesem Fall erlischt der Vertrag nach der Auszahlung.

Die Überlebenszeitrente ist für Versicherungsnehmer zu empfehlen, die während einer gewissen Zeit regelmässig wiederkehrende Ausgaben absichern wollen (z. B. Ausbildungskosten der Kinder).

Die lebenslange Todesfallversicherung

Aus der Sicht der Versicherungstechnik gehört die lebenslange Todesfallversicherung in die Kategorie der kapitalbildenden Versicherungen, da in jedem Fall die versicherte Leistung fällig wird. Die lebenslange Todesfallversicherung zahlt das versicherte Kapital erst nach dem Tod des Versicherten aus, unabhängig davon, wann dieses Ereignis eintritt. Die Dauer der Prämienzahlungen kann gegenüber der Vertragsdauer abgekürzt sein.

Diese Versicherung bietet die Möglichkeit, nach dem Tod der versicherten Person Geldmittel bereitzustellen, um den Begünstigten finanzielle Verpflichtungen abzunehmen oder die Erbteilung zu erleichtern. Ältere Personen schliessen eine lebenslange Todesfallversicherung ab, um nach dem Tod den Erben oder Dritten bei der Begleichung der Erbschaftssteuer, der Zahlung der ausstehenden Rechnungen, der aufgelaufenen Pflegekosten, der Bestattungs- oder Grabpflegekosten usw., finanziell zu helfen.

Ein grosser Vorteil der lebenslangen Todesfallversicherung besteht darin, dass die Versicherungssumme nicht in die Erbmasse fällt.

Erwerbsunfähigkeitsversicherungen

Renten

Die Erwerbsunfähigkeits- oder Invaliditätsversicherung garantiert der versicherten Person bei Erwerbsunfähigkeit ein regelmässiges Ersatzeinkommen. Die Rente wird meist in vierteljährlichen Rentenraten ausbezahlt. Die Zahlung erfolgt, solange die Erwerbsunfähigkeit besteht, längstens aber bis zum Ablauf der Versicherung. Die Renten werden erst nach Ablauf einer Wartefrist fällig. Für diese Wartefristen stehen ein Monat bis zu drei Jahren zur Wahl.

Der Erwerbsunfähigkeits- oder Invaliditätsbegriff ist nicht einheitlich definiert. Deshalb umschreibt jede Gesellschaft in ihren Versicherungsbedingungen, was sie unter Erwerbsunfähigkeit oder Invalidität versteht und in welchem Umfang sie dieses Risiko versichert.

In der Praxis bereitet die Beurteilung, ob jemand invalid oder erwerbsunfähig ist, oft Schwierigkeiten. «Invalid» beschreibt einen medizinischen Zustand. Im engeren Sinn bedeutet Invalidität eine dauernde Beeinträchtigung der Gesundheit infolge von Krankheit oder Unfall. Im Gegensatz dazu ist «Erwerbsunfähigkeit» ein wirtschaftlicher Begriff. Damit wird die Unfähigkeit einer Person bezeichnet, den angestammten Beruf oder eine andere zumutbare Tätigkeit aufgrund einer Krankheit, eines Unfalls oder eines Gebrechens auszuüben. Eine Person, die nach medizinischen Gesichtspunkten invalid ist, kann somit trotzdem zu 100% erwerbsfähig sein.

Im Allgemeinen wird ab einer Erwerbsunfähigkeit von mindestens 25% die Rente entsprechend dem Ausmass der Erwerbsunfähigkeit gewährt. Beträgt die Erwerbsunfähigkeit ⅔ oder mehr, erhält der Versicherte die volle Rente.

Oft ist es sinnvoll, die Leistungsdauer unabhängig von der Versicherungsdauer zu wählen. Dies ist der Fall, wenn der Risikoschutz nur für eine begrenzte Zeit nötig ist, die Rente aber im Fall der Erwerbsunfähigkeit bis zum AHV-Alter laufen soll.

Prämienbefreiung

Am häufigsten kommt die Erwerbsunfähigkeitsversicherung in Form der Prämienbefreiung zur Anwendung. Wer infolge einer Krankheit oder eines Unfalls vorübergehend oder dauernd erwerbsunfähig wird, muss während dieser Zeit eine dem Erwerbsunfähigkeitsgrad entsprechend reduzierte Prämie für seine Versicherung bezahlen und bleibt dennoch in voller Höhe versichert.

Kapital

Einige Versicherer bieten eine Kapitalzahlung an bei einer voraussichtlich dauernden vollständigen Erwerbsunfähigkeit. Es handelt sich um eine vorzeitige Auszahlung eines Teils oder des ganzen Kapitals, das für den Erlebens- und Todesfall versichert ist. Nach einer Auszahlung verringert sich das versicherte Kapital, oder der Vertrag erlischt.

Eine Erwerbsunfähigkeit wird als dauernd betrachtet, wenn feststeht, dass sich der durch Unfall oder Krankheit beeinträchtigte Gesundheitszustand mit grösster Wahrscheinlichkeit mit medizinischen Massnahmen nicht verbessern lässt. Die Versicherungsleistung wird oft erst nach Ablauf vorgegebener Fristen fällig.

13.1.3 Ergänzungsversicherungen

Ein wichtiger Bestandteil in der Produktepalette der Versicherungsgesellschaften waren die Zusatz- oder Ergänzungsversicherungen.

Zusatz- oder Ergänzungsversicherungen konnten nur in Kombination mit einer selbstständigen Versicherung abgeschlossen werden. Solche Zusatzrisiken waren teilweise schon automatisch in der Hauptversicherung eingeschlossen. In der Regel konnten die Zusatzversicherungen mehr oder weniger nach Belieben den selbstständigen Versicherungen angegliedert werden und genossen eine Art Quersubventionierung. Nebst den Erwerbsunfähigkeitsrenten waren die gebräuchlichsten Ergänzungsversicherungen:

– Unfalltod-Zusatzversicherung
– Kinderzusatzleistung und Aussteuerversicherung.

Gegen einen bescheidenen Prämienzuschlag von meist unter einem Promille der Versicherungssumme kann eine Kapitalversicherung so ergänzt werden, dass bei Tod durch Unfall die doppelte Versicherungssumme zur Auszahlung gelangt. Diese kostengünstige Versicherung schliessen vor allem junge Personen ab, die das Unfallrisiko höher einstufen als das Krankheitsrisiko.

Kinderzusatzleistungen und Aussteuerversicherungen werden heute in dieser Form nicht mehr angeboten.

13.2 Leibrentenversicherungen

Leibrentenversicherungen[1] gehören in die Kategorie der Erlebensfallversicherungen. Diese Renten sind mit dem Leben der versicherten Person verbunden. Versicherungstechnisch stellen die Renten eine Summierung von nacheinanderfolgenden Erlebensfallzahlungen dar. Das Risiko des Versicherers besteht darin, dass die versicherte Person die nächste Rentenfälligkeit erlebt. Die Versicherungsunternehmen kalkulieren deshalb die Prämien in diesem Bereich vorsichtig. Die steigende mittlere Lebenserwartung machte in den letzten Jahrzehnten mehrmals Tarif- und Preisänderungen notwendig.

Die Leibrente garantiert ein regelmässiges, lebenslanges Einkommen.

13.2.1 Rentenformen

Sofort beginnende oder aufgeschobene Renten

Bei der sofort beginnenden Lebensrente wird eine Einmaleinlage geleistet. Die Rentenzahlung erfolgt nachschüssig; je nach Vereinbarung jährlich, halbjährlich, vierteljährlich oder monatlich.

Wenn der Versicherungsnehmer den Beginn der Rente aufschiebt, beginnt die Rentenzahlung erst nach Ablauf der gewählten Frist, gewöhnlich nach einer Anzahl ganzer Jahre.

Die Rentenzahlung erfolgt vorschüssig. Für die aufgeschobene Lebensrente ist eine Finanzierung mit einer Einmalprämie, periodischen Prämien oder einer Kombination beider Zahlungsarten möglich.

Renten auf ein oder auf zwei Leben

Wurde die Rente auf ein Leben abgeschlossen, leistet der Versicherer die vereinbarten Zahlungen, solange die versicherte Person lebt; je nach Vertrag lebenslang oder temporär.

Lautet die Versicherung auf zwei Leben, so laufen die Rentenzahlungen nach dem Tod der einen versicherten Person bis zum

---

[1] Leibrente und Altersrente sind historische Bezeichnungen, für die man heute die Begriffe Rentenversicherungen oder Lebensrenten verwendet.

Einzellebensversicherung

Tod der zweiten versicherten Person weiter. Bei Rentenversicherungen auf zwei Leben wird manchmal ein Übergangsfaktor festgelegt. Der Versicherungsnehmer bestimmt damit, welcher Betrag der überlebenden Person weiter als Rente ausbezahlt werden soll. Der Betrag kann für jede der überlebenden Personen einzeln festgelegt werden.

Renten mit oder ohne Rückgewähr

Nach dem Tod der versicherten Person/en verfügt die Versicherungsgesellschaft oft noch über einen Teil der einbezahlten Prämien. Bei einem Vertrag mit Rückgewähr wird das einbezahlte Kapital ohne Zinsen und unter Abzug der bereits bezogenen Renten an die Begünstigten zurückerstattet.

Eine Lebensrentenversicherung ohne Rückgewähr erbringt im Todesfall keine Leistungen. Die ausbezahlte Rente aus einem Vertrag ohne Rückgewähr ist deshalb höher als jene einer Lebensrente mit Rückgewähr. Für aufgeschobene Renten kann vereinbart werden, dass die Rückgewähr nur während der Aufschubzeit gilt. Stirbt der Versicherte z. B. nach dem Bezug der ersten Rente, erlischt der Vertrag.

Renten mit garantierter Zahlungsdauer

Die garantierte Zahlungsdauer beträgt in der Regel mindestens fünf Jahre und beginnt mit der ersten Rentenzahlung. Stirbt die versicherte Person innerhalb dieses Zeitraums, bezahlt der Versicherer die noch verbleibenden Renten jährlich an die begünstigte/n Person/en. Überlebt jedoch der Rentner die vereinbarte, garantierte Zahlungsdauer, wird ihm die Rente lebenslang ausbezahlt.

13.3 Spezielle Formen von Versicherungen

13.3.1 Fondsgebundene Policen

Mit der Deregulierung auf dem Schweizer Versicherungsmarkt kamen zu Beginn der 90er-Jahre die ersten fondsgebundenen Policen auf den Markt.

Im Gegensatz zur gemischten Versicherung wird der Sparteil der fondsgebundenen Versicherung in verschiedene Kapitalanlagefonds investiert. Der Versicherungsnehmer bestimmt die Anlagestrategie und wählt die Fondsanteile aus einer vorgegebenen Produktepalette aus. Damit geht er aber auch das Risiko ein, dass er die gewünschte Rendite nicht erreicht; er weiss nicht schon zu Beginn des Vertrages, welches Kapital bei Vertragsende zur Verfügung stehen wird. Im Vergleich zu einer konventionellen gemischten Versicherung ist dafür die erwartete Rendite höher.

Oft ist kein oder nur ein kleines Erlebensfallkapital garantiert. Der Vorsorgegedanke bleibt erhalten, indem im Todesfall unabhängig von der Entwicklung des Fonds ein bestimmtes Todesfallkapital zur Auszahlung gelangt.

Die meisten fondsgebundenen Versicherungen lassen sich während der Laufzeit neuen Anlagestrategien anpassen. Bei einem «Switch» werden einzelne Fondsanteile ausgetauscht und das Anlagerisiko verändert. Die fondsgebundenen Policen müssen aus steuerlichen Gründen einen Todesfallrisikoteil enthalten, der von der Höhe der Jahresprämie oder der Einmaleinlage abhängig ist.

13.3.2 Fremdwährungspolicen

Fremdwährungspolicen erlauben es dem Kunden, seine Police in einer Fremdwährung abzuschliessen (z. B. USD, XEU, JPY, GBP). Es sind auch Kombinationen von CHF mit einer Fremdwährung möglich, wobei die meisten Tarife aus der Produktepalette der Einzelversicherung stammen. Oft bieten Fremdwährungspolicen die Möglichkeit eines Währungswechsels (Switch).

13.3.3 Indexgebundene Lebensversicherungen

Bei der indexgebundenen Versicherung werden Lebensversicherungstarife mit einem Börsenindex (z. B. Swiss-Market-Index, SMI) gekoppelt. Die Versiche-

Einzellebensversicherung

rungsgesellschaft garantiert im Todes- und Erlebensfall eine klar definierte Versicherungsleistung. Diese Leistung erhöht sich um einen Bonus, dessen Höhe vom Index abhängig ist. Bei einer freundlichen Börse kommt der Kunde in den Genuss einer hohen Rendite. Bei kurzfristigen Schwankungen oder bei einem Börsen-Crash sind die Mindestverzinsung, eventuell gesicherte Zwischenwerte, der Todesfallschutz und die Steuerbegünstigung trotzdem garantiert.

Spezial

Allfinanz

Lange Zeit war der Markt aufgeteilt: Die Lebensversicherer verkauften Produkte, die den Kunden Versicherungsschutz, planmässiges Sparen und Rentenleistungen garantierten. Die Banken vermittelten Kapitalanlagen, die mit steigenden Risiken eine höhere Rendite versprachen. Beide Branchen hatten Produkte im Angebot, die sich für Vorsorgezwecke eigneten.

Mit einer Gesamtberatung versuchten die Versicherer, den Versicherungs- und Vorsorgebedarf gezielt auf den einzelnen Kunden auszurichten. Die Gesamtberatung arbeitete zu Beginn noch mit einer Produktesegmentierung, die den Versicherungsgesellschaften und den Banken relativ klare Aufgaben zuordnete. Vermehrt wurden jedoch klassische Bank- und Versicherungsdienstleistungen zu eigenständigen Produkten zusammengefasst. Kooperationen zwischen Banken und Versicherungsunternehmungen verstärkten diese Entwicklung. Begriffe wie Bankassurance und Financial Services waren die Vorläufer für die Zauberformel Allfinanz, die in den späten 90er-Jahren in keiner Werbebroschüre fehlen durfte.

Im Allfinanzgeschäft rückt der Kunde ins Zentrum einer umfassenden finanziellen Lebensplanung. Basis ist ein individuelles Risk Management, das die Bereiche Finanzierung, Kapitalanlagen und Vorsorge berücksichtigt.

Das Geschäft entwickelte sich eher schleppend, und bereits beginnt sich eine gewisse Ernüchterung abzuzeichnen. Eine umfassende Analyse und Auswertung im Allfinanzbereich erfordert eine solide Vertrauensbasis, einen hohen Ausbildungsstand und ist mit einem grossen Zeitaufwand verbunden. Wenn sich die Beratung auf diesem Niveau bewegt, lässt sie sich nicht am Telefon durchführen. Persönliche Kontakte sind gefragt, und der Aussendienst gewinnt wieder an Gewicht. Verschiedene Gesellschaften machen sich deshalb Gedanken darüber, ob und wie sie diese aufwändigen Dienstleistungen den Kunden verrechnen können.

Einzellebensversicherung

14 Rechtliche Aspekte (Gesetzgebung und staatliche Aufsicht)

Die staatliche Aufsicht überwacht das Rechtsverhältnis zwischen dem Gesetzgeber und den einzelnen privaten Versicherungseinrichtungen auch zum Schutz des Versicherungsnehmers. Die Aufsichtsgesetzgebung gehört damit zum öffentlichen Recht und legt die Rahmenbedingungen für den Geschäftsbetrieb der Versicherungsunternehmungen fest.

Der Betrieb einer Versicherungsunternehmung erfordert eine zuverlässige Organisation, den so genannten Versicherungsträger. Seine Aufgabe besteht darin, den Versicherungsbetrieb sicherzustellen. Er muss die Versicherungsbedingungen für die angebotenen Produkte ausarbeiten, die Gemeinschaft der Versicherten aufbauen, die Prämientarife festsetzen, die geschuldeten Prämien einziehen und die fälligen Leistungen erbringen.

Der Versicherungsnehmer investiert oft erhebliche Mittel in eine Lebensversicherung, besonders bei kapitalbildenden Versicherungen. Die Versicherungsunternehmen müssen deshalb die Ansprüche der versicherten und begünstigten Personen in Form des Deckungskapitals in einem speziellen Fonds sicherstellen. Für die Vermögenswerte in diesem Fonds sind strenge Anlagevorschriften einzuhalten.

Die Versicherungsbedingungen sind eine der wichtigsten Rechtsquellen des Versicherungsrechts. Im Lebensversicherungsbereich gelten für Versicherungsunternehmen zusätzlich spezielle aufsichtsrechtliche Bestimmungen.

Eine Eigenheit der Personenversicherungen besteht darin, dass die Leistungen in der Regel aufgrund einer Begünstigung, die der Versicherungsnehmer verfügt hat, an eine oder mehrere anspruchsberechtigte Personen ausbezahlt werden. Die Begünstigung ist in der Lebensversicherung von grosser rechtlicher Bedeutung.

Die Lebensversicherung als Vorsorgeinstrument besitzt auch in anderen Rechtsgebieten eine Sonderstellung (Steuern, Erbrecht, Schuldbetreibungs- und Konkursrecht).

Beim Verkauf von Lebensversicherungen sind einige Besonderheiten zu beachten.

Einzellebensversicherung

14.1 Gesetze und Vorschriften

Die schweizerische Versicherungs-Aufsichtsgesetzgebung bestand während Jahren nur aus drei Erlassen auf Gesetzesstufe. Die zentralen Fragen waren im Versicherungsaufsichtsgesetz (VAG) vom 28. Juni 1978 geregelt. Der Geltungsbereich des VAG erstreckte sich auf sämtliche privaten Versicherungseinrichtungen in der Schweiz.

Neben dem VAG war das Kautionsgesetz vom 4. Februar 1919 von Bedeutung. Dieses Gesetz verpflichtete alle im direkten Geschäft tätigen Versicherungsunternehmen, eine Kaution zu leisten. Mit der Kaution wurden Forderungen aus Versicherungsverträgen, die von der Gesellschaft in der Schweiz erfüllt werden mussten, sichergestellt. Hatte die Gesellschaft ihren Sitz in der Schweiz, war der Betrag der Kaution so tief angesetzt, dass sie eher symbolischen Charakter besass.

Zusätzlich zu den beiden genannten Gesetzen galt für Lebensversicherungsgesellschaften mit Sitz in der Schweiz das Sicherstellungsgesetz vom 25. Juni 1930. Dieses Gesetz verpflichtete die Gesellschaften, die Ansprüche aus den von ihnen abgeschlossenen Versicherungen in einem Sicherungsfonds[1] sicherzustellen.

Auf Verordnungsstufe existierten mehrere Erlasse, von denen die Aufsichtsverordnung vom 11. September 1931 die bedeutendste war. Sie enthielt Ausführungsbestimmungen zum Aufsichts-, Kautions- und zum Sicherstellungsgesetz. Erwähnenswert sind zudem die Verordnung vom 11. Februar 1976 über die Abgrenzung der Versicherungsaufsichtspflicht, die Verordnung vom 3. Dezember 1979 über den Betrieb versicherungsfremder Geschäfte sowie die Verordnung vom 19. November 1997 über den Einsatz von derivativen Finanzinstrumenten durch die Versicherungseinrichtungen.

Nach der Ablehnung des EWR-Beitritts traten 1993 im Rahmen des Folgeprogramms das Schadenversicherungsgesetz vom 20. März 1992 und die dazugehörige Verordnung vom 8. September 1993 in Kraft. Per 1. Januar 1994 wurden das Lebensversicherungsgesetz vom 18. Juni 1993 und

---

[1] Sicherungsfonds: Der Begriff «Sicherungsfonds» in der Lebensversicherung ist klar vom Begriff «Sicherheitsfonds» gemäss BVG abzugrenzen (→ S. 253).

Rechtliche Aspekte (Gesetzgebung und staatliche Aufsicht)

die Lebensversicherungsverordnung vom 29. November 1993 in Kraft gesetzt. Die Anlagevorschriften des Sicherungsfonds sind nun in dieser Verordnung geregelt.

Mit der Ausarbeitung der neuen Vorschriften wurde auch die alte Aufsichtsgesetzgebung umfassend revidiert. Im Bereich der Lebensversicherung wurde die Kautionspflicht für Gesellschaften mit Sitz in der Schweiz aufgehoben. Neu bestehen spezielle Regelungen für den Fall, dass mit anderen Staaten entsprechende Abkommen getroffen werden. Bis heute besteht ein solcher Staatsvertrag lediglich mit der Europäischen Union (EU). Er betrifft jedoch nur Schadenversicherungen.

14.2 Versicherungsträger

Voraussetzung für den Betrieb des Versicherungsgeschäftes ist eine Bewilligung (Konzession) des Eidgenössischen Justiz- und Polizeidepartementes (EJPD). In diesem Zusammenhang verlangt das Versicherungsaufsichtsgesetz (VAG), dass die Versicherungseinrichtungen für die Versicherten, speziell in Bezug auf Solvenz, Organisation und Geschäftsführung, die notwendigen Garantien bieten. Dieser allgemeine Grundsatz wurde durch verschiedene Gesetze, die Rechtsprechung und eine langjährige Praxis der Aufsichtsbehörden präzisiert.

Seit Inkrafttreten des Schadenversicherungsgesetzes (SchVG) und des Lebensversicherungsgesetzes (LeVG) sowie der dazugehörenden Verordnungen bestehen für ausländische Versicherungsunternehmen mit Sitz in einem Vertragsstaat, die in der Schweiz Versicherungen anbieten wollen, besondere Vorschriften.

Die Anwendung der betreffenden Bestimmungen ist vom Abschluss entsprechender Staatsverträge abhängig. Bis heute hat jedoch noch kein Staat Interesse gezeigt, mit der Schweiz im Bereich der Lebensversicherung ein solches Abkommen zu unterzeichnen, und somit werden die genannten Regelungen im LeVG vermutlich noch lange «toter Buchstabe» bleiben. An dieser Stelle wird vorläufig darauf verzichtet, die entsprechenden Bestimmungen aufzuführen.

14.2.1 Versicherungseinrichtungen mit Sitz in der Schweiz

Allgemeine Voraussetzungen

Verbot von versicherungsfremden Geschäften (VAG, Artikel 12)

Versicherungseinrichtungen dürfen weder versicherungsfremde Geschäfte betreiben noch versicherungsfremde Unternehmungen gründen oder beherrschen. Dieses Verbot gilt auch für Versicherungsunternehmen, die im Leben-Bereich tätig sind. Der Bundesrat kann dazu Ausnahmen vorsehen.

Als versicherungsfremd wird ein Geschäft angesehen, das in keinem direkten Zusammenhang mit dem Betrieb der Versicherung steht. So gelten vermutungsweise Bank- und Inkassogeschäfte sowie der Betrieb von Anlagegesellschaften und Anlagefonds als versicherungsfremde Geschäfte. Das Bundesamt für Privatversicherungswesen (BPV) prüft und entscheidet, ob ein versicherungsfremdes Geschäft vorliegt. Ebenso ist das Amt befugt, Ausnahmen vom Verbot zu bewilligen. Voraussetzung dafür ist, dass die Interessen der Versicherten dadurch nicht gefährdet werden.

Grundsatz der Spartentrennung (VAG, Artikel 13)

Gemäss dem Grundsatz der Spartentrennung dürfen Versicherungseinrichtungen, welche die direkte Lebensversicherung betreiben, neben der Invaliditäts-, der Unfalltod- und der Krankenzusatzversicherung sowie der Kranken- und Invaliditätsversicherung in keinen weiteren Versicherungszweigen tätig sein. Dieses Gebot dient der Absicherung der Leistungen aus einer Lebensversicherung.

Im Gegensatz zu einer Lebensversicherung, deren Leistungen besser vorauszuberechnen sind und in Form des Deckungskapitals sichergestellt werden müssen, ist der Schadenverlauf einer Nicht-Lebensversicherung weitgehend ungewiss. Kurzfristig hohe Schadenbelastungen einer Schadenversicherung könnten zu einer Gefährdung der Ansprüche der Personen führen, die aus einem Lebensversicherungsvertrag anspruchsberechtigt sind.

Rechtsform (VAG, Artikel 11)

Die Bewilligung für das Betreiben des Versicherungsgeschäfts erhalten nur juristische Personen, und die Unternehmen müssen die Rechtsform einer Aktiengesellschaft oder einer Genossenschaft aufweisen. Diese beiden Gesellschaftsformen bieten die grösste Gewähr für eine Kontinuität des Versicherungsbetriebes. Das Obligationenrecht (OR) enthält neben den allgemeinen organisatorischen Voraussetzungen spezielle Bestimmungen für Aktiengesellschaften und Genossenschaften, die das Versicherungsgeschäft betreiben.

Finanzielle Voraussetzungen

Mindestkapital (LeVG, Artikel 4)

Lebensversicherungseinrichtungen mit Sitz in der Schweiz müssen über ein Kapital verfügen, das je nach Versicherungszweig einen Mindestbetrag in der Höhe von 5 bis 10 Millionen Franken umfassen muss (für Sachversicherer gelten andere Beträge).

Organisationsfonds (LeVG, Artikel 6)

Für die Kosten, die in den ersten Jahren des Versicherungsbetriebs anfallen, muss die Unternehmung einen Organisationsfonds errichten, der bei Geschäftsaufnahme bis zu 50% des Mindestkapitals enthalten muss.

Sicherungsfonds (SSG, Artikel 1)

Lebensversicherungsgesellschaften mit Sitz in der Schweiz sind verpflichtet, die Ansprüche aus den von ihnen abgeschlossenen Lebensversicherungen durch einen Sicherungsfonds sicherzustellen. Die Einlagen in den Sicherungsfonds entsprechen in der Höhe den technischen Rückstellungen einer Lebensversicherungsgesellschaft. Bei seiner Errichtung muss der Sicherungsfonds mindestens 750 000 Franken enthalten.

Solvabilitätsspanne (LeVG, Artikel 5)

Sofern die Solvabilitätsspanne[1] höher ist als das einbezahlte Mindestkapital, muss sich ein Lebensversicherungsunternehmen über freie und unbelastete

---
[1] Solvabilität: Zahlungsfähigkeit.

Einzellebensversicherung

Eigenmittel mindestens im Umfang dieser Spanne ausweisen. Die Solvabilitätsspanne wurde im Zuge der Anpassung an das Recht der EU in die schweizerische Aufsichtsgesetzgebung übernommen.

Für die Zusatzversicherungen gelten ähnliche Bestimmungen wie in der Nicht-Lebensversicherung. Bei Zusatzversicherungen errechnet sich die Solvabilitätsspanne entweder aufgrund des jährlichen Prämienertrags (Prämienindex) oder aufgrund der mittleren Schadenbelastung der letzten drei Geschäftsjahre (Schadenindex).

Die Solvabilitätsspanne ergibt sich aus der Summe der beiden folgenden Beträge:
– 4% der technischen Rückstellungen, wobei die Rückversicherungsdeckung berücksichtigt wird, und
– einem bestimmten Prozentsatz des Risikokapitals der Versicherungsverträge (abhängig von der Laufzeit), wobei wiederum die Rückversicherungsdeckung zu berücksichtigen ist.

Die Gesamt-Solvabilitätsspanne entspricht der Summe aller Solvabilitätsspannen.

Garantiefonds
(LeVG, Artikel 5)

Der Garantiefonds ist eine theoretische Grösse. Er legt den Betrag fest, den die Eigenmittel einer Lebensversicherungsgesellschaft nicht unterschreiten dürfen. Die Höhe des Garantiefonds beträgt ⅓ der Solvabilitätsspanne, mindestens aber 1,5 Millionen Franken (Mindestgarantiefonds).

Der Fonds dient einer minimalen Absicherung der Solvabilitätsspanne speziell bei Gesellschaften, die einen neuen Versicherungszweig aufbauen. Für diese Kapitalanlagen bestehen keine Anlagevorschriften.

14.2.2 Versicherungsgesellschaften mit Sitz im Ausland (kein Staatsvertrag vorhanden, Drittlandgesellschaften)

Ausländische Versicherungsgesellschaften, die in der Schweiz Versicherungen anbieten wollen, sind grundsätzlich den gleichen Bedingungen unterworfen wie die Gesellschaften mit Sitz in der Schweiz. Folgende Besonderheiten sind jedoch zu beachten:
– Die Versicherungsgesellschaft muss ebenfalls die Rechtsform einer Aktiengesellschaft oder einer Genossenschaft aufweisen.
– Zum Zeitpunkt der Gesuchstellung muss das Unternehmen im Heimatstaat schon während mindestens drei Jahren im direkten Lebensversicherungsgeschäft tätig sein.
– Die Versicherungsunternehmung ist verpflichtet, in der Schweiz eine Geschäftsstelle für das gesamte schweizerische Geschäft zu unterhalten. Für den Leiter dieser Geschäftsstelle gelten verschiedene Bestimmungen: Der Leiter muss die Geschäftsstelle als Generalbevollmächtigter führen. Er wohnt in der Schweiz, verfügt über die nötigen Fachkenntnisse und hat für das gesamte schweizerische Geschäft die tatsächliche Leitung inne. Er vertritt die ausländische Versicherungseinrichtung gegenüber der Aufsichtsbehörde, den schweizerischen Gerichten, Konkurs- und Betreibungsbehörden sowie gegenüber Dritten in allen Angelegenheiten. Zudem ist er ermächtigt, alle notwendigen Rechtshandlungen vorzunehmen.
– Die Versicherungsgesellschaft muss an ihrem Sitz über ein Mindestkapital verfügen, das in der Höhe demjenigen einer schweizerischen Gesellschaft entspricht.

Rechtliche Aspekte (Gesetzgebung und staatliche Aufsicht)

- Die erforderliche Solvabilitätsspanne bemisst sich nach dem Geschäftsvolumen in der Schweiz. In diesem Umfang müssen auch Vermögenswerte in der Schweiz vorhanden sein, wobei die Mindestsumme 750 000 Franken beträgt.
- Wie eine schweizerische Gesellschaft muss auch eine ausländische Versicherungsunternehmung über einen Organisationsfonds mit Vermögenswerten in der erforderlichen Höhe verfügen.
- Eine ausländische Lebensversicherungseinrichtung benötigt keinen Sicherungsfonds. Dafür muss sie aber eine Kaution hinterlegen, die in der Höhe den Einlagen einer schweizerischen Gesellschaft in den Sicherungsfonds entspricht. Die Mindestsumme beträgt 750 000 Franken.

Spezial

Totalrevision VAG und Teilrevision VVG

Das Versicherungsaufsichtsrecht (VAG) wird einer Totalrevision unterzogen. Parallel erfolgt eine Teilrevision des Versicherungsvertragsrechts (VVG), die grundsätzlich jene Änderungen bringt, die aufgrund der Totalrevision des VAG erforderlich sind.

Versicherungsaufsichtsrecht

Die Ziele der Totalrevision

Heute ist das Versicherungsaufsichtsrecht zersplittert. Fünf verschiedene Gesetze regeln die Versicherungsaufsicht: VAG, KG, SSG, LebensVG, SchadensVG. Das revidierte Versicherungsaufsichtsgesetz führt diese Erlasse in einem Gesetz zusammen und schafft damit mehr Transparenz. Das neue VAG ist als Rahmenerlass ausgestaltet; das Gesetz enthält nur die Grundsätze und ermöglicht auf diese Weise eine Straffung der Gesetzesnormen. Die Ausführungsbestimmungen werden in einer Verordnung festgehalten.

Annäherung an das EU-Recht

Die EU hat bis heute drei Richtliniengenerationen für die Lebens- und die Nichtlebensversicherung verabschiedet. Mit der Totalrevision des VAG soll nun eine Annäherung, und wo nötig, eine Anpassung an die 3. Richtliniengeneration erfolgen.
Für die Schadenversicherung gilt zwischen der EU und der Schweiz die Niederlassungsfreiheit, jedoch nicht für die Lebensversicherung. In beiden Sparten gibt es keine Dienstleistungsfreiheit im Verhältnis EU-Schweiz.

Übergang zur Solvenzkontrolle

Die Versicherungsaufsicht wird künftig von der Solvenzkontrolle geprägt sein. Die materielle Kontrolle im Sinne der präventiven Überwachung von Allgemeinen Versicherungsbedingungen und Tarifen entfällt. In der Schadenversicherung ist dies bereits geschehen. Für die Lebensversicherung soll die materielle Kontrolle per 2001 aufgehoben werden.

Aufsicht über Versicherungsvermittler

Die Versicherungsvermittler unterstehen heute keiner Aufsicht. Das totalrevidierte VAG erfasst neu auch die Versicherungsvermittler, die besonders hinsichtlich der Ausbildung und der finanziellen Sicherheit einer Aufsicht unterstellt werden sollen. Vorgesehen ist die Einrichtung eines Registers über Versicherungsvermittler. Die Neuerung ist eine Massnahme zur Anpassung an das EU-Recht.

Weitere Revisionsschwerpunkte

– Lockerung des Verbotes versicherungsfremder Geschäfte.
– Die Vorlage sieht eine angepasste Regelung für das gebundene Vermögen der Lebens- und Nicht-Lebensversicherung vor.
– In beiden Sparten soll ein verantwortlicher Aktuar eingesetzt werden, dem gesetzlich vorgeschriebene Aufgaben zukommen.

Totalrevision VAG und Teilrevision VVG

Versicherungsvertragsrecht

Das Versicherungsvertragsrecht erfährt eine Teilrevision aufgrund der Totalrevision des VAG und als Folge von parlamentarischen Vorstössen.

Revisionsschwerpunkte

- Das VVG soll eine gesetzlich verankerte Informationspflicht enthalten.
  Die Informationen werden definiert, die dem Versicherungsnehmer vor einem Vertragsabschluss übergeben werden müssen.
- Der heutige Grundsatz der Unteilbarkeit der Prämie wird aufgehoben.
  Der Versicherungsnehmer erhält einen Teil der Prämie zurück, wenn der Vertrag innerhalb einer Versicherungsperiode endet.

14.3 Sicherstellen der Kapitalanlagen

Eine Lebensversicherungsgesellschaft kann die Art und Weise ihrer Kapitalanlagen nicht ohne weiteres frei bestimmen. Die Sicherheit der Anlagen muss auch in schwierigen Situationen (z. B. bei Schwankungen auf den Kapitalmärkten) gewährleistet sein. Aufgrund des Sicherstellungsgesetzes müssen inländische Lebensversicherungsunternehmen die Ansprüche aus den von ihnen abgeschlossenen Verträgen mit einem Sicherungsfonds garantieren können. Ausländische Versicherungen haben eine Kaution in der gleichen Höhe zu leisten. Der Sollbetrag des Sicherungsfonds entspricht den technischen Rückstellungen der Lebensversicherungsgesellschaft. Er setzt sich zusammen aus:

- dem Deckungskapital, das aufgrund des Geschäftsplanes für die laufenden Versicherungen berechnet wird, wobei das Deckungskapital um die darauf gewährten Darlehen und Vorauszahlungen sowie die ausstehenden und geschuldeten Prämien vermindert ist
- Rückstellungen für schwebende (hängige) Versicherungsleistungen
- Überschussanteilen, die den Kunden gutgeschrieben wurden
- einem angemessenen Zuschuss von mindestens 1% des Sollbetrages, im Minimum aber CHF 100 000.–.

Die Bestellung des Sicherungsfonds erfolgt durch das Auflisten der entsprechenden Vermögenswerte im Register des Sicherungsfonds, das von jeder Gesellschaft zu führen ist. Der Sollbetrag ist innerhalb der ersten vier Monate des neuen Rechnungsjahres zu bestimmen. Wird eine Unterdeckung festgestellt, so muss diese binnen eines Monats durch das Überweisen entsprechender Werte in den Fonds ausgeglichen werden. Grundsätzlich darf die Versicherungseinrichtung Werte aus dem Sicherungsfonds nur gegen gleichzeitigen vollen Ersatz und unter sofortiger Anzeige an das BPV entnehmen.

Im Rahmen der Verwaltung eines Sicherungsfonds kann eine Lebensversicherungsunternehmung nicht uneingeschränkt Kapitalanlagen tätigen. Der Bundesrat hat festgelegt, welche Kapitalanlagen im Sicherungsfonds zugelassen sind, welche Höchstgrenzen innerhalb einzelner Anlagekategorien eingehalten werden müssen und welche Bewertungsmethoden für die Anlagen anzuwenden sind. Für die Zulässigkeit von Kapitalanlagen stellt die Lebensversicherungsverordnung den Grundsatz auf, dass diese in erster Linie nach den Regeln der Sicherheit gewählt werden müssen. Weiter ist ein genügender Ertrag anzustreben und dafür zu sorgen, dass die Risiken angemessen verteilt sind und der voraussehbare Bedarf an flüssigen Mitteln gedeckt werden kann. Verliert eine Kapitalanlage mit der Zeit ihre Eignung für den Sicherungsfonds, so muss die Versicherungsgesellschaft sie durch zulässige Werte ersetzen. Werden anteilgebundene Lebensversicherungen angeboten, muss die Lebensversicherungsgesellschaft eigens für den anteilgebundenen Sparteil einen zusätzlichen separaten Sicherungsfonds errichten. Dieser Fonds darf nur mit Anteilscheinen von Anlagefonds, die in der Schweiz zugelassen sind, geäufnet werden.

Einzellebensversicherung

Spezial

Zugelassene Werte in einem Sicherungsfonds

In einem Sicherungsfonds sind als Kapitalanlagen zugelassen:
- Kapitalforderungen, die auf einen festen Betrag lauten, z. B. Anleihensobligationen (einschliesslich Anleihen mit Wandel- oder Optionsrechten) und andere Schuldanerkennungen, inklusive Festgelder
- in der Schweiz gelegene Grundstücke, die Eigentum der Versicherungseinrichtung sind, und schweizerische Immobiliengesellschaften, sofern die Versicherungsgesellschaft zu mehr als 50% an ihnen beteiligt ist
- schweizerische Aktien, Genuss-, Partizipations- und Optionsscheine, Anteilscheine von Genossenschaften und Anlagefonds sowie ähnliche Wertschriften und Beteiligungen
- Beteiligungen an Unternehmungen mit Sitz im Ausland, die an einer Börse kotiert sind
- Forderungen, die durch ein in der Schweiz gelegenes Grundstück pfandgesichert sind
- Grundstücke im Ausland, die Eigentum der Versicherungseinrichtung sind, und ausländische Immobiliengesellschaften, an denen die Versicherung zu mehr als 50% beteiligt ist.

Innerhalb eines Sicherungsfonds bestehen für die einzelnen Anlagekategorien Höchstgrenzen. Die häufigsten Anlagekategorien sind (in Prozent des Sollbetrages):
- schweizerische Obligationen in CHF 100%
- ausländische Obligationen in CHF 30% (je Schuldner aber höchstens 5%)
- Obligationen in Fremdwährung 20% (je Schuldner aber höchstens 5%)
- schweizerische Aktien 30% (je Unternehmung aber höchstens 10%)
- ausländische Aktien 25% (je Unternehmung aber höchstens 5%)
- Hypotheken auf schweizerischen Grundstücken 100%
- Immobilien in der Schweiz 100%
- Immobilien im Ausland 5%.

Die Anlagen der auf Schweizer Franken lautenden ausländischen Obligationen dürfen zusammen mit den auf eine fremde Währung lautenden Obligationen 30% des Sollbetrages nicht überschreiten. Die Anlagelimite für Aktien (schweizerische und ausländische) liegt bei 50%.

Die Kapitalanlagen in Fremdwährungsobligationen dürfen zusammen mit den Anlagen in ausländischen Aktien 30% des Sollbetrages des Sicherungsfonds nicht übersteigen.

14.4 Versicherungsbedingungen

Die Versicherungsbedingungen sind Bestandteil des Versicherungsvertrages und regeln das Versicherungsverhältnis zwischen den Kunden und der Gesellschaft. Grundsätzlich wird zwischen Allgemeinen Versicherungsbedingungen (AVB) und Besonderen Versicherungsbedingungen (BVB) unterschieden.

14.4.1 Allgemeine Versicherungsbedingungen (AVB)

Die AVB sind auf das Massengeschäft zugeschnitten. Sie regeln eine Vielzahl von gleichartigen Versicherungsverhältnissen einheitlich. Die Rechte und Pflichten der Vertragsparteien sind in den AVB weitgehend festgelegt. Abweichungen vom Gesetzesrecht sind möglich, sofern keine zwingenden Gesetzesbestimmungen verletzt werden. Die AVB haben im Versicherungsrecht grösste Bedeutung. Sie sind der typische Vertragsinhalt einer grossen Anzahl von Versicherungverträgen. Sowohl im Aufsichtsrecht als auch im Versicherungsvertragsgesetz (VVG) gelten für sie spezielle Bestimmungen. Die AVB müssen durch das BPV genehmigt werden. Dadurch wirkt das BPV indirekt bei der Ausgestaltung der Versicherungsverhältnisse mit. Die Genehmigung kann nur verweigert werden, wenn die Bedingungen gegen zwingendes Recht verstossen, dem öffentlichen Interesse zuwiderlaufen oder ganz allgemein den Interessen der Versicherten entgegenstehen.

Die AVB sind auch im Zusammenhang mit der Antragstellung von Bedeutung. Ein Antragsteller ist nur dann an seinen Antrag gebunden, wenn ihm die AVB bei der Antragstellung überreicht wurden (VVG, Artikel 3). Die grosse Tragweite der AVB hat den Gesetzgeber schliesslich dazu bewogen, dem Versicherungsnehmer das Recht einzuräumen, die Fortsetzung des Versicherungsvertrages zu neuen Bedingungen zu fordern, falls diese während der Vertragsdauer für gleichartige Versicherungen geändert wurden. Voraussetzung dafür ist jedoch, dass der Versicherungsnehmer die Anpassungen gemäss AVB akzeptiert und z. B. eine höhere Prämie oder eine Gesundheitsprüfung in Kauf nimmt (VVG, Artikel 35).

14.4.2 Besondere Versicherungsbedingungen (BVB)

Im Gegensatz zu den AVB sind die Besonderen Versicherungsbedingungen (BVB), die Ergänzenden Versicherungsbedingungen (EVB) und die Speziellen Bedingungen (SB) nicht genehmigungspflichtig. Es handelt sich um Vertragsklauseln, die auf einen einzelnen Vertrag Anwendung finden. In der Regel enthalten die BVB Abweichungen zu den AVB oder zum Gesetz. Gemäss dem allgemein gültigen Rechtsgrundsatz, dass eine spezielle Regel einer allgemeinen vorgeht, haben die BVB gegenüber den AVB Vorrang. Die AVB wiederum gehen dem Gesetz vor.

14.5 Begünstigung

14.5.1 Begriff der Begünstigung

Mit dem Errichten einer Begünstigung verfügt der Versicherungsnehmer, wer die Leistung aus einem Lebensversicherungsvertrag erhalten soll. Auf diese Weise bezeichnet der Versicherungsnehmer eine anspruchsberechtigte Person. Fehlt eine Begünstigung, so fällt die Leistung im Erlebensfall an den Versicherungsnehmer und im Todesfall in seinen Nachlass.

14.5.2 Form der Begünstigung

Die Begünstigung bildet immer einen Bestandteil des Vertrages und kann bei Versicherungsabschluss oder auch zu einem späteren Zeitpunkt festgelegt werden. Sofern eine Begünstigung nicht unwiderruflich erklärt wurde, kann sie vom Versicherungsnehmer jederzeit abgeändert werden. Dadurch lässt sie sich veränderten Verhältnissen anpassen.

Für die gebundene Vorsorge (Säule 3a) bestehen hingegen gewisse Einschränkungen. Der Versicherungsnehmer kann die Anspruchsberechtigung nur innerhalb eines sehr eng umschriebenen Personenkreises selbst festlegen. Nach VVG (Artikel 76) ist die Begünstigungserklärung ein Recht, das ausschliesslich dem Versicherungsnehmer zusteht. Da sie eine Verfügung über den Versicherungsanspruch darstellt, ist für deren Gültigkeit die Handlungsfähigkeit des Versicherungsnehmers vorausgesetzt. Es handelt sich um ein einseitiges Recht des Versicherungsnehmers; die Zustimmung des Versicherers, des Versicherten oder des Begünstigten ist nicht erforderlich. Die Begünstigungserklärung ist an keine Form gebunden. Sowohl schriftliche wie mündliche Begünstigungen sind gestattet. Oftmals enthalten sogar letztwillige Verfügungen (z. B. ein Testament) Begünstigungen. Schliesslich ist auch die Anzeige an den Versicherer kein Gültigkeitserfordernis. Solange der Versicherer aber keine Kenntnis über eine erfolgte Begünstigungserklärung hat, kann er, wenn er sich im guten Glauben befindet, die Leistung an die ihm letztbekannte anspruchsberechtigte Person erbringen (sofern ihm diese die Police aushändigt).

14.5.3 Stellung des Begünstigten

Der Begünstigte ist nicht Rechtsnachfolger des Versicherungsnehmers. Als Anspruchsberechtigter kann er jedoch die fällige Versicherungsleistung vom Versicherer fordern und hat die Rechte und Pflichten zu erfüllen, welche die Versicherungsbedingungen oder das Gesetz für die Anspruchsbegründung vorsehen. Die Begünstigung verschafft dem Begünstigten ein eigenes Recht (VVG, Artikel 78). Damit kann er sich gegenüber dem Versicherer direkt auf die zu seinen Gunsten errichtete Begünstigung berufen.

Der Versicherer kann gegenüber dem Begünstigten nur jene Einreden entgegenhalten, die sich aus dem Versicherungsvertrag ergeben (z. B. Verletzung der Anzeigepflicht). Das direkte Forderungsrecht des Begünstigten bewirkt auch, dass der Versicherungsanspruch nicht in das Vermögen des Versicherungsnehmers fällt (→ Ziffer 14.6.2).

Der grundsätzlich jederzeit mögliche Widerruf oder die Abänderung einer Begünstigung hat zur Folge, dass der Begünstigte, solange ein Versicherungsnehmer vorhanden ist, keinen unbedingten Anspruch auf die Versicherungsleistung besitzt. Sogar nach Eintritt des Versicherungsfalles ist der Versicherungsnehmer, falls er noch lebt (z. B. bei Versicherungen auf fremdes Leben), befugt, die Begünstigung abzuändern. Dieses Recht erlischt mit der Auszahlung der Versicherungsleistung.

Mit einer unwiderruflichen Begünstigung kann der Versicherungsnehmer die Stellung des Begünstigten verbessern, weil dem Begünstigten der Anspruch auf die Versicherungsleistung nicht mehr entzogen werden kann. Eine unwiderrufliche Begünstigung ist aber nur gültig, wenn der Versicherungsnehmer auf der Police mit seiner Unterschrift auf das Recht verzichtet, die Begünstigung zu widerrufen, und die Originalpolice der begünstigten Person übergibt (VVG, Artikel 77, Abs. 2).

Ein Begünstigter erwirbt den Versicherungsanspruch nur, wenn er den Versicherungsfall erlebt (bei juristischen Personen, wenn sie noch Rechtspersönlichkeit besitzen). Ist der Begünstigte vorher weggefallen, so kommt eine allfällige Ersatzbegünstigung zum Zuge. Die Versicherungsleistung geht dann an die in der Begünstigungsordnung als nächste aufgeführte Person. Dies gilt auch, falls eine unwiderruflich begünstigte Person vor Eintritt des versicherten Ereignisses weggefallen ist. Der Tod (bei juristischen Personen deren Auflösung) einer unwiderruflich begünstigten Person hat zur Folge, dass die Begünstigung wieder frei abänderbar wird.

14.5.4 Begünstigte Personen

Als Begünstigte in Lebensversicherungsverträgen kommen nur Personen in Frage, die Rechtspersönlichkeit besitzen. Der Versicherungsnehmer kann nur natürliche und juristische Personen begünstigen. Tiere gelten gemäss schweizerischer Gesetzgebung als Sachen und können deshalb nicht als Begünstigte für eine Lebensversicherungsleistung eingesetzt werden.

14.5.5 Auslegung der Begünstigung (VVG, Artikel 83 ff.)

In der Regel erfolgt die Begünstigung aufgrund einer allgemeinen Begünstigungsordnung, die meist in den AVB enthalten ist. Oft wird die begünstigte Person nicht individuell bezeichnet. Es bestehen generelle Klauseln (z. B. der Ehegatte, bei dessen Fehlen die Kinder, bei deren Fehlen die Eltern, bei deren Fehlen die Geschwister, bei deren Fehlen die übrigen Erben usw.).

Rechtliche Aspekte (Gesetzgebung und staatliche Aufsicht)

Gesetzliche Interpretationsnormen erleichtern die Auslegung solcher Begünstigungen. Massgebend ist jedoch, dass die begünstigte Person im Zeitpunkt des Versicherungsfalles objektiv bestimmbar ist. Ist der Ehegatte begünstigt, so ist der überlebende Ehegatte zur Zeit des Eintritts des versicherten Ereignisses gemeint. Daher muss noch eine rechtlich gültige Ehe bestehen. Der geschiedene Ehegatte besitzt keinen Anspruch.

Wenn die Kinder einer bestimmten Person begünstigt sind, so sind dies die erbberechtigten Nachkommen dieser Person. Adoptivkinder sind gleichgestellt. Stirbt eines dieser Kinder vor Eintritt des Versicherungsfalles, sind dessen Nachkommen im Umfang des betreffenden Anteils begünstigt.

Sind die Hinterlassenen, die Erben oder deren Rechtsnachfolger als Begünstigte bezeichnet, so kommen die Nachkommen und der überlebende Ehegatte in den Genuss der Versicherungsleistungen.

Sofern keine Nachkommen vorhanden sind, erhält der überlebende Ehegatte, in Abweichung vom Erbrecht, die gesamte Versicherungsleistung. Wenn sowohl Nachkommen als auch ein Ehegatte fehlen, so sind die übrigen erbberechtigten Personen begünstigt. Es handelt sich hier nur um Auslegungshilfen, die zur Anwendung gelangen, wenn aus der Begünstigungserklärung kein anderer Wille des Versicherungsnehmers klar hervorgeht.

Bei mehreren nebeneinander Begünstigten bietet das Gesetz hinsichtlich der Anteile der einzelnen Anspruchsberechtigten ebenfalls Auslegungshilfen. Mehrere Begünstigte sind nicht gemeinsam auf die ganze Versicherungsleistung anspruchsberechtigt. Jede Person besitzt im Rahmen ihres Anteils ein eigenes Forderungsrecht.

Soll der Versicherungsanspruch dem überlebenden Ehegatten und den erbberechtigten Nachkommen zufallen, erhalten der Ehegatte die Hälfte der Versicherungssumme und die Nachkommen entsprechend ihrer Erbberechtigung die andere Hälfte. Die Teilung unter den Nachkommen erfolgt somit aufgrund der Erbberechtigung. Sind andere Erben als Begünstigte bezeichnet, fällt ihnen der Versicherungsanspruch nach Massgabe ihrer Erbberechtigung zu.

Wenn die Begünstigung auf mehrere Personen ohne nähere Bezeichnung ihrer Anteile lautet, so fällt ihnen der Versicherungsanspruch zu gleichen Teilen zu. Fällt ein Begünstigter vor dem Eintritt des Versicherungsfalles weg, steht sein Anteil den übrigen Begünstigten zu. Diese Auslegung gilt jedoch nicht, falls das Kind einer Person begünstigt ist. In diesem Fall treten dessen Nachkommen an seine Stelle. Auch diese Auslegungsregel hat nur so weit eine Bedeutung, als sich eindeutig kein anderer Wille des Versicherungsnehmers erkennen lässt.

14.6 Privilegien der Lebensversicherung

14.6.1 Steuerprivilegien

Aufgrund des in der Bundesverfassung verankerten 3-Säulen-Prinzips muss die Selbstvorsorge mit steuerpolitischen Massnahmen gefördert werden. Lebensversicherungen geniessen deshalb im Rahmen des Steuerrechts eine besondere Stellung. Die Einzelheiten werden im folgenden Kapitel dargestellt.

14.6.2 Erbrechtliche Besonderheiten

Der Begünstigte besitzt einen eigenen Anspruch auf die Versicherungsleistung. Die Versicherungssumme gehört somit nicht zum Vermögen bzw. zum Nachlass des Versicherungsnehmers. Da die Versicherungsleistung dem Begünstigten direkt zukommt, können die Gläubiger oder Erben des Versicherungsnehmers den Versicherungsanspruch dem Anspruchsberechtigten grundsätzlich nicht entziehen. Vorbehalten bleiben die betreibungsrechtlichen Regeln über die Anfechtungsklage (VVG, Artikel 82).

Erbberechtigte Nachkommen, der Ehegatte, Eltern, Grosseltern oder Geschwister erhalten die Versicherungsleistung, sofern sie begünstigt sind, auch dann, wenn sie die Erbschaft ausschlagen (VVG, Artikel 85).

Das Recht des Begünstigten ist demnach unabhängig vom Erbrecht. Nur bei rückkaufsfähigen Lebensversicherungen zeigt das Erbrecht gewisse Wirkungen, wenn infolge Tod des Versicherungsnehmers der Versicherungsfall eingetreten ist und deshalb eine Todesfallleistung ausgerichtet wird. In diesem Fall wird der zum Zeitpunkt des Todes vorhandene Rückkaufswert der Versicherung rechnerisch zum Nachlass geschlagen. Ergibt sich nun eine Verletzung der Pflichtteile, können die betroffenen Erben gegen den Begünstigten eine erbrechtliche Herabsetzungsklage erheben. Der Begünstigte müsste von der Leistung so viel herausgeben, bis die Pflichtteile der klagenden Erben gewährleistet sind. Im Maximum muss er den Rückkaufswert herausgeben. Zur Herabsetzungsklage sind nur jene Erben berechtigt, deren Pflichtteile verletzt sind.

Beispiel: Der Vater (Erblasser) hinterlässt zwei Kinder und seine Frau. Er besass eine rückkaufsfähige Lebensversicherung, aus der CHF 300 000.– zur Auszahlung gelangen. Gemäss Begünstigung ist sein Bruder auf die ganze Leistung anspruchsberechtigt. Das Vermögen des Vaters beläuft sich nach Vornahme der güterrechtlichen Auseinandersetzung auf CHF 50 000.–. Der Rückkaufswert der Versicherung beträgt im Todeszeitpunkt CHF 180 000.–.

Nachlass: CHF 50 000.– Vermögen
                CHF 180 000.– Rückkaufswert
                CHF 230 000.–

Gesetzlicher Erbanspruch:
Ehefrau 50%   CHF 115 000.–
Kinder 50%   CHF 115 000.–

Pflichtteile:
Ehefrau 50%   CHF 57 500.–
Kinder 75%   CHF 86 250.–
                CHF 143 750.–

abzüglich vorhandenes Vermögen   CHF 50 000.–
                CHF 93 750.–

Die Ehefrau und die Kinder können gegenüber dem Bruder die Herausgabe von CHF 93 750.– verlangen.

14.6.3 Betreibungsrechtliche Privilegien

Lebensversicherungspolicen können schon vor Eintritt des versicherten Ereignisses einen wirtschaftlichen Wert darstellen (Rückkaufswert). Deshalb unterliegen sie grundsätzlich auch der Zwangsvollstreckung. Lebensversicherungspolicen können somit gepfändet oder im Konkurs zur Konkursmasse gezogen werden. Unter Umständen hat der Versicherungsnehmer jedoch Verfügungen erlassen, die der Vorsorge der eigenen Familie dienen. Der typische Fall ist die Begünstigung der Ehefrau oder der Nachkommen im Todesfall. Diese Familienfürsorge wurde im Versicherungsvertragsgesetz stark gefördert. Insbesondere wurde der Grundsatz verankert, dass die Ansprüche der Familie den Forderungen der Gläubiger des Versicherungsnehmers vorgehen sollen. Das Betreibungsrecht stellt den Grundsatz auf, dass vor dem Einbezug einer Lebensversicherungspolice in die Zwangsvollstreckung zuerst das übrige Vermögen eines Schuldners gepfändet werden muss. Sind der Ehegatte oder die Nachkommen des Versicherungsnehmers begünstigt, so ist die Zwangsvollstreckung des Versicherungsanspruchs ausgeschlossen (VVG, Artikel 80). Der Versicherungsanspruch kann deshalb weder gepfändet noch zur Konkursmasse gezogen werden. Vorbehalten bleiben vom Versicherungsnehmer auf den Versicherungsanspruch vorgängig errichtete Pfandrechte. Dem Pfandgläubiger steht die Betreibung auf Pfandverwertung ohne weiteres offen.

Der begünstigte Ehegatte oder die Nachkommen des Versicherungsnehmers geniessen ein gesetzliches Eintrittsrecht. Der Ehegatte oder die Nachkommen treten an Stelle des Versicherungsnehmers in die Rechte und Pflichten aus dem Versicherungsvertrag ein. Sie werden somit neue Versicherungsnehmer; der Übergang erfolgt von Gesetzes wegen. Einzige Voraussetzung ist, dass die Begünstigten den Übergang nicht ablehnen. Die Betreibungsbehörde ist verpflichtet, den Übergang der Versicherung zu bescheinigen. Der Übergang erfolgt zu dem Zeitpunkt, in dem gegen den Versicherungsnehmer ein Verlustschein vorliegt oder über ihn der Konkurs eröffnet wird (VVG, Artikel 81).

Besteht eine unwiderrufliche Begünstigung, so ist die Zwangsvollstreckung des Versicherungsanspruchs unabhängig von der Person des Begünstigten unzulässig (VVG, Artikel 79, Abs. 2).

Vorbehalten bleibt in jedem Falle die betreibungsrechtliche Anfechtungsklage. Im Rahmen dieser Klage wird vom Richter überprüft, ob die Begünstigung einzig dem Zweck dienen soll, ein Vermögenswert dem Zugriff der Gläubiger zu entziehen (VVG, Artikel 82).

Besteht keine Begünstigung zugunsten des Ehegatten oder der Nachkommen des Versicherungsnehmers und ist kein Verzicht auf das Recht, die Begünstigung widerrufen zu können (unwiderrufliche Begünstigung), erfolgt, unterliegt die Versicherung grundsätzlich der Zwangsvollstreckung. Im Falle einer betreibungs- oder konkursrechtlichen Verwertung des Versicherungsanspruchs haben der Ehegatte oder die Nachkommen des Versicherungsnehmers das Recht, die Übertragung des Anspruchs auf sich selbst zu verlangen. Voraussetzung ist aber, dass sie eine Zahlung der pfandgesicherten Forderung in der maximalen Höhe des Rückkaufswertes leisten. Weiter ist erforderlich, dass die Versicherung auf das Leben des Versicherungsnehmers (Schuldner) gestellt ist und dieser der Übertragung zustimmt. Das gleiche Recht besitzen der Ehegatte oder die Nachkommen in Bezug auf eine verpfändete Versicherung, die verwertet werden soll, sofern die pfandversicherte Forderung oder der allenfalls höhere Rückkaufswert bezahlt wird. Die Zustimmung des Versicherungsnehmers für den Übergang ist hier ebenfalls notwendig (VVG, Artikel 86).

14.7 Spezielle Anforderungen für den Verkauf von Lebensversicherungsprodukten

Beim Abschluss einer Lebensversicherung, die mit einem Sparvorgang verbunden ist (kapitalbildende Lebensversicherung), stehen immer häufiger Renditeüberlegungen im Vordergrund. Würde das Versicherungsprodukt lediglich eine garantierte, auf einem technischen Zins beruhende Versicherungsleistung vorsehen, so könnten Lebensversicherungen kaum mit entsprechenden Bankangeboten konkurrieren. Zudem würde zwischen den Lebensversicherungsgesellschaften in der Schweiz kein echter Wettbewerb bestehen. Mit der Überschussbeteiligung, die zusätzlich zum technischen Zins auf den einzelnen Lebensversicherungen gewährt wird, lässt sich jedoch eine akzeptable Rendite ausweisen. Werden auch die Steuervorteile berücksichtigt, so sind die Lebensversicherer durchaus in der Lage, Produkte mit mindestens gleichwertiger oder sogar noch höherer Rendite und voller Sicherheit wie die Banken anzubieten.

Zusammen mit einer Lebensversicherungsofferte nehmen die Angaben der zu erwartenden Überschussanteile eine zentrale Stellung ein. Die Angaben müssen von der Direktion der Versicherungsgesellschaft erstellt oder zumindest genehmigt worden sein. Zugleich ist ausdrücklich auf ihre Unsicherheit für die Zukunft hinzuweisen. Erfolgen die Angaben schriftlich, muss der Hinweis sogar in einer vom BPV genehmigten Formulierung abgefasst sein und sich deutlich vom übrigen Text unterscheiden.

Einzellebensversicherung

15

Besteuerung der privaten Vorsorge (3. Säule)

Wenn bestimmte Voraussetzungen erfüllt sind, geniessen Lebensversicherungen verschiedene steuerliche Vorteile. Die bevorzugte steuerliche Behandlung der 3. Säule hat zum Ziel, die Selbstvorsorge zu fördern. Wann und auf welche Weise eine Lebensversicherung besteuert wird, hängt auch davon ab, ob es sich um die gebundene Selbstvorsorge oder um die freie Selbstvorsorge handelt.

Trotz einer gewissen Steuerharmonisierung bleibt z. B. die Besteuerung der privaten Vorsorge in einigen Kantonen unterschiedlich.

15.1 Grundsätze zur Besteuerung der 3. Säule

Das wichtigste Ziel einer Lebensversicherung ist der Aufbau einer umfassenden Vorsorge, um sich gegen die Folgen der Risiken Alter, Tod und Invalidität abzusichern. Für diese Vorsorgeform sprechen auch die Steuervorteile, die beim Abschluss einer Lebensversicherung entstehen. Das in der Bundesverfassung[1] verankerte 3-Säulen-Prinzip bietet die nötigen Grundlagen, um die Selbstvorsorge mit steuerpolitischen Massnahmen zu fördern. Die Lebensversicherungen erhalten deshalb in den Steuergesetzen des Bundes und der Kantone gewisse Sonderrechte. Die Versicherer heben in ihren Marketingkonzepten die daraus entstehenden Vorteile mit Hinweisen auf das Versicherungssparen und auf die Steuererleichterungen hervor.

In den letzten Jahren wurden spezielle Lebensversicherungsformen geschaffen, bei denen auch Anlage- und Renditeüberlegungen eine Rolle spielen. Diese Entwicklung des Versicherungsangebotes blieb nicht ohne Wirkung auf das Steuerrecht. Es zeichnet sich eine klare Tendenz ab, bestimmte Formen von Lebensversicherungen den übrigen privaten Kapitalanlagen gleichzustellen. Vor allem im Bereich der vermögensbildenden Kapitalversicherungen führt dies zu Unsicherheiten im Zusammenhang mit der steuerrechtlichen Definition einer Versicherung.

Das Steuerrecht stützt sich auf einen umfassenden Begriff der Versicherung. Ein Versicherungsverhältnis kann dabei sowohl auf dem VVG als auch auf dem OR beruhen. Die Sozialversicherungen (z. B. AHV, IV, UV usw.) sowie die berufliche Vorsorge sind durch eigene Gesetze begründet. Im Bereich der privaten Vorsorge ist für den steuerrechtlichen Begriff der Versicherung massgebend, dass der Versicherer ein vertraglich definiertes Risiko trägt und dass der Zeitpunkt des Eintrittes des versicherten Ereignisses ungewiss ist.

Nachfolgend werden die Grundzüge der Besteuerung von Lebensversicherungen bei natürlichen Personen behandelt. Der Bereich des Steuerrechts, der für Personen- und Handelsgesellschaften gilt, die als Versicherungsnehmer, Prämienzahler oder Begünstigte auftreten, wird angesichts der Komplexität der Materie und des hier zur Verfügung stehenden Platzes nicht behandelt.

---

[1] BV, Artikel 111, Abs. 4.

15.2 Einkommenssteuer

Alle Steuergesetze enthalten Generalklauseln, die das gesamte Einkommen als steuerpflichtig erklären. Nach dem Prinzip der Besteuerung des gesamten Reineinkommens sind sämtliche Einkommensbestandteile der Einkommenssteuer unterworfen. Grundsätzlich gelten diese Klauseln auch für die privaten Lebensversicherungen. Da jedoch die Förderung der Selbstvorsorge ein in der Bundesverfassung verankertes Anliegen ist, sehen die Steuergesetze gewisse Ausnahmen und Spezialregelungen vor. Während der Laufzeit einer Lebensversicherung sind die Zinsen und die Überschussanteile generell von der Einkommenssteuer befreit. Erst zum Zeitpunkt ihrer Auszahlung erfolgt allenfalls eine Besteuerung.

Die Möglichkeiten für Abzüge der Prämien vom steuerbaren Einkommen und die Bestimmungen für die Besteuerung der Versicherungsleistungen sind davon abhängig, ob es sich um
– die gebundene Selbstvorsorge (Säule 3a)
– oder die freie Selbstvorsorge (Säule 3b)
und dabei um
– eine Kapitalversicherung oder
– eine Rentenversicherung
handelt.

15.2.1 Die gebundene Selbstvorsorge (Säule 3a)

Die Artikel 82 bis 84 des Bundesgesetzes über die berufliche Alters-, Hinterlassenen- und Invalidenvorsorge vom 25. Juni 1982 (BVG) bilden die gesetzliche Grundlage für die gebundene Vorsorge. Sie legen das Steuersystem der Säule 3a fest:
– Die Beiträge an die gebundene Selbstvorsorge können vom steuerbaren Einkommen abgezogen werden.
– Die Leistungen aus der Säule 3a sind in vollem Umfang als Einkommen zu versteuern.
– Die Ansprüche aus der gebundenen Vorsorge sind vor ihrer Fälligkeit von den direkten Steuern des Bundes, der Kantone und der Gemeinden befreit.

Gestützt auf diese Gesetzesbestimmungen hat der Bundesrat die Verordnung über die steuerliche Abzugsberechtigung für Beiträge an anerkannte Vorsorgeformen vom 13. November 1985 (BVV 3) erlassen und in ihr die Merkmale der Säule 3a näher definiert.

Einzellebensversicherung

Als anerkannte Vorsorgeformen gelten:
- gebundene Vorsorgeversicherungen bei Versicherungseinrichtungen
- gebundene Vorsorgevereinbarungen mit Bankstiftungen.

Um in den Genuss der Steuervorteile zu gelangen, müssen wichtige Voraussetzungen erfüllt sein:
- Eine gebundene Vorsorge kann nur eine in der Schweiz wohnhafte und steuerpflichtige Person aufbauen, die ein Erwerbseinkommen erzielt, auf das AHV-Beiträge erhoben werden (Ausnahme Schweizer Grenzgänger: **Quellenbesteuerung**).
- Der Versicherungsnehmer ist die versicherte Person.
- Eine gebundene Vorsorge ist nur so lange zulässig, als der Versicherungsnehmer ein AHV-pflichtiges Erwerbseinkommen erzielt.
- Eine Vorsorgeform der Säule 3a ist nur bis zum AHV-Alter gestattet.
- Der Kreis der begünstigten Personen ist beschränkt. Die gebundene Vorsorge soll in erster Linie der eigenen Vorsorge des Versicherten und seiner Hinterlassenen dienen. Die Bezeichnung weiterer Personen als Begünstigte ist nur unter bestimmten Voraussetzungen möglich.
- Die Auflösung der gebundenen Vorsorge ist nur in speziellen Fällen möglich. Die Säule 3a soll ausschliesslich und unwiderruflich der Vorsorge dienen.
- Die versicherte Person kann während des Aufbaus der Säule 3a nur sehr beschränkt über deren Kapital verfügen. Die Abtretung, Verpfändung und Verrechnung von Ansprüchen der gebundenen Vorsorge ist mit Ausnahme der Verpfändung der Ansprüche für Wohneigentum ausgeschlossen.

Quellenbesteuerung
Die Quellensteuer ist eine Einkommenssteuer, die mit speziellen Tarifen erhoben wird. Der Bezug dieser Steuer erfolgt an der Quelle; Schuldner ist z. B. der Arbeitgeber, die Vorsorgeeinrichtung usw.

- Altersleistungen dürfen frühestens fünf Jahre vor dem Erreichen des AHV-Alters ausgerichtet werden. Eine vorzeitige Auszahlung der Altersleistungen (z. B. ein Rückkauf) ist nur zulässig, wenn einer der in der BVV 3 genannten Gründe vorliegt (z. B. Wohneigentumsförderung).

Abzugsfähigkeit der Beiträge

Die Höhe der abzugsberechtigten Beiträge ist begrenzt:
- Personen, die einer Einrichtung der beruflichen Vorsorge angehören, können jährlich Beiträge bis zu 8% des oberen BVG-Grenzbetrages[1] abziehen.
- Für Personen, die in keiner Einrichtung der beruflichen Vorsorge versichert sind, beträgt der maximal abziehbare Beitrag 20% des steuerpflichtigen Erwerbseinkommens. In jedem Fall können aber höchstens 40% des oberen BVG-Grenzbetrages abgezogen werden.

Wenn beide Ehegatten erwerbstätig sind, so kann jeder den Steuerabzug für die eigenen an die Säule 3a geleisteten Beiträge beanspruchen.

Besteuerung der Leistungen

Gemäss den Bestimmungen des BVG sind auch die Leistungen der Säule 3a voll zu versteuern. Die Leistungen (auch Todesfallleistungen) werden sowohl vom Bund als auch von den Kantonen als Einkommen besteuert.

Kapitalleistungen

Die meisten Steuergesetze sehen die Besteuerung der Kapitalleistungen aus der gebundenen Vorsorge nach speziellen Steuersätzen vor.
So galt beim Bund (bis zum 31. Dezember 1994) und gilt weiterhin in einigen Kantonen die so genannte «Rentensatzbesteue-

---

[1] BVG-Grenzbetrag: siehe Kapitel 17.

rung». Zur Berechnung des Rentensatzes wird die fällige Kapitalleistung nach einer von der Eidgenössischen Steuerverwaltung herausgegebenen Tabelle in eine (theoretisch zu leistende) lebenslange Rente umgewandelt. Der auf die einzelne Rente anwendbare Steuersatz ist dann für die Besteuerung der gesamten Kapitalzahlung massgebend.

Viele der Kantone sowie der Bund verwenden für die Besteuerung der Kapitalleistungen einen Spezialsatz (z. B. ⅕ des ordentlichen Steuersatzes oder einen Steuersatz, der auf 1/10 der Kapitalleistung anwendbar wäre usw.).

Eine abschliessende Aufzählung der verschiedenen Steuersysteme würde den hier zur Verfügung stehenden Raum sprengen; man orientiere sich deshalb an den betreffenden Steuergesetzen.

Kapitalzahlungen auf diese besondere Art zu besteuern, ist durchaus zweckmässig. Angenommen, das Kapital müsste zum ordentlichen Satz versteuert werden, so wäre wegen der allgemein hohen Beträge bald der maximale Steuersatz erreicht. Dies würde die Attraktivität der Vorsorge erheblich beeinträchtigen und letztlich dem Vorsorgezweck zuwiderlaufen. Der Verfassungsauftrag zur Förderung der Selbstvorsorge würde damit nicht erfüllt, da die steuerlichen Vorteile während der Laufzeit durch die entstehende Steuerbelastung bei der Auszahlung der Leistungen wieder wegfielen. In einigen Kantonen besteht diese unbefriedigende Situation leider trotzdem.

Die Kantone und der Bund besteuern Kapitalleistungen getrennt vom übrigen Einkommen. Es wird eine Jahressteuer erhoben. Somit wird die ganze Steuer auf einmal fällig; die Dauer der Steuerpflicht spielt dabei keine Rolle. Derjenige Kanton, in dem der Anspruchsberechtigte zum Zeitpunkt der Fälligkeit der Leistung seinen Wohnsitz hat, ist berechtigt, die gesamte Steuer zu beziehen.

Rentenleistungen

Der Bund und die Kantone, mit Ausnahme des Kantons Glarus, besteuern Renten aus der Säule 3a zusammen mit dem übrigen Einkommen zu 100%.

Einzellebensversicherung

Spezial

Gebundene Vorsorge und Steuern

Besteuerung nach dem Rentensatz

Kapitalleistungen aus der gebundenen Vorsorge werden in vielen Kantonen zum Rentensatz besteuert.
Das folgende Beispiel soll die Besteuerung zum Rentensatz verdeutlichen.

Annahme

Ein 65-jähriger Ehemann erhält aus einer gebundenen Vorsorgepolice CHF 350 000.–. Er ist katholisch und wohnt in Liestal BL. Der 1999/2000 gültige Steuerfuss für Katholiken betrug dort 172,55%.

Steuerberechnung

Ermittlung des Rentensatzes für einen 65-jährigen Mann gemäss Tabelle: 350 x 64.94 = 22 729.–.
Der Steuersatz auf CHF 22 729.– nach dem 1999/2000 geltenden Steuertarif des Kantons Baselland für Verheiratete betrug 2,3494%. Dieser Satz ist massgebend für die Besteuerung der Kapitalleistung: 2,3494% von CHF 350 000.– = CHF 8 223.– (einfache Steuer). Multipliziert mit dem Steuerfuss von 172,55% ergibt sich somit eine einmalige Jahressteuer von CHF 14 189.–.

Besteuerung durch den Bund

Der Bund besteuert Kapitalleistungen zu einem reduzierten Satz. Die Berechnung soll hier am Beispiel der Bundessteuer gezeigt werden.
Der 65-jährige, in Liestal wohnhafte Ehemann hat die Leistung von CHF 350 000.– aus der gebundenen Vorsorge nicht nur beim Kanton und der Gemeinde, sondern auch beim Bund zu versteuern. Der Bund besteuert Kapitalleistungen aus der Säule 3a zu jenem Satz, der auf $1/5$ des Tarifes anwendbar wäre.

Steuerberechnung

Ein Einkommen von CHF 350 000.– ergibt beim Bund eine Steuer von CHF 33 674.– (Postnumerandotarif 1999), $1/5$ davon 6 735.–.
Die totale Besteuerung für die Auszahlung von CHF 350 000.– beträgt somit in Liestal: CHF 14 189.– (Kanton und Gemeinde) + CHF 6 735.– (Bund) = total CHF 20 924.–.

Besteuerung mit einem Spezialsatz

Einige Kantone besteuern solche Auszahlungen mit einem reduzierten Satz (z. B. die Kantone Aargau, Genf oder Luzern) oder legen der Besteuerung eine reduzierte Leistung zugrunde (z. B. Zürich). Andere wiederum verwenden einen Spezialtarif (z. B. Bern).

Annahme

Ein Ehemann erhält eine Kapitalleistung aus einer gebundenen Vorsorgepolice von CHF 350 000.–. Er ist reformiert und wohnt in Winterthur. 1999 betrug dort der Steuerfuss für Reformierte 253%. Im Kanton Zürich werden Kapitalleistungen aus der Säule 3a zu jenem Satz besteuert, der auf $1/10$ der Leistung anwendbar wäre.

Steuerberechnung

CHF 350 000.– : 10 = CHF 35 000.–. Der Steuersatz auf CHF 35 000.– betrug gemäss dem 1999 geltenden Steuertarif im Kanton Zürich für Verheiratete 2,3429%.
2,3429% von CHF 350 000.– ergeben eine einfache Steuer von CHF 8 200.–. Multipliziert mit dem Steuerfuss von 253% (x 2,53) erhält man eine Jahressteuer von CHF 20 746.–.

15.2.2 Die freie Selbstvorsorge (Säule 3b)

Für Lebensversicherungen in der freien Selbstvorsorge gelten die Beschränkungen der Säule 3a nicht, weshalb sie auch weit weniger steuerliche Privilegien geniessen.

Abzugsfähigkeit der Prämien

Die Prämien für Lebensversicherungen der freien Vorsorge können im Rahmen des allgemeinen Versicherungsprämienabzuges zusammen mit den Prämien für die Krankenversicherungen und den Zinsen für die Sparkapitalien von den steuerbaren Einkünften abgezogen werden. Der Abzug ist auf einen Höchstbetrag beschränkt, der je nach Zivilstand und Anzahl der Kinder in der Höhe variiert. Der zulässige Maximalabzug ist jedoch so bescheiden, dass er in der Regel schon durch die Krankenkassenprämien ausgeschöpft ist. Die Möglichkeit eines Abzuges der Prämien für Lebensversicherungen der Säule 3b ist deshalb meist bedeutungslos.

Besteuerung der Leistungen

Bei der freien Vorsorge können Versicherungsnehmer, versicherte Person und Prämienzahler verschiedene Personen sein. Dies hat zur Folge, dass die Versicherungsleistungen der Einkommens- bzw. der Schenkungs- und Erbschaftssteuer unterliegen.

Kapitalzahlungen
Erlebensfall und Rückkauf

Erlebensfallleistungen aus rückkaufsfähigen kapitalbildenden Versicherungen mit Jahresprämie, die an den Versicherungsnehmer ausbezahlt werden, sind von der Einkommenssteuer befreit. Wenn die Versicherung mit einer Einmalprämie finanziert und nach dem 31.12.1998 abgeschlossen wurde, ist die Erlebensfallleistung beim Bund und in den Kantonen nur dann steuerfrei, wenn bestimmte, «der Vorsorge dienende» Voraussetzungen erfüllt sind:

– Das Versicherungsverhältnis muss mindestens fünf Jahre gedauert haben.
– Der Versicherte muss bei der Auszahlung das 60. Altersjahr vollendet haben.
– Der Abschluss muss vor dem 66. Altersjahr stattgefunden haben.
– Es muss ein angemessener Versicherungsschutz sowohl für den Erlebens- als auch den Todesfall bestehen.
– Versicherungen auf zwei Leben sind nur für Ehepaare mit gemeinsamer Steuerveranlagung zulässig.

Für Leistungen aus Versicherungen mit Einmalprämie, die nicht der Vorsorge dienen, wird die Differenz zwischen der Auszahlung und der Prämie als Einkommen zusammen mit dem übrigen Einkommen besteuert.
Beim Rückkauf einer solchen Versicherung gelten die oben genannten Grundsätze auch für die steuerliche Behandlung des Rückkaufswertes. Für Verträge, die vor dem 31.12.1998 abgeschlossen wurden, sind unter Umständen Übergangsregeln zu beachten.
Erhält eine begünstigte Drittperson die Erlebensfallleistung, erheben einige Kantone eine Schenkungssteuer.
Der ausbezahlte Rückkaufswert einer Rentenversicherung unterliegt beim Bund und in allen Kantonen der Einkommenssteuer, und zwar nach den gleichen Prinzipien wie für Kapitalleistungen der gebundenen Vorsorge.

Todesfall

Für Todesfallleistungen aus Lebensversicherungen ist seit der Steuerharmonisierung zu unterscheiden, ob die Leistung aus einer rückkaufsfähigen oder aus einer nicht rückkaufsfähigen Versicherung (reine Risikoversicherung) erfolgt.

Einzellebensversicherung

Auf Todesfallleistungen aus rückkaufsfähigen Policen wird in den meisten Kantonen eine Erbschaftssteuer fällig.

Todesfallleistungen aus nicht rückkaufsfähigen Policen werden beim Bund und in den meisten Kantonen getrennt vom übrigen Einkommen zu einem Spezialsatz als Einkommen besteuert. Der Verwandtschaftsgrad spielt somit für die Besteuerung der Todesfallleistung aus einer Risikoversicherung keine Rolle mehr.

Todesfallleistungen aus Rentenversicherungen besteuern der Bund und die meisten Kantone getrennt vom übrigen Einkommen zu einem Spezialsatz als Einkommen.

Überschussbeteiligung

Für eine Überschussbeteiligung, die regelmässig mit der Hauptleistung fällig wird, gilt der Grundsatz, dass diese steuerlich gleich behandelt wird wie die entsprechende Versicherungsleistung. Sofern während der Versicherungsdauer das versicherte Ereignis nicht eingetreten ist, kann bei nicht rückkaufsfähigen Versicherungen nach Ablauf der Versicherung eine Überschussbeteiligung im Sinne einer Erlebensfallzahlung ausgerichtet werden.

Ob und allenfalls wie eine solche Leistung besteuert wird, ist nicht klar geregelt.

Rentenleistungen

Je nachdem, ob der Versicherungsnehmer selbst die Leistungen erhält oder ob sie an einen Dritten ausgerichtet werden, gestaltet sich die Besteuerung von Renten unterschiedlich. Die Fälle, bei denen eine Drittperson begünstigt ist, werden später unter Ziffer 15.4 behandelt. Die bezogenen Renten werden vom Bund und von allen Kantonen zusammen mit den übrigen Einkünften zu 40% als Einkommen besteuert.

Überschussbeteiligungen auf den Renten werden wie die Hauptleistung besteuert.

15.3 Vermögenssteuer

Im Gegensatz zu den Kantonen kennt der Bund keine Steuern auf dem Vermögen natürlicher Personen. Die nachfolgenden Ausführungen betreffen also lediglich die Kantone.

15.3.1 Gebundene Vorsorge

Für eine gebundene Vorsorgeversicherung werden während der Laufzeit keine Vermögenssteuern erhoben.

15.3.2 Freie Vorsorge

Für Versicherungen der freien Vorsorge (Säule 3b) ist zwischen rückkaufsfähigen und nicht rückkaufsfähigen Versicherungen zu unterscheiden. Bei rückkaufsfähigen Kapitalversicherungen unterliegt der Rückkaufswert bis zur Fälligkeit der Versicherungsleistung der Vermögenssteuer. Bei rückkaufsfähigen Rentenversicherungen werden die Vermögenssteuern hingegen in den meisten Kantonen nur so lange erhoben, wie der Bezug der Rentenleistungen aufgeschoben ist. Nicht rückkaufsfähige Versicherungen (Kapital- und Rentenversicherungen) können aus technischer Sicht einen Rückkaufswert aufweisen. Er muss aus steuerlicher Sicht aber nicht berücksichtigt werden, somit entfällt eine Vermögensbesteuerung auf den Rückkaufswert.

Unterliegt der Rückkaufswert der Vermögenssteuer, so wird er mit dem übrigen steuerbaren Vermögen zusammengerechnet. Dieser Betrag dient dann als Bemessungsgrundlage für die Steuer. Viele Kantone gewähren zusätzlich noch einen gewissen Steuerfreibetrag auf dem Vermögen, dessen Höhe teilweise vom Zivilstand und der Anzahl Kinder abhängt.

15.4 Erbschafts- und Schenkungssteuern

Die Privilegien der Lebensversicherungen, nach denen die Begünstigungen ohne Rücksicht auf den Erbgang errichtet werden können, entbinden den Empfänger nicht von einer allfälligen Steuerpflicht.

Die Erbschaftssteuer erfasst jene Fälle, bei denen infolge Todes einer Person die Vermögenswerte übertragen werden. Im Gegensatz dazu wird auf unentgeltlichen Zuwendungen unter Lebenden die Schenkungssteuer erhoben.

Fast alle Kantone erheben sowohl Erbschafts- als auch Schenkungssteuern.

In den meisten Kantonen ist der Ehegatte steuerbefreit, in vielen Kantonen auch die direkten Nachkommen. Nur der Bund und der Kanton Schwyz kennen keine solchen Steuern.

Die einzelnen Steuergesetze behandeln in der Regel die Erbschafts- und die Schenkungssteuer gleich. So gilt für beide Steuern der gleiche Steuertarif. Die Befreiung bestimmter Personen von den Steuern (z. B. des Ehegatten oder der Nachkommen usw.) ist meist analog geregelt. Dasselbe gilt auch für die Höhe eines allfälligen Steuerfreibetrages.

Grundsätzlich ist jener Kanton für die Erhebung der Steuer auf einer Erbschaft zuständig, in dem der Erblasser seinen letzten Wohnsitz hatte. Bei einer Schenkung ist der Wohnsitzkanton der schenkenden Person im Zeitpunkt der unentgeltlichen Vermögensübertragung besteuerungsberechtigt. Steuerpflichtig ist immer der Empfänger des Vermögenswertes (Erben, Vermächtnisnehmer oder Beschenkte).

Bei Lebensversicherungen entsteht eine Steuerpflicht für Erbschaften oder Schenkungen meist nur im Zusammenhang mit Versicherungen der freien Vorsorge. Auszugehen ist immer vom Versicherungsnehmer, da steuerrechtlich nur er in Bezug auf die Versicherungsleistung als Erblasser bzw. als Schenker in Frage kommt. Erbschafts- und Schenkungssteuern fallen deshalb nur an, wenn Leistungen an Dritte ausgerichtet werden. Wenn der Versicherungsnehmer selbst die Leistungen erhält (auch Todesfallleistungen z. B. bei Versicherungen auf fremdes Leben usw.), so gelten die Ausführungen unter Ziffer 15.2.1 sinngemäss. Somit fallen für den Versicherungsnehmer höchstens Einkommenssteuern an.

15.4.1 Kapitalleistungen

Kapitalleistungen aus rückkaufsfähigen Kapitalversicherungen, die infolge Todes des Versicherungsnehmers fällig werden, sind vom Begünstigten als Erbschaft zu versteuern. Leistungen, die zu Lebzeiten des Versicherungsnehmers an eine begünstigte Drittperson zur Auszahlung gelangen, werden als Schenkung besteuert. Für nicht rückkaufsfähige Kapital- und Rentenversicherungen gelten die Grundsätze, die unter Ziffer 15.2.2 beschrieben sind.

Einzellebensversicherung

Spezial

Erbschafts- und Schenkungssteuern bei Kapitalversicherungen

Todesfallleistungen an einen Begünstigten bei einer Versicherung auf das Leben des Versicherungsnehmers
Todesfallleistungen aus rückkaufsfähigen Versicherungen muss der Begünstigte als Erbschaft versteuern.
Für Versicherungsleistungen aus nicht rückkaufsfähigen Policen hat die begünstigte Person beim Bund und in den meisten Kantonen Einkommenssteuern zu bezahlen. Diese Steuern werden getrennt vom übrigen Einkommen mit einem Spezialsatz berechnet.

Todesfallleistungen bei einer Versicherung ohne Begünstigung auf das Leben des Versicherungsnehmers
Die Leistung fällt in den Nachlass. Die Erben müssen für rückkaufsfähige Versicherungen eine Erbschaftssteuer entrichten.

Todesfallleistung an einen Begünstigten bei einer Versicherung auf fremdes Leben
Bei Versicherungen auf fremdes Leben besteht die Möglichkeit, dass der Versicherungsnehmer vor der versicherten Person stirbt. Da das versicherte Ereignis noch nicht eingetreten ist, geht die Versicherung auf seine Erben über. Der Versicherungsnehmer kann auch in einer Verfügung von Todes wegen die Abtretung der Versicherung an eine bestimmte Person verfügen. Wenn der neue Versicherungsnehmer zugleich die versicherte Person ist, wird die Todesfallleistung wie bei einer Versicherung auf das Leben des Versicherungsnehmers besteuert (Erbschaft bzw. Einkommen; vgl. den vorangehenden Abschnitt).
In allen Fällen, bei denen der Versicherungsnehmer nicht selbst die versicherte Person ist und letztere stirbt, muss der Begünstigte die Leistung als Schenkung versteuern. Diese Regelung gilt, weil bei solchen Versicherungen immer ein Versicherungsnehmer vorhanden ist, zu dessen Vermögen die Versicherung zuzuordnen ist. Aus rechtlicher Sicht gilt die Todesfallleistung an die begünstigte Person deshalb als Zuwendung unter Lebenden. Wenn der Versicherungsnehmer das Todesfallkapital aufgrund der Begünstigung selbst erhält, ist die Auszahlung aus einer rückkaufsfähigen Versicherung steuerfrei, hingegen wird bei einer nicht rückkaufsfähigen Versicherung die Leistung vom Bund und den Kantonen als Einkommen erfasst.

Erlebensfallleistung an einen Begünstigten
Die begünstigte Drittperson muss die Leistung als Schenkung versteuern. Sofern der Versicherungsnehmer selbst anspruchsberechtigt ist, entstehen für ihn im Allgemeinen keine Steuerabgaben.

15.4.2 Rentenleistungen

Bei Rentenversicherungen sind die Steuerregeln sehr kompliziert, besonders dann, wenn der Begünstigte eine Drittperson ist. Es besteht ein bedeutender Unterschied zwischen dem **Rentenstammrecht** und der einzelnen Rentenleistung. Weiter ist massgebend, ob der Leistungsempfänger eine widerruflich oder unwiderruflich begünstigte Drittperson ist. In der Regel geht nämlich bei einer unwiderruflichen Begünstigung das Stammrecht auf den Anspruchsberechtigten über. Dabei gelten folgende Grundsätze:

Wenn die begünstigte Drittperson neben den einzelnen Renten auch das Stammrecht erhält, so hat sie auf dem Stammrecht eine Erbschafts- (Übergang bei Tod des Versicherungsnehmers) oder Schenkungssteuer (Übergang zu Lebzeiten des Versicherungsnehmers) zu entrichten. Für die einzelne Rente muss die begünstigte Person zudem für 40% der Summe Einkommenssteuern bezahlen. Sofern das Stammrecht nicht auf den Anspruchsberechtigten übergegangen ist, muss dieser jede einzelne Leistung als Erbschaft oder als Schenkung versteuern.

> **Rentenstammrecht**
> Kapitalisierung der Rentenleistung mit der Lebenserwartung der versicherten Person.

Einzellebensversicherung

Spezial

Erbschafts- und Schenkungssteuern bei Rentenversicherungen

Todesfallrenten (Überlebensrenten) an einen Begünstigten bei einer Versicherung auf das Leben des Versicherungsnehmers

Mit dem Tod des Versicherungsnehmers tritt der Versicherungsfall ein. Die Leistungen werden so lange ausgerichtet, wie die zweite versicherte Person, auf deren Leben die Renten gestellt sind, den jeweiligen Fälligkeitstermin erlebt. Deshalb erfolgt eine Kapitalisierung der Rentenleistungen aufgrund der Lebenserwartung der zweiten versicherten Person (z. B. nach den Barwerttafeln von Stauffer/Schätzle). Für dieses Rentenstammrecht muss der Begünstigte nun Erbschaftssteuern bezahlen. Zusätzlich muss er die einzelnen Renten zu 40% als Einkommen versteuern.

Erlebensfallrenten bei einer Versicherung auf das Leben des Versicherungsnehmers

Die Renten werden so lange ausgerichtet, wie der Versicherungsnehmer den jeweiligen Fälligkeitstermin erlebt.
Wenn der Versicherungsnehmer selbst begünstigt ist, so hat er die Renten zu 40% als Einkommen zu versteuern.
Eine widerruflich begünstigte Drittperson muss jede Rente, die ihr ausbezahlt wird, als Schenkung versteuern. Der Versicherungsnehmer bezahlt in diesem Fall keine Steuern.
Ist eine Drittperson unwiderruflich begünstigt, so hat sie damit einen Vermögenswert im Umfang des Rentenstammrechts erhalten. Dieser Betrag unterliegt der Schenkungssteuer. Zusätzlich muss die begünstigte Person die Renten als Einkommen versteuern (40%).

Erlebensfallrenten bei einer Versicherung auf fremdes Leben

Die Renten werden so lange ausgerichtet, wie die versicherte Person den jeweiligen Fälligkeitstermin erlebt.
Wenn der Versicherungsnehmer selbst begünstigt ist, so muss er 40% der einzelnen Rente als Einkommen versteuern.
Eine widerruflich begünstigte Drittperson muss die Renten, die sie erhält, als Schenkung versteuern. Stirbt der Versicherungsnehmer vor der versicherten Person, so geht die Versicherung auf seine Erben über; auch eine in einer Verfügung von Todes wegen bezeichnete Person kann neuer Versicherungsnehmer werden. Der neue Versicherungsnehmer hat nun die Möglichkeit, die Begünstigung abzuändern. Er kann die Leistungen sogar sich selbst auszahlen lassen, muss dann aber die Renten zu 40% als Einkommen versteuern. Ein Vermögenswert im Umfang des Rentenstammrechts ist damit auf den neuen Versicherungsnehmer übergegangen und muss als Erbschaft versteuert werden. Für Renten, die weiterhin an widerruflich begünstigte Personen ausbezahlt werden, müssen die Begünstigten Schenkungssteuern entrichten.
Eine unwiderruflich begünstigte Drittperson schuldet auf dem Rentenstammrecht die Schenkungssteuer. Die einzelnen Renten unterliegen jeweils der Einkommenssteuer (zu 40%).

15.5 Verrechnungssteuer

Der Bund erhebt auf dem Ertrag aus beweglichem Kapitalvermögen, auf Lotteriegewinnen und Versicherungsleistungen die **Verrechnungssteuer**. Steuerpflichtig ist der Schuldner, der diese Steuer aber von der zu erbringenden Leistung abziehen kann.

In erster Linie dient die Verrechnungssteuer der Steuersicherung. Personen, die in der Schweiz ansässig sind, können die zu ihren Lasten abgezogenen Verrechnungssteuerbeträge zurückfordern. Voraussetzung dafür ist allerdings, dass sie die Einkünfte, die mit Verrechnungssteuerabgaben belastet wurden (und die entsprechenden Vermögenswerte) bei den Steuern des Bundes, der Kantone und Gemeinden ordnungsgemäss deklarieren.

Wenn der Steuerpflichtige diese Kapitalien nicht deklariert, so begeht er eine Steuerhinterziehung. Die abgezogenen Beträge werden nicht zurückerstattet. Selbst dann, wenn die Steuerhinterziehung später entdeckt und ein Nach- und Strafsteuerverfahren eingeleitet wird, besteht kein Recht mehr auf eine Rückzahlung der Verrechnungssteuer. Der Steuerabzug entbindet also nicht von der Pflicht, die Einkünfte und Vermögenswerte ordnungsgemäss anzugeben.

15.5.1 Versicherungsleistungen

Bei Versicherungsleistungen wird die Verrechnungssteuer auf Kapitalleistungen aus Lebensversicherungen, Erwerbsunfähigkeitsrenten, Leibrenten (Lebensrenten) und Pensionen erhoben. Während der Laufzeit einer Versicherung sind die periodisch gutgeschriebenen Zinsen und Überschussanteile dagegen steuerfrei. Die Verrechnungssteuer wird erst auf der Leistung erhoben, wobei die Zinsen und die Überschüsse ebenfalls erfasst werden. Die Verrechnungssteuer wird in folgenden Fällen erhoben:

– Die Kapitalleistungen aus derselben Versicherung müssen CHF 5 000.– übersteigen. Die Steuergrenze beträgt bei Leibrenten und Pensionen einschliesslich der gewährten Überschüsse und Zinsen CHF 500.– pro Jahr.
– Die Versicherung muss zum inländischen Versicherungsbestand des Versicherers gehören. Diese Voraussetzung ist in der Regel erfüllt, wenn der Versicherer seine Geschäftstätigkeit in der Schweiz ausübt.
– Zum Zeitpunkt des Eintritts des versicherten Ereignisses muss der Versicherungsnehmer oder eine anspruchsberechtigte Person in der Schweiz ansässig sein.

> **Verrechnungssteuer**
> Die Verrechnungssteuer ist eine Sicherungssteuer. Sie wird wie eine Quellensteuer direkt erhoben und an die Eidgenössische Steuerverwaltung überwiesen.

15.5.2 Erfüllung der Steuerpflicht

Der Versicherer, der die steuerbare Leistung ausrichtet, ist steuerpflichtig. Die Steuerforderung entsteht im Zeitpunkt der Leistungserbringung (Auszahlung). Wenn die Versicherung als Ganzes oder wenn einzelne Versicherungsansprüche an eine Person, die im Ausland ansässig ist, abgetreten werden, so entspricht dies auch der Erbringung der Leistung.

Normalerweise muss der Versicherer keinen Abzug von der steuerbaren Leistung vornehmen. Bei Versicherungsleistungen besteht nämlich die Besonderheit, dass die Steuerpflicht durch die blosse Meldung des steuerbaren Betrages an die Eidgenössische Steuerverwaltung (EStV) erfüllt ist. Die EStV leitet die erhaltenen Meldungen dann an die zuständigen Steuerbehörden der Kantone weiter. Der Versicherungsnehmer oder der Anspruchsberechtigte haben aber trotzdem die Möglichkeit, ihre Anonymität gegenüber den Steuerbehörden zu wahren. Sie können beim Versicherer vor der Auszahlung der Leistung gegen die Meldung schriftlich Einspruch erheben. Bei mehreren Anspruchsberechtigten genügt der Einspruch einer Person, welcher sich dann auf die gesamte Leistung auswirkt. Im Falle eines wirksamen Einspruchs muss der Versicherer den Steuerabzug vornehmen. Eine Kapitalleistung wird dabei um 8% gekürzt. Bei Leibrenten und Pensionen beträgt der Abzug 15%.

Wie bereits erwähnt, ist ein Anspruchsberechtigter, der den Steuerabzug vom Versicherer vornehmen lässt, nicht von der Pflicht entbunden, die Versicherungsleistung zu versteuern bzw. steuerlich zu deklarieren. Mit einer ordnungsgemässen Angabe der erhaltenen Beträge besteht das Recht, die abgezogene Verrechnungssteuer zurückzufordern.

15.6 Übersicht zur Besteuerung von Kapitalauszahlungen aus Lebensversicherungen auf Bundesebene

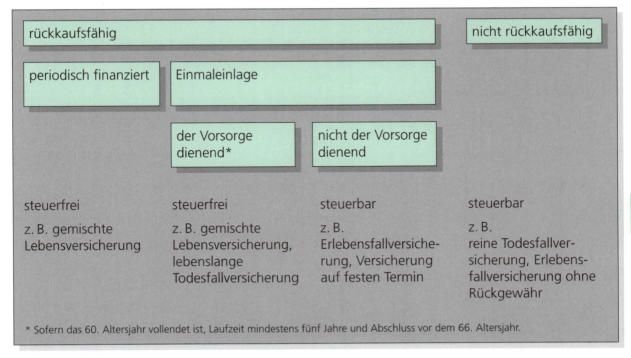

Die EStV verlangt bei fondsgebundenen Lebensversicherungen für die Steuerbefreiung eine mindestens 10-jährige Laufzeit. Wie weit diese Regeln auch in den Kantonen gelten, muss in den entsprechenden Vorschriften nachgeschlagen werden.

15.7 Stempelabgabe auf Einmaleinlagen

Seit dem 1.4.1998 wird für rückkaufsfähige Lebensversicherungen (Kapital und Renten) der Säule 3b, die mit einer Einmaleinlage finanziert werden, von Versicherungsnehmern mit Wohnsitz in der Schweiz eine Stempelabgabe von 2,5% der Barprämie erhoben.

Zu beachten ist, dass die Stempelabgabe keine echte Steuer ist. Eine Abgabe wirkt wie eine Pauschalsteuer und sichert der Bundeskasse zusätzliche Einnahmen.

Teil 4 Kollektiv-
lebensversicherung

Kollektivlebensversicherung

16 Entwicklung der beruflichen Vorsorge

Die Vorsorge für die Arbeitnehmer entwickelte sich bis zur gesetzlichen Einführung der beruflichen Vorsorge (1. 1. 1985) je nach Wirtschaftssektor und Region sehr unterschiedlich.

Im Vergleich zu den Bestimmungen des BVG waren kurz vor Einführung der obligatorischen beruflichen Vorsorge rund 20% der Arbeitnehmer ungenügend versichert; rund 20% besassen keine Vorsorge im Bereich der 2. Säule.

Die Vorsorge gemäss BVG sollte zusammen mit der AHV/IV den Betagten, Hinterlassenen und Invaliden die Fortsetzung der gewohnten Lebenshaltung in angemessener Weise ermöglichen.

Wegen Meinungsverschiedenheiten kam bei der Einführung des BVG ein Kompromiss nur mühsam zustande. Strittige Punkte waren die Eintrittsgeneration, die Finanzierungsart und die Freizügigkeit.

Im Zusammenhang mit der 1. BVG-Revision stehen als wichtigste Punkte zur Diskussion: Der pauschale Umwandlungssatz, die Angleichung des Rentenalters für Frau und Mann, die Einführung der Witwerrente sowie die Anpassung der Altersrenten an die Teuerung.

Kollektivlebensversicherung

16.1 Entwicklung der Wohlfahrt bis zur Einführung der 1. Säule

Gegenseitige Hilfe und Fürsorge im Rahmen der Familie, der Kirche und der Zünfte findet man schon im Mittelalter, zum Teil schon früher. Die Solidarität der Menschen diente fast ausschliesslich der Linderung von Notsituationen im Kreis einer eng begrenzten Gemeinschaft.

Die ersten Formen von planmässiger Fürsorge in Verbindung mit dem Arbeitsplatz entwickelten sich im 19. Jahrhundert.

16.1.1 Hilfskassen

Arbeitnehmer gründeten anfänglich Hilfskassen für eine wirtschaftliche Sicherung bei Krankheit und Tod, später auch bei Invalidität und im Alter. Um eine gewisse Unabhängigkeit vom Arbeitgeber zu erhalten, war in den Anfängen, im Gegensatz zu den heutigen Vorschriften, eine finanzielle Mitbeteiligung der Arbeitgeber nicht erwünscht. Bei den ersten Hilfskassen bestand der Schutz im Falle des Eintrittes des versicherten Ereignisses in der Ausrichtung eines Darlehens. Dieses Darlehen musste zurückgezahlt werden. Ein ähnliches System bestand bei den Bruderschaften und Zünften des ausgehenden Mittelalters.

Sozial denkende Unternehmer des 19. Jahrhunderts beteiligten sich an der Finanzierung bestehender Hilfseinrichtungen der Arbeitnehmer oder gründeten selbst Hilfskassen für ihre Belegschaft.

16.1.2 Fabrikgesetz

Das Fabrikgesetz von 1877 und das Fabrikhaftpflichtgesetz von 1881/1887 führten die «Haftpflicht des Arbeitgebers bei Krankheit, Invalidität und Tötung des Arbeitnehmers durch eine Betriebsgefahr» ein. Dies hatte zur Folge, dass immer mehr Arbeitgeber die Hilfseinrichtungen der Arbeitnehmer mitfinanzierten. Vereinzelt gab es auch Einrichtungen der Vorsorge, die allein vom Arbeitgeber finanziert wurden.

So entstand das Modell der arbeitsvertraglichen Grundvorsorge zugunsten der Arbeitnehmer für die Risiken Krankheit, Invalidität und Tod. Der Arbeitgeber musste sich nach kassenreglementarischen Vorschriften an der Finanzierung der Hilfseinrichtung beteiligen.

Es handelte sich jedoch um eine freiwillige Grundvorsorge mit bescheidenem Versicherungsgrad, die nur für Arbeiter, die dem Fabrikgesetz unterstanden, aufgebaut wurde. Grosse Teile der Bevölkerung und viele Arbeitnehmer blieben weiterhin ungeschützt.

16.1.3 Betriebliche Personalfürsorgeeinrichtungen

Bis zum 1. Weltkrieg bestanden nur vereinzelt betriebliche Personalfürsorgeeinrichtungen. Somit hatte der Gesetzgeber keinen Anlass, diese Einrichtungen bei der Schaffung des Schweizerischen Zivilgesetzbuches (ZGB) vom 10. Dezember 1907 und der damit verbundenen Revision des Obligationenrechtes (OR) vom 30. März 1911 zu berücksichtigen.

16.1.4 Fabrikkassen

Das Fabrikgesetz vom 18. Juni 1914 und die entsprechende Vollziehungsverordnung vom 3. Oktober 1919 enthielten erste Bestimmungen über die Fabrikkassen. Das Ziel bestand darin, die Stellung des Arbeitnehmers als Begünstigten dieser Kassen zu verbessern.

Die Fabrikkassen können als die eigentlichen Vorläufer der Pensionskassen bezeichnet werden. Während andere Völker Kriege führten und verarmten, herrschte in der Schweiz Hochkonjunktur. Die unmittelbare Kriegsgefahr verursachte einen ständigen Druck auf das soziale Gewissen und begünstigte damit die weitere Entwicklung der Personalwohlfahrtseinrichtungen stark. 1916 gestattete der Bund den Unternehmern, die Arbeitgeberzuwendungen an die Personalfürsorge vollumfänglich von der Kriegsgewinnsteuer abzuziehen. Diese Bestimmung unterstützte den Ausbau der Fabrikkassen zusätzlich. Bedingung für die Steuerbefreiung von Wohlfahrtszuwendungen war, dass eine zweckmässige Verwendung garantiert werden konnte.

Kleinere Unternehmen blieben teilweise bis zum Inkrafttreten des BVG hinter dieser Entwicklung zurück. In der Privatwirtschaft existierten hauptsächlich Fürsorgefonds, die im Vorsorgefall nur Ermessensleistungen gewährten. Versicherungseinrichtungen, die zum Voraus berechenbare Leistungen ausrichteten, lösten diese Fonds allmählich ab. 1925 gehörten nur gerade ca. 20% der erwerbstätigen Bevölkerung einer Vorsorgeeinrichtung an. Ohne Berücksichtigung der Erwerbstätigen in öffentlichen Verwaltungen, Verkehr, Unterricht, Erziehung, Seelsorge und Kirchendienst betrug der Prozentsatz der erwerbstätigen Personen mit beruflichem Vorsorgeschutz sogar nur ca. 13%.

16.1.5 Vorbild des Bundes

Im Jahre 1921 trat ein Bundesgesetz in Kraft, aufgrund dessen die Angestellten der Post-, Telephon-, Telegraphen- und der übrigen Bundesverwaltung versichert werden mussten; insgesamt waren dies ca. 64 000 Personen.

Die Staatsstellen mit Pensionsberechtigung waren von den Arbeitnehmern sehr begehrt. Deshalb sah sich die Privatwirtschaft aus Konkurrenzgründen auf dem Arbeitsmarkt gezwungen, ihren Angestellten und Arbeitern eine ähnliche Sicherung zu garantieren. Somit leistete der Bund einen bedeutenden Beitrag zur Entwicklung der Altersfürsorge.

16.1.6 Personalfürsorgeeinrichtungen

Erst die Revision des OR vom 18. Dezember 1936 schuf entsprechende Normen auch für Betriebe, die nicht dem Fabrikgesetz unterstanden. Sie gestattete

Kollektivlebensversicherung

es Aktiengesellschaften und Genossenschaften, zur Gründung und Unterstützung von Wohlfahrtseinrichtungen für Angestellte und Arbeiter des Unternehmens, Vermögensanteile aus dem Gesellschaftsvermögen sowie Anteile aus dem Reingewinn auszuscheiden und in eine Stiftung zu überführen. Diese Steuerpraxis von Bund und Kantonen hat die Entwicklung der Personalwohlfahrt stark gefördert.

16.1.7 Obligatorium für die ganze Bevölkerung

Wegen des allgemein niedrigen Vorsorgegrades der Bevölkerung gab es schon früh Bestrebungen, die gesamte Bevölkerung durch ein Obligatorium dem Vorsorgeschutz für die Risiken Alter, Tod und Invalidität zu unterstellen. Die Einführung von Alters-, Invaliditäts- und Hinterbliebenenversicherungen in einigen europäischen Ländern (Deutschland 1889/1911, England 1908/1911, Schweden 1913 und Italien 1919) unterstützten diese Bestrebungen.

1916 führte der Kanton Glarus die erste obligatorische Alters- und Invalidenversicherung ein.

Am 6. Dezember 1925 nahmen Volk und Stände die Verfassungsgrundlage[1] zur Schaffung einer obligatorischen, die ganze Bevölkerung umfassenden Alters-, Hinterlassenen- und Invalidenvorsorge auf Bundesebene an. Erst am 1. Januar 1948, also rund eine Generation nach Annahme des Artikels, konnte das Verfassungsziel von 1925 mit der Einführung der Alters- und Hinterlassenenversicherung realisiert werden. Sogar erst am 1. Januar 1960 trat das Bundesgesetz über die Invalidenversicherung in Kraft. Das Leistungsziel dieser obligatorischen staatlichen Grundvorsorge bestand in der Sicherung eines genügenden Existenzminimums, das jedoch nur durch weitere Bedarfsleistungen zu erreichen war. Deshalb wurde das Bundesgesetz über die Ergänzungsleistungen zur AHV und IV erlassen. Es trat am 1. Januar 1966 in Kraft.

---

[1] BV, Art. 34 quater.

16.2 Entwicklung seit Einführung der AHV/IV

Nach der Einführung der obligatorischen 1. Säule verwandelte sich die arbeitsvertragliche Grundvorsorge in eine Zusatz- oder Ergänzungsvorsorge. Sie beruhte weiterhin auf dem Prinzip der Freiwilligkeit und erfasste bei weitem nicht alle Arbeitnehmer, hatte sich jedoch weiterentwickelt und immer mehr ausgebreitet.

Im ZGB wurde 1958 neu ein Artikel über die Personalfürsorge eingefügt[1]. Er ersetzte die erwähnten Normen inklusive der dazu gehörigen Vollziehungsverordnung für dem Fabrikgesetz nicht unterstehende Betriebe. Dem OR wurde ein neuer Art. 343bis eingefügt. Er machte einen Teil der bestehenden genossenschafts- und aktienrechtlichen Bestimmungen[2] überflüssig. Mit der Revision des gesamten Arbeitsvertragsrechtes im Jahre 1971 wurden die Bestimmungen über die Personalvorsorge erneut geändert.

Trotz der Weiterentwicklung der Personalvorsorge bestanden 1965/66 immer noch erhebliche Lücken. Nur ca. 26% der Arbeitgeber besassen eine Vorsorgeeinrichtung, bzw. nur ca. 38% der Arbeitnehmer waren versichert. Einzig die Vorsorgeeinrichtungen des öffentlichen Rechts boten fast ausnahmslos einen gut ausgebauten, umfassenden Schutz an.

Aus dem KUVG von 1911 wurde 1984 der Unfallbereich herausgelöst und mit einem eigenen Gesetz (UVG) geregelt.

1997 erfolgte die Einführung des revidierten Krankenversicherungsgesetzes (KVG).

---

[1] ZGB, Art. 89bis.
[2] OR, Art. 673, Abs. 2–4; Art. 862, Abs. 2–4.

16.3 Entstehung des Gesetzes über die berufliche Alters-, Hinterlassenen- und Invalidenvorsorge

16.3.1 Verfassungsgrundlage

Zunehmend stellte sich die Frage nach dem Zusammenspiel zwischen staatlichen und beruflichen Vorsorgeformen. Zu Beginn der 60er-Jahre stand es jedem Arbeitgeber frei, Vorsorgemassnahmen zugunsten seines Personals zu treffen. Für einen grossen Teil der Bevölkerung war deshalb keine oder nur eine ungenügend ausgebaute 2. Säule vorhanden. Mit der Idee, die berufliche Vorsorge obligatorisch zu erklären, sollte ein Ausweg aus dieser unbefriedigenden Lage gefunden werden. 1968 nahm der Nationalrat ein Postulat an, das verlangte, die Leistungen der 2. Säule innert nützlicher Frist zu verbessern. Der Bundesrat wurde vom National- und Ständerat beauftragt, zuerst die Revision des entsprechenden Artikels der Bundesverfassung[1] an die Hand zu nehmen. Dabei ging es einerseits darum, eine Grundlage für die Verwirklichung der obligatorischen beruflichen Vorsorge zu schaffen und andererseits auf drei neue Volksinitiativen zu antworten, die alle die Alters-, Hinterlassenen- und Invalidenvorsorge zum Gegenstand hatten.

Am 30. Juni 1972 hiessen die eidgenössischen Räte den vom Bundesrat vorgelegten neuen Bundesverfassungsartikel gut[2]. In der Abstimmung vom 3. Dezember 1972 wurde der Verfassungsartikel dann mit einem Stimmenverhältnis von 3 zu 1 vom Volk und durch sämtliche Stände angenommen. Gleichzeitig hatten Volk und Stände die von der Partei der Arbeit der Schweiz eingereichte «Volksinitiative für eine wirkliche Volkspension» verworfen. Die beiden anderen Initiativen wurden zurückgezogen. Damit war das 3-Säulen-Konzept in der Bundesverfassung verankert.

---

[1] alte BV, Art. 34quater.
[2] alte BV, Art. 34quater.

16.3.2 Ausarbeitung des Gesetzes

Die Eidgenössische AHV/IV-Kommission bildete Anfang 1972 einen Ausschuss für die berufliche Vorsorge. Er hatte den Auftrag, Grundsätze zu formulieren, auf denen ein Gesetz für die berufliche Vorsorge aufbauen sollte.

Der daraus resultierende Entwurf des Bundesrates zum BVG wurde in den politischen und wirtschaftlichen Kreisen sehr unterschiedlich aufgenommen. Trotzdem nahm der Nationalrat im Herbst 1977 die Vorlage mit 90:12 Stimmen an. In der Öffentlichkeit bestand ein gewisses Unbehagen. Die Bedenken der Pensionskassen bezüglich administrativer Überforderung und der Hinweis, dass auf die bestehenden 18 000 Vorsorgeeinrichtungen zu wenig Rücksicht genommen worden sei, beachtete jedoch kaum jemand.

In der vorberatenden Kommission des Ständerates blieben die mahnenden Stimmen nicht ungehört. In der Junisession 1980 legte sie ein Konzept vor, dem der Ständerat weitgehend zustimmte. Zentrale Punkte, die der Ständerat gegenüber der nationalrätlichen Vorlage geändert hatte, waren:

- Beitrags- statt Leistungsprimat: Damit wollte er den veränderten wirtschaftlichen Verhältnissen Rechnung tragen. Die Kosten konnten damit im Vergleich zur nationalrätlichen Lösung gesenkt werden.
- Etappenlösung: Das verfassungsmässige Ziel, die Fortsetzung der gewohnten Lebenshaltung in angemessener Weise zu sichern, sollte erst nach einer Gesetzesrevision, die innerhalb von 10 Jahren zu erfolgen hätte, für alle Versicherten, auch für die **Eintrittsgeneration,** voll erreicht werden.
- Sicherheitsfonds statt gesamtschweizerischer Lastenausgleich: Damit wollte der Rat verhindern, dass alle schon bisher Versicherten zusätzlich belastet werden.
- Steilere Staffelung der Altersgutschriften: Sie führt bei älteren Personen der Eintrittsgeneration zu Renten, die über das Mass ihrer Beitragszahlungen hinausgehen.

Im Differenzbereinigungsverfahren ging es dem Nationalrat darum, eine Synthese zu finden, die dem verfassungsmässigen Auftrag und den sozialen Ansprüchen zu genügen vermochte. Der Nationalrat ging auf die vorgeschlagene Etappenlösung des Ständerates ein. Weiter stimmte er auch dem Wechsel vom Leistungs- zum Beitragsprimat zu, weil die Mehrzahl der Kassen dieses System anwandte und damit weniger Umstellungen nötig würden.

Somit konnte 13 Jahre nach der Zustimmung des Souveräns zum Verfassungsartikel 34^{quater} und nach rund fünfjährigen parlamentarischen Auseinandersetzungen das Obligatorium für die berufliche Vorsorge (BVG) auf den 1. Januar 1985 in Kraft gesetzt werden.

Per 1.1.2000 ersetzten die Artikel 111–113 der neuen Bundesverfassung den alten Art. 34^{quater}.

> **Eintrittsgeneration**
> Versicherte Personen, die am 1.1.1985 das 25. Altersjahr vollendet und das Rentenalter noch nicht erreicht hatten. Sie können somit nicht die gesamte Beitragsdauer erreichen.

16.4 Erste Umgestaltung der gesetzlichen Grundlagen

Das Freizügigkeitsgesetz (FZG) brachte 1995 die lange erwarteten Verbesserungen der Bestimmungen. Bisher waren berufliche Veränderungen (und damit das Verlassen oder ein Wechsel der Vorsorgeeinrichtung) oft mit beträchtlichen Einbussen des Vorsorgekapitals verbunden. Der Ausdruck «goldene Fesseln» stammt aus dieser Zeit.

Im selben Jahr trat auch die Verordnung über die Wohneigentumsförderung mit Mitteln der beruflichen Vorsorge (WEFV) in Kraft.

1999 erhielt die Auffangvorrichtung BVG zusätzliche Aufgaben:
- Verwaltung von vergessenen und unzustellbaren Pensionskassenguthaben
- Durchführung der obligatorischen beruflichen Vorsorge für arbeitslose Personen.

16.4.1 1. BVG-Revision

Abweichend von den ursprünglich vorgesehenen Änderungen wird das Schwergewicht der Revision nicht im Ausbau, sondern in der Konsolidierung der beruflichen Vorsorge liegen. Bis Ende März 2001 waren noch keine Beschlüsse gefasst. Folgende Punkte werden jedoch mit grosser Wahrscheinlichkeit genehmigt:
- Für Frauen und Männer soll das gleiche Rentenalter gelten.
- Auch in der 2. Säule soll die Witwerrente eingeführt werden.
- Der versicherte Lohn soll nach oben begrenzt werden.
- Wegen der gestiegenen Lebenserwartung und der damit verbundenen längeren Rentenzahlungsdauer muss der Umwandlungssatz sinken.
- Der Versicherte soll sein Rentenalter im Sinne der AHV-Regelung flexibler wählen können.
- Die Vorsorgeeinrichtungen sollen ihre Kommunikation untereinander verbessern, z. B. bei einem Stellenwechsel, wenn die versicherte Person Gelder vorbezogen hat.

Kollektivlebensversicherung

17 Voraussetzungen

Für die Versicherung der beruflichen Vorsorge kommt die Kollektivlebensversicherung zur Anwendung. In diesem Bereich sind Rechtsvorschriften aus den verschiedensten Gesetzen zu beachten. Welche Vorschriften gelten, ist davon abhängig, ob es sich um Leistungen gemäss BVG (Mindestleistungen) oder um weiter gehende Leistungen handelt. In jedem Fall müssen mindestens das BVG, das FZG und das Arbeitsrecht im OR konsultiert werden. Je nach Rechtsform der Vorsorgeeinrichtung ist zusätzlich das Stiftungsrecht im ZGB, das Genossenschaftsrecht im OR oder öffentliches Recht massgebend.

Die Zweiteilung in einen Minimalbereich nach BVG und einen weiter gehenden Teil (überobligatorische Vorsorge) beeinflusst das Tarifgefüge erheblich.

Damit die Versicherer einen Versicherungsschutz gemäss BVG anbieten können, arbeiten sie mit speziellen Instrumenten wie Altersgutschriften für den Sparprozess, einjährige Risikotarife, Teuerungsversicherung, Sicherheitsfonds, Auffangeinrichtung usw. Der Kollektivversicherungsvertrag weicht in verschiedenen Aspekten vom Einzelversicherungsvertrag ab, besonders bezüglich der Wirkung einiger Vorschriften des VVG. Auch die Beendigung des Vertrages wirkt sich anders aus. So bestimmt z. B. der Versicherungsnehmer (meist der Stiftungsrat) über die Vertragsauflösung; die versicherten Personen können darauf keinen direkten Einfluss nehmen.

17.1 Allgemeine Vorschriften zur beruflichen Vorsorge

17.1.1 Vorsorgeeinrichtung

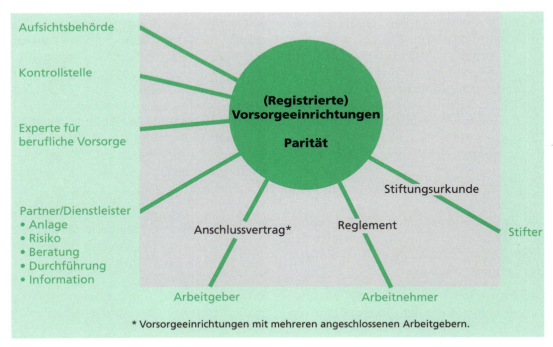

Abb. 17.1–1: Vorsorgeeinrichtungen

Voraussetzungen

Die berufliche Vorsorge ist nach den Vorschriften des Arbeitsvertragsrechts durch einen rechtlich unabhängigen Vorsorgeträger, eine so genannte Vorsorgeeinrichtung, durchzuführen[1]. Dahinter steckt die Absicht des Gesetzgebers, das Vorsorgevermögen im Falle eines Konkurses des Arbeitgebers zu schützen und somit für die Personalvorsorge zu sichern. Der Arbeitgeber muss seine Beiträge und Zuwendungen für die Personalvorsorge sowie die Arbeitnehmerbeiträge an die Vorsorgeeinrichtung überweisen. Vorsorgeeinrichtungen, die an der Durchführung der obligatorischen Versicherung teilnehmen, müssen bei der Aufsichtsbehörde in das Register für die berufliche Vorsorge eingetragen sein.

Das Gesetz erlaubt den Vorsorgeeinrichtungen, zwischen der Rechtsform einer Stiftung, einer Genossenschaft oder einer Einrichtung des öffentlichen Rechts zu wählen[2]. Arbeitgeber, die gemäss BVG obligatorisch zu versichernde Arbeitnehmer beschäftigen, müssen sich gemäss den BVG-Bestimmungen einer in das **Register** für die berufliche Vorsorge eingetragenen Vorsorgeeinrichtung anschliessen oder selbst eine solche errichten[3]. Die AHV-Ausgleichskassen prüfen, ob die durch sie erfassten Arbeitgeber einer entsprechenden Vorsorgeeinrichtung angeschlossen sind. Sie erstatten darüber den kantonalen Aufsichtsbehörden Meldung[4].

In der Praxis haben sich in der Privatwirtschaft fast nur Stiftungen als Vorsorgeträger durchgesetzt. Zur Errichtung einer Stiftung bedarf es der Widmung eines Vermögens durch den Stifter und der öffentlichen Beurkundung (Stiftungsurkunde)[5]. Der Zweck (die Vorsorge der betreffenden Arbeitnehmer für Alter, Todesfall und Erwerbsunfähigkeit) ist in der Stiftungsurkunde ausformuliert. Ebenso muss festgehalten werden, ob es sich um Vorsorge gemäss den Bestimmungen des BVG oder um rein überobligatorische Vorsorge handelt. Die Konsequenz daraus ist, dass in der beruflichen Vorsorge verschiedene Arten von Vorsorgeeinrichtungen bestehen. Die einen werden als BVG-relevant und die anderen als nicht-BVG-relevant bezeichnet. Das Ziel der BVG-relevanten Vorsorgeeinrichtungen ist unter anderem die Durchführung des BVG, während nicht-BVG-relevante Einrichtungen die berufliche Vorsorge ausschliesslich in Ergänzung zum BVG abdecken.

Heute bestehen oft noch Ansprüche aus Vorsorgeverhältnissen, die bereits vor der Einführung des Obligatoriums vorhanden waren (vorobligatorische Vorsorge). Die berufliche Vorsorge tritt deshalb in unterschiedlichen Formen in Erscheinung, z. B. als Vorsorgeeinrichtungen, die das Obligatorium durchführen und sich nur auf das gesetzliche Minimum beschränken. Diese «Minimalkassen» wurden entweder nach Inkrafttreten des BVG geschaffen, oder bestehende Vorsorgeeinrichtungen reduzierten ihr Leistungsniveau. Es gibt auch Vorsorgeeinrichtungen, die das Obligatorium durchführen und mit den Leistungen über das BVG hinausgehen. Diese heute «umhüllend» genannten Kassen wurden meist lange Zeit vor Inkrafttreten des BVG errichtet. Um den Vorschriften des BVG zu genügen, wurden sie den entsprechenden Bestimmungen angepasst (→ S. 255, 17.3.1.).

Weiter bestehen Vorsorgeeinrichtungen, die mit planmässigen Beiträgen bestimmte

> **Register**
> Gemäss BVV1 ist es ein kantonales Register.

---

[1] OR, Art. 331, Abs. 1.
[2] OR, Art. 331, Abs. 1; BVG, Art. 48, Abs. 2.
[3] BVG, Art. 11, Abs. 1.
[4] BVG, Art. 11, Abs. 4.
[5] ZGB, Art. 80; Art. 81, Abs. 1.

Kollektivlebensversicherung

Leistungen versprechen, aber nicht an der Durchführung des Obligatoriums teilnehmen. Dabei handelt es sich um die überobligatorische oder zusätzliche Vorsorge. Vorsorgeeinrichtungen existieren in unterschiedlichen Formen als einfache Stiftungen, Gemeinschaftsstiftungen oder Sammelstiftungen.

- Die einfache Vorsorgestiftung wird von einem einzelnen Arbeitgeber für sein eigenes Personal errichtet.
- Unter der Gemeinschaftsstiftung versteht man den rechtlich unabhängigen Vorsorgeträger mehrerer, einem bestimmten Kreis zugehörender Arbeitgeber, sei es, dass die Arbeitgeber wirtschaftlich eng verbunden sind oder dass sie aus sozial- und personalpolitischen Gründen (Gesamtarbeitsvertrag, Verbandsstiftung) einer einheitlich geordneten Vorsorge bedürfen.
- Die Sammelstiftung wird von einem Dritten als Stifter errichtet. Als Stifter kommen vor allem Lebensversicherungsgesellschaften, Banken und Treuhandgesellschaften in Betracht. Ihr schliessen sich einzelne Arbeitgeber mit einem Anschlussvertrag an. In einer Sammelstiftung wird für jeden angeschlossenen Arbeitgeber und für seine Personalvorsorge ein separates, selbstständiges Vorsorgewerk geführt.

17.1.2 Stiftungsrat

Die Verantwortung für die Personalvorsorgeeinrichtung liegt im Falle einer Stiftung beim Stiftungsrat als oberstem Organ. Er trägt die Verantwortung für die Durchführung der Vorsorge und der Bestimmungen in der Stiftungsurkunde. Er vertritt die Stiftung nach aussen und besorgt die internen Angelegenheiten. Er achtet darauf, dass die gesetzlichen Bestimmungen eingehalten werden. Der Stiftungsrat muss ein Vorsorgereglement erlassen, das die Pflichten und Rechte der an der Vorsorge Beteiligten (Arbeitnehmer und Arbeitgeber) festlegt. Er kann die ihm zustehenden Kompetenzen einem Fachgremium, einem Sekretär oder Geschäftsführer übertragen. Die so delegierten Tätigkeiten müssen aber kontrollierbar und jederzeit widerrufbar sein.

17.1.3 Kontrolle

Jede Vorsorgeeinrichtung untersteht einer Kontrolle. Die Vorsorgeeinrichtung ist verpflichtet, eine unabhängige Kontrollstelle zu bestimmen, die verschiedene Aufgaben wahrnehmen muss:
- jährliche Prüfung der Geschäftsführung, des Rechnungswesens und der Vermögensanlage[1]
- Kontrolle der Einhaltung gesetzlicher Bestimmungen und behördlicher Weisungen
- Erstellen eines Berichtes über das Ergebnis ihrer Kontrolltätigkeit.

17.1.4 Experte für die berufliche Vorsorge

Ein anerkannter Experte für berufliche Vorsorge muss periodisch prüfen, ob die Vorsorgeeinrichtung jederzeit Sicherheit dafür bietet, dass sie ihre Verpflichtungen erfüllen kann, und ob die reglementarischen und versicherungstechnischen Bestimmungen über die Leistungen und Finanzierung den gesetzlichen Vorschriften entsprechen[2].

---

[1] BVG, Art. 53, Abs. 1.
[2] BVG, Art. 53, Abs. 2.

Die Kontrollstelle und der Experte für die berufliche Vorsorge müssen die Weisungen der Aufsichtsbehörden befolgen und diese unverzüglich orientieren, wenn die Lage einer Vorsorgeeinrichtung ein rasches Eingreifen erfordert.

17.1.5 Aufsicht

Alle Vorsorgeeinrichtungen stehen unter staatlicher Aufsicht.

Die direkte Beaufsichtigung von Personalvorsorgeeinrichtungen durch den Bund ist in Gesetz[1] und Verordnung[2] geregelt. Personalvorsorgeeinrichtungen mit nationalem oder internationalem Charakter, in der Regel Sammel- und Gemeinschaftsstiftungen, unterstehen der Aufsicht durch das Bundesamt für Sozialversicherung (BSV). Mit einer Verfügung hält das BSV im Einzelfall fest, ob eine Personalvorsorgeeinrichtung den entsprechenden Charakter aufweist.

Bereiche, in denen nicht der Bund die Aufsicht ausübt, unterstehen der kantonalen Aufsichtsbehörde. In jedem Kanton ist eine zentrale Instanz mit der Aufsicht über die Vorsorgeeinrichtungen im entsprechenden Gebiet beauftragt[3]. Sie wacht über die Einhaltung der gesetzlichen Vorschriften:
- Prüfen der Vorsorgereglemente auf ihre Gesetzeskonformität
- Kontrolle des periodischen Berichts über die Geschäftstätigkeit
- Prüfen der finanziellen und versicherungstechnischen Situation.

Dabei stellt sie bei ihrer Tätigkeit auf die Berichte der Kontrollstelle und des Experten für berufliche Vorsorge ab[4].

Die Aufsichtsbehörden[5] ihrerseits unterstehen der Oberaufsicht des Bundesrates, der das Bundesamt für Sozialversicherung mit dieser Aufgabe betraut hat.

17.1.6 Mitwirkung der Arbeitnehmer

Der Gesetzgeber schreibt vor, dass die Arbeitnehmer mindestens nach Massgabe ihrer Beiträge an der Verwaltung der Stiftung zu beteiligen sind. Dies gilt auch für Stiftungen, die ausschliesslich eine überobligatorische Vorsorge betreiben; sie sind aber nicht a priori an eine **paritätische Mitwirkung** der Arbeitnehmer gebunden. Hingegen schreibt das BVG vor, dass die Verwaltungsgremien der Personalvorsorgestiftung, die sich für die Durchführung des BVG-Obligatoriums registriert haben, paritätisch zusammengesetzt sein müssen. Dies ungeachtet, ob eine solche Stiftung nur den obligatorischen Teil der beruflichen Vorsorge abdeckt oder weiter gehende Leistungen erbringt, und auch unabhängig von der Regelung der finanziellen Beteiligung der Arbeitnehmer. In diesem Fall muss der Stiftungsrat paritätisch zusammengesetzt sein.

Jede einer Sammelstiftung angeschlossene Vorsorgeeinrichtung muss eine eigene Organisation für die paritätische Mitwirkung bestimmen. Der Stiftungsrat übt nur allgemeine Kompetenzen aus. Für die Wahrung der Interessen des angeschlossenen Betriebes bildet der Arbeitgeber eine Perso-

> **paritätische Mitwirkung**
> Arbeitnehmer und Arbeitgeber sind in gleicher Anzahl im Stiftungsrat vertreten.

---

[1] BVG, Art. 61–64.
[2] BVV1, Art. 1–4.
[3] BVG, Art. 61, Abs. 1.
[4] BVG, Art. 62, Abs. 1.
[5] BVG, Art. 64.

nalvorsorgekommission (PVK), welche neben dem Stiftungsrat, der in der Regel vom Stifter[1] allein bestellt wird, Organ der Stiftung ist. Die Kompetenzverteilung zwischen Stiftungsrat und PVK richtet sich nach der Stiftungsurkunde. Wesentliche Entscheide für die Vorsorge wie Reglementserlass, Reglementsänderung, Finanzierung usw. werden der PVK übertragen, die bei BVG-registrierten Sammelstiftungen paritätisch zusammengesetzt sein muss.

17.1.7 Planmässigkeit

Die 2. Säule unterscheidet sich von der individuellen Selbstvorsorge der 3. Säule. Dort liegt die Vorsorge in der Kompetenz des Einzelnen. In der beruflichen Vorsorge sind die Leistungsarten und die minimalen Leistungshöhen gesetzlich festgelegt. Die berufliche Vorsorge muss daher planmässig geregelt sein.

Zur Planmässigkeit der Vorsorge gehört
– die Bestimmung des Kreises der erfassten Arbeitnehmer
– Art und Umfang der Leistungen
– Regelung der Finanzierung
– Bedingungen für den Anspruch
– Rechte und Pflichten der an der Vorsorge Beteiligten usw.

Die Aufgaben der beruflichen Vorsorge sind gesetzlich definiert und ergänzen die Leistungen der staatlichen Versicherung AHV/IV. Die berufliche Vorsorge darf nicht ausschliesslich die Altersvorsorge abdecken, sondern sie muss auch die Risiken Tod und Invalidität versichern. Die berufliche Vorsorge als 2. Säule ist keine Volksversicherung. Sie erfasst nur die Erwerbstätigen. Die gesetzliche Grundlage dafür bildet das Bundesgesetz über die berufliche Alters-, Hinterlassenen- und Invalidenvorsorge (BVG) vom 25. 6. 1982.

Die berufliche Vorsorge muss zwingend in einem Reglement (→ Kapitel 18) geordnet und festgelegt sein. Inhaltlich ist das Reglement an die Stiftungsurkunde und das Gesetz gebunden. Bezüglich Leistungsumfang und finanziellem Aufwand muss die Vorsorge angemessen sein. Das Missachten dieser Auflage sowie der Bestimmungen im Reglement, die objektive Kriterien bezüglich Personen, Leistungen und Finanzierung ausser Acht lassen, kann sowohl für die Vorsorgeeinrichtung wie auch für die Anspruchsberechtigten Konsequenzen in Bezug auf Steuerprivilegien haben.

17.1.8 Übernahme des Risikos

Bei der Übernahme des Risikos ist zunächst zwischen dem obligatorischen (BVG-Teil) und dem überobligatorischen Teil zu unterscheiden.

Für den obligatorischen Teil muss gemäss BVG das Risiko der Versicherung ohne Einschränkung, d. h. ohne Gesundheitsvorbehalte übernommen werden[2].

Beim überobligatorischen Teil dürfen Vorbehalte höchstens für die Dauer von fünf Jahren gemacht werden.

Ab einer bestimmten Versicherungssumme verlangen die Versicherungsgesellschaften eine zusätzliche Risikoprüfung mit Fragen zur Gesundheit oder eine ärztliche Untersuchung. Die Höhe dieser Summe bestimmt jede Gesellschaft für sich selbst. Die absolute Höchstgrenze für die Risikoübernahme wird letztlich vom Rückversicherer bestimmt.

---

[1] Zum Beispiel eine Lebensversicherungsgesellschaft oder eine Bank.
[2] BVG, Art. 2, Abs. 2; BBV2, Art. 1, Abs. 1, Bst.d.; FZG, Art. 14; OR, Art. 331.

17.2 Gesetzliches Obligatorium (BVG)

Mit dem Inkrafttreten des Bundesgesetzes über die berufliche Alters-, Hinterlassenen- und Invalidenvorsorge (BVG) am 1.1.1985 verfügt die Schweiz über ein Obligatorium in der beruflichen Vorsorge. Das BVG ist ein Rahmengesetz, welches Minimalvorschriften aufstellt.

17.2.1 Ziel des Gesetzes

Ziel des BVG ist die Sicherung der gewohnten Lebenshaltung in angemessener Weise zusammen mit den Leistungen der AHV/IV.

17.2.2 Versicherte Personen

Gemäss BVG müssen alle AHV-pflichtigen Arbeitnehmer, die mehr als einen AHV-Jahreslohn in der Höhe der maximalen AHV-Rente erzielen, obligatorisch versichert sein. Ab dem 1. Januar nach Vollendung des 17. Altersjahres sind sie für die Risiken Tod und Invalidität und ab dem 1. Januar nach Vollendung des 24. Altersjahres zusätzlich für Altersleistungen zu versichern. Für Selbstständigerwerbende kann das Obligatorium auf Antrag ihrer Berufsverbände allgemein oder für einzelne Risiken beschlossen werden. Selbstständigerwerbende und Arbeitnehmer, welche nicht bereits der obligatorischen beruflichen Vorsorge unterstehen, können sich freiwillig versichern, sofern sie ein entsprechendes AHV-pflichtiges Einkommen erzielen.

17.2.3 Versicherter Jahreslohn und Koordinationsabzug

Grundsätzlich gilt die Lohndefinition gemäss AHV-Gesetz. Im BVG entspricht jedoch der maximal massgebende Jahreslohn dem maximalen rentenbildenden AHV-Lohn (= 3 x die maximale AHV-Rente). Vom massgebenden Jahreslohn wird ein Koordinationsbetrag in der Höhe der maximalen AHV-Rente abgezogen. Das ergibt einen maximalen versicherten Jahreslohn in der Höhe der zweifachen maximalen AHV-Rente. Beträgt der versicherte Jahreslohn weniger als ⅛ des Koordinationsbetrages, muss er auf diese Mindesthöhe angehoben werden.

Kollektivlebensversicherung

	Beträge ab 1. Januar ___
Oberer Grenzwert, Sozialversicherungslimite: 3x die maximale AHV-Rente	3x _____ .—
	_____ .—
Maximaler versicherter Jahreslohn im BVG: 2x die maximale AHV-Rente	3x _____ .—
	_____ .—
Minimaler versicherter BVG-Lohn: 1/8 der maximalen AHV-Rente	1/8x _____ .—
	_____ .—
Koordinationsabzug: 1x die maximale AHV-Rente	1x _____ .—

Abb. 17.2–1: BVG-Jahreslohn

17.2.4 Beginn und Ende der obligatorischen Versicherung

Die obligatorische Versicherung beginnt bei Antritt des Arbeitsverhältnisses und endet mit dem Anspruch auf die Altersleistung, bei Unterschreiten des Mindestlohnes oder bei der Auflösung des Arbeitsverhältnisses. Für die Risiken Tod und Invalidität besteht automatisch während längstens einem Monat Nachdeckung, wenn der Arbeitnehmer nicht sofort eine neue Stelle antritt.

> **Umwandlungssatz**
> Jährliche Altersrente = 7,2% des individuellen Altersguthabens.

17.2.5 Versicherungsleistungen

Im Alter

Die Höhe der Altersrente ist in Prozenten des Altersguthabens im Rentenalter festgelegt. Dieser Prozentsatz wird **Umwandlungssatz**[1] genannt.

Der Bundesrat bestimmt die Höhe dieses Umwandlungssatzes, der jeweils während einer längeren Periode gültig ist. Seit dem 1.1.1985 beträgt er 7,2%[2]. Zur Festlegung des Umwandlungssatzes werden die anerkannten versicherungstechnischen Grundlagen berücksichtigt. Ein hoher Umwandlungssatz ergibt eine höhere Altersrente, ein niedriger Umwandlungssatz eine tiefere Altersrente. Der jetzt gültige Umwandlungssatz ist unabhängig von Geschlecht und Zivilstand und berücksichtigt auch Anwartschaften auf Risikoleistungen für die Ehefrau und für Kinder im Falle des Todes der Altersrentner. Die Höhe des Umwandlungssatzes muss im Reglement festgehalten werden.

Das Altersguthaben setzt sich aus den Altersgutschriften plus Zinsen zusammen. Der Anspruch auf die Altersrente beginnt grundsätzlich nach Vollendung des 65. Altersjahres für Männer und nach Vollendung des 62. Altersjahres für Frauen. Das Reglement

---
[1] BVG, Art.14, Abs.1.
[2] BVV2, Art.17, Abs.1.

kann auch vorsehen, dass der Anspruch mit der Beendigung der Erwerbstätigkeit entsteht. Mit der Altersrente sind für jedes Kind bis zum vollendeten 18. bzw. 25. Altersjahr Pensionierten-Kinderrenten in der Höhe von 20% der Altersrente mitversichert.

Todesfall

Die Witwenrente beträgt 60% der Invalidenrente, auf die der verstorbene Versicherte im Zeitpunkt seines Todes Anspruch gehabt hätte, bzw. 60% der laufenden Altersrente. Ebenso besteht ein Anspruch auf eine Witwenrente für die geschiedene Frau, sofern die Ehe mindestens zehn Jahre gedauert hat und der geschiedene Gatte ihr gegenüber zu Unterhaltsleistungen (Abfindung oder Alimente) verpflichtet wurde. Sind Kinder vorhanden, so hat jedes Anspruch auf eine Waisenrente in der Höhe von 20% der Invalidenrente bzw. der laufenden Altersrente bis zum vollendeten 18. bzw. 25. Altersjahr.

Erwerbsunfähigkeit

Die Höhe der Invalidenrente ist gleich der im Zeitpunkt der Invalidisierung versicherten Altersrente (Umwandlung mit 7,2% des Altersguthabens, das sich in diesem Zeitpunkt zusammensetzt aus dem vorhandenen verzinsten Altersguthaben zuzüglich der Summe der künftigen Altersgutschriften ohne Zinsen). Zusätzlich haben Invalidenrentner, die bei ihrem Tod für Kinder eine AHV-Waisenrente begründen können, Anspruch auf Invaliden-Kinderrenten von je 20% der Invalidenrente.

Die Renten in der beruflichen Vorsorge werden in der Regel monatlich ausgerichtet. Sofern das Reglement dies vorsieht, können die Leistungen auch in Kapitalform ausgerichtet werden.

17.2.6 Finanzierung

Um die im BVG zwingend vorgeschriebenen Leistungen finanzieren zu können, sind mehrere Beitragselemente (Finanzierungselemente) erforderlich:
– Altersgutschriften und Mindestzinssatz
– Risikobeiträge
– Beitrag für den Teuerungsausgleich der Risikoleistungen
– Beitrag für Sondermassnahmen
– Beitrag an den Sicherheitsfonds.

Altersgutschriften und Mindestzinssatz

Das Gesetz schreibt den Aufbau von Altersgutschriften vor, die den Versicherten jährlich in Prozent des versicher-

Alter Männer	Alter Frauen	Altersgutschriften in % des versicherten Lohnes
25–34	25–31	7
35–44	32–41	10
45–54	42–51	15
55–65	52–62	18

Abb. 17.2–2: Altersgutschriften gemäss BVG

ten Lohnes gutgeschrieben werden. Aus den Altersgutschriften und den Zinsen wird das Altersguthaben gebildet. Es dient als Grundlage für die Berechnung aller BVG-Leistungen. Für jeden Versicherten muss ein individuelles Alterskonto geführt werden. Die Ansätze der Altersgutschriften betragen[1] (siehe Tabelle unten):

Die Altersgutschriften sind zu einem Mindestsatz zu verzinsen. Dieser Mindestzinssatz wird vom Bundesrat aufgrund der Anlagemöglichkeiten festgelegt[2]. Er beträgt seit dem 1.1.1985 4%[3].

Risikobeiträge

Zusätzlich müssen Risikobeiträge für die Finanzierung der Hinterlassenen- und Invalidenrenten und für die Anpassung der Leistungen an die Preisentwicklung bezahlt werden. Sie betragen rund 2–4% des versicherten Lohnes.

Beitrag für Sondermassnahmen

Gemäss BVG ist jede Vorsorgeeinrichtung verpflichtet, 1% der koordinierten Löhne aller Versicherten bereitzustellen, die Beiträge für die Altersleistungen zu entrichten haben. Mit diesen Mitteln sollen die Leistungen für die Eintrittsgeneration verbessert und die Altersrenten an die Teuerung angepasst werden[4]. Es ist der Vorsorgeeinrichtung gestattet, einen pauschalen Nachweis der Beiträge für Sondermassnahmen zu erbringen. Sie muss sich jedoch reglementarisch verpflichten, mindestens die allfälligen Ergänzungsleistungen gemäss Gesetz zu erbringen, und der Gesamtaufwand der Vorsorge muss um mehr als 1% der koordinierten Löhne höher sein, als dies zur Erfüllung aller gesetzlichen Leistungen notwendig wäre[5].

Beitrag an den Sicherheitsfonds[6]

Weiter ist ein Beitrag zur Finanzierung des Sicherheitsfonds zu entrichten (Insolvenzsicherung, Zuschüsse für Vorsorgeeinrichtungen mit ungünstiger Altersstruktur und Entschädigung an die Auffangeinrichtung).

Die Vorsorgeeinrichtung muss die gesamten Beiträge so festlegen, dass die Leistungen jederzeit gemäss Gesetz und Reglement erbracht werden können. Der Beitrag des Arbeitgebers muss mindestens gleich hoch sein wie die gesamten Beiträge seiner Arbeitnehmer (paritätische Finanzierung).

17.2.7 Anpassung laufender Renten an die Lohn- und Preisentwicklung

Die Teuerung stellt das Leistungsziel der beruflichen Vorsorge in Frage. Deshalb müssen die Renten an die Preisentwicklung[7] angepasst werden. Die detaillierten Regelungen beschränken sich jedoch auf die Hinterlassenen- und Invalidenrenten, deren Laufzeit drei Jahre überschritten hat. So werden für Männer bis zum vollendeten 65. und für Frauen bis zum vollendeten 62. Altersjahr diese Leistungen im Umfang der

---

[1] BVG, Art. 16.
[2] BVG, Art. 15, Abs. 2.
[3] BVV2, Art. 12.
[4] BVG, Art. 70.
[5] BVV2, Art. 46.
[6] → S. 253.
[7] BVG, Art. 36; Verordnung über die Anpassung der laufenden Hinterlassenen- und Invalidenrenten an die Preisentwicklung.

erlassenen Bestimmungen der Preisentwicklung angepasst[1]. Die Finanzierung dieser Teuerungszulagen muss im allgemeinen Finanzierungsplan der Vorsorgeeinrichtung (im Reglement) berücksichtigt werden. Gegebenenfalls sind dafür entsprechende Beiträge zu erheben.

Die übrigen laufenden Renten (Altersrenten) werden nur angepasst, wenn die Vorsorgeeinrichtung über die dazu erforderlichen finanziellen Mittel verfügt. Auch für diesen Fall muss das Reglement entsprechende Bestimmungen enthalten[2].

17.2.8 Freizügigkeit bei vorzeitigem Dienstaustritt

Mit den Beiträgen für die Altersgutschriften hat der Versicherte ein individuelles Altersguthaben für den Vorsorgefall erworben. Wird das Arbeitsverhältnis vor Anspruch auf eine Vorsorgeleistung aufgelöst und verlässt der Arbeitnehmer die bisherige Vorsorgeeinrichtung, so hat er Anspruch auf volle Freizügigkeit.

17.2.9 Eintrittsgeneration

Für die Eintrittsgeneration, die aus jenen Versicherten besteht, welche bei Inkrafttreten des Gesetzes am 1.1.1985 über 25 Jahre alt waren und das Rentenalter noch nicht erreicht hatten, muss die Vorsorgeeinrichtung im Rahmen ihrer finanziellen Möglichkeiten Sondermassnahmen treffen. Dabei werden namentlich ältere Versicherte, vor allem solche mit kleinem Einkommen, bevorzugt behandelt. Für Ansprüche aus Versicherungen, die bis 1.1.1994 geltend gemacht wurden, sieht das Gesetz Mindestleistungen vor.

17.2.10 Vorsorgeeinrichtung

Die Vorsorgeeinrichtung ist in der Form der Stiftung, der Genossenschaft oder der Einrichtung des öffentlichen Rechts auszugestalten. Arbeitnehmer und Arbeitgeber müssen im entscheidenden Organ paritätisch vertreten sein. Die Vorsorgeeinrichtung muss sich im Register für die berufliche Vorsorge eintragen lassen.

17.2.11 Kontrolle

Die Vorsorgeeinrichtung muss jährlich durch eine Kontrollstelle und periodisch durch einen Pensionsversicherungsexperten geprüft werden.

17.2.12 Sicherheitsfonds

Der Sicherheitsfonds ist eine nationale Einrichtung in der Rechtsform einer Stiftung, die von den Sozialpartnern gemeinsam geführt wird. Der Fonds hat drei Aufgaben:
- Durch die Mitfinanzierung der Altersgutschriften hilft er die finanzielle Belastung von registrierten Vorsorgeeinrichtungen mit ungünstiger Altersstruktur zu begrenzen. Der Fonds richtet Zuschüsse aus, wenn und so weit die Altersgutschriften der betroffenen Vorsorgeeinrichtungen 14% der koordinierten Löhne überschreiten.
- Der Fonds stellt die gesetzlichen Leistungen von registrierten und nicht registrierten zahlungsunfähig gewordenen Vorsorgeeinrichtungen sicher. Die Vorsorgeeinrichtung muss eine allenfalls notwendige Sanierung aus eigener Kraft vornehmen.

---
[1] BVG, Art. 36, Abs. 1.
[2] BVG, Art. 36, Abs. 2.

Die Insolvenzsicherung kommt nur in einem echten Notfall zum Zug; sie ist begrenzt auf 150% der gesetzlichen Leistungen.
- Der Fonds entschädigt die Auffangvorrichtung für Kosten, die ihr aus ihrer gesetzlich vorgeschriebenen Tätigkeit entstehen.

Finanziert werden die Zuschüsse für eine ungünstige Altersstruktur durch Beiträge der registrierten Vorsorgeeinrichtungen. An den Aufwendungen für die Insolvenzsicherung beteiligen sich alle Vorsorgeeinrichtungen.

17.2.13 Auffangeinrichtung

Arbeitgeber, die der Pflicht zur Versicherung ihrer Arbeitnehmer nicht nachkommen, werden zwangsweise der Auffangeinrichtung angeschlossen. Die Auffangeinrichtung steht auch Personen und Firmen offen, die sich freiwillig versichern möchten. Weiter garantiert die Auffangeinrichtung den Arbeitnehmern oder ihren Hinterlassenen die obligatorischen Leistungen, wenn sich der Arbeitgeber trotz der gesetzlichen Verpflichtung keiner Vorsorgeeinrichtung angeschlossen hat.

Die Auffangeinrichtung führt die obligatorische berufliche Vorsorge für arbeitslose Personen durch und verwaltet vergessene und unzustellbare Freizügigkeitsleistungen.

17.2.14 Steuerliche Behandlung der Vorsorge

Die Beiträge für die berufliche Vorsorge sind für Arbeitgeber und Arbeitnehmer bei den Steuern abzugsfähig. Diese Regelung gilt nicht nur für das BVG, sondern für die gesamte berufliche Vorsorge. Die fälligen Leistungen müssen jedoch voll versteuert werden. Bis Ende 2001 sind beim Bund und in den meisten Kantonen Erleichterungen bei dieser Besteuerung vorgesehen.

17.2.15 Garantie der erworbenen Rechte

Das Gesetz greift nicht in die Rechte der Versicherten ein, die sie vor seinem Inkrafttreten erworben haben (vorobligatorische Leistungen).

17.3 Tarifliche Voraussetzungen

17.3.1 Grundsätzliches

Tarife für BVG-relevante Versicherungen und der BVG-Minimaltarif

Aufgrund des BVG müssen Versicherungseinrichtungen (d. h. Lebensversicherungsgesellschaften) spezielle Risikotarife anbieten, die lediglich die gesetzlich vorgeschriebenen Risiken für Tod und Invalidität abdecken[1].
Diese Gesetzesbestimmung hat zur Folge, dass einerseits ein Tarif angeboten wird, mit dem eine BVG-relevante Versicherung möglich ist, und andererseits, dass ein Versicherungsschutz zum so genannten BVG-Minimaltarif erreicht wird. Bei diesem BVG-Minimaltarif wurde berücksichtigt, dass nur die gesetzlichen Mindestleistungen zu erbringen sind und im Todesfall einer versicherten Person das gegebenenfalls frei werdende (für die Leistungserbringung nicht benötigte) Altersguthaben an die Versicherungseinrichtung zurückfliesst. Bei der Genehmigung dieser Tarife muss das Bundesamt für Privatversicherungswesen prüfen, ob sie für die gesetzliche berufliche Vorsorge auch unter dem Gesichtspunkt des Obligatoriums angebracht sind.

Das System der Altersguthaben und der davon getrennten Risikoversicherung

Im Altersguthaben, das sich aus angesammelten Altersgutschriften samt Zinsen zusammensetzt und das in der Vorsorgekonzeption des BVG eine zentrale Rolle spielt, zeigt sich deutlich der Charakter des Beitragsprimats. Der Umfang des Altersguthabens im Rentenalter bestimmt zusammen mit dem Rentenumwandlungssatz die Höhe der Altersrente. Das auf das Rentenalter projizierte Altersguthaben ist für die Berechnung der Höhe der Risikoleistungen bei Tod und Invalidität massgebend. Technisch betrachtet, ergibt sich daraus eine Zweiteilung der Versicherung in eine Alters- und eine Risikoversicherung. Der Altersversicherung liegt ein Sparprozess während der Erwerbstätigkeit zugrunde. Aus der Altersversicherung werden die

---

[1] BVG, Art. 68.

Kollektivlebensversicherung

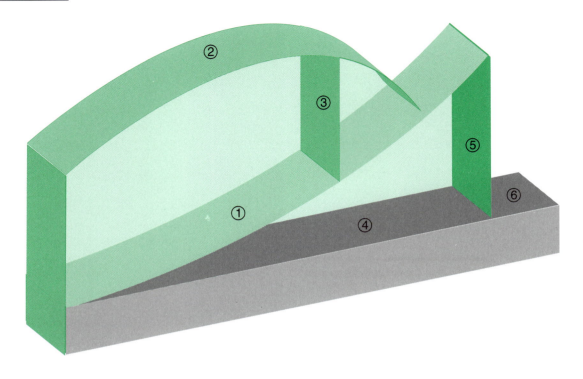

Abb. 17.3–1: Aufbau eines BVG-Planes

Modellannahme für einen 25-jährigen Mann. Ein BVG-konformer Vorsorgeplan setzt sich zusammen aus:

1 Bildung des Altersguthabens durch Altersgutschriften und Zins.

2 Verlauf des Barwertes der sofort beginnenden Witwenrente. Dessen Höhe ist vom Alter der Ehefrau und von der Wahrscheinlichkeit einer Wiederverheiratung abhängig. Die Wahrscheinlichkeit der Wiederverheiratung ist für den tiefen Anfangswert der Kurve massgebend.

3 Todesfallkapital.
Dieses ergibt sich aus der Differenz zwischen dem Witwenrentenbarwert und dem angesammelten Altersguthaben.

4 Invalidenrente bis zum Rentenalter.

5 Altersguthaben bei Erreichen des Rentenalters, zum Erwerb der Renten.

6 Lebenslange Altersrente mit anwartschaftlicher Witwenrente. Mitversichert sind Kinderrenten.

Leistungen beim Beginn des Rentenalters erbracht.

Aus der Risikoversicherung, finanziert mit jährlichen Risikoprämien, werden die Rentenleistungen erbracht, die bei Tod und Invalidität vor dem Rentenalter fällig werden.

Damit zeigt sich, dass die Einführung des BVG nicht nur eine umfassende Neuorientierung für die Vorsorgeeinrichtungen bedeutete, sondern auch für die Lebensversicherungsgesellschaften in Bezug auf die Kollektivversicherung allgemein, den Kollektivversicherungstarif und die Allgemeinen Versicherungsbedingungen. Bis anhin war der Kollektivversicherungstarif 1980 (KL-Tarif 1980) massgebend. Er wurde aus dem ersten Einheitstarif der Lebensversicherer von 1932 (Minimaltarif für Gruppenversicherungen genannt) im Rahmen der allgemeinen Personalvorsorge entwickelt. Der KL-Tarif 1980 musste so umgestaltet werden, dass die von den Vorsorgeeinrichtungen benötigten Vorsorgepläne durch die Lebensversicherungsgesellschaften versichert werden konnten. Auf den technischen Grundlagen des KL-Tarifs 1980 entstand der KL-Tarif 1984. Damit waren die Lebensversicherer in der Lage, den Mindestbestimmungen und den technischen Grundzügen des BVG wie auch der vom Bundesrat durch Verordnung vorgeschriebenen Mindestverzinsung der Altersguthaben gerecht zu werden. Dieser Tarif ist wiederum ein Einheitstarif.

Das Bundesamt für Privatversicherungswesen hat Kriterien aufgestellt, die für die Anwendung des Kollektivversicherungstarifs grundsätzlich gelten:

– Die Versicherung darf nicht Hauptzweck des Kollektivs sein.
– Die Versicherung ist vertraglich planmässig zu ordnen.
– Das zentrale Prämieninkasso hat ohne Vergütung an den Versicherungsnehmer zu erfolgen (keine Inkassoprovisionen).
– Bei den Abschluss- oder Verwaltungskosten müssen gegenüber dem Einzeltarif substanzielle Einsparungen erreicht werden.

Die Versicherung der beruflichen Vorsorge zum Kollektivversicherungstarif wird auch weiterhin in der Form von Firmen-Kollektivversicherungen, Arbeitgeber-Verbandsversicherungen oder Arbeitnehmer-Berufsversicherungen geführt.

BVG-relevante Versicherungen

Als «Versicherungen im Rahmen des BVG» gelten Versicherungen, deren Leistungen entweder die Minimalanforderung des BVG gerade erfüllen oder darüber hinausgehen. Dabei müssen nicht alle Leistungen und nicht alle dem BVG unterstehenden Personen versichert sein. Die nachstehenden Kriterien müssen aber immer erfüllt sein:

– Versicherungsnehmer muss eine Vorsorgeeinrichtung sein, die im Register für die berufliche Vorsorge eingetragen ist.
– Umfasst der Kreis der zu versichernden Personen nur einen Teil der dem BVG unterstehenden Personen eines Betriebes oder Verbandes, so darf dieser Teilbestand nicht durch Kriterien definiert sein, welche eine Antiselektion beinhalten. Insbesondere darf der Teilbestand durch keines der Merkmale Zivilstand, Alter, Lohn oder Dienstjahre definiert sein.
– Es müssen mindestens die Risiken Tod (Witwen- und Waisenrenten oder ein entsprechendes Todesfallkapital) und Invalidität (Invalidenrente, Invaliden-Kinderrente, Prämienbefreiung) versichert werden, wobei der Versicherungsnehmer gemäss Verordnung zum BVG besondere Massnahmen für die Rück-

> **Antiselektion**
> Der Versicherer darf keine Selektion vornehmen (z. B. für BVG-Mindestleistungen.

versicherung zu ergreifen hat. Er darf von diesen Risiken keinen Selbstbehalt übernehmen.

Versicherungen ausserhalb des BVG

Zu den Versicherungen ausserhalb des BVG gehören «umhüllende Kassen» und «gesplittete Kassen»:
- Eine umhüllende Kasse besteht aus einer BVG-relevanten Personalvorsorgeeinrichtung. Sie versichert die BVG-Minimalleistungen und bietet gleichzeitig weitere Leistungen ausserhalb des BVG.
- Eine gesplittete Kasse besteht aus zwei Personalvorsorgeeinrichtungen. Eine dieser Vorsorgeeinrichtungen ist BVG-relevant und versichert nur die BVG-Minimalleistungen; die andere Personalvorsorgeeinrichtung ist nicht BVG-relevant und versichert zusätzliche Leistungen ausserhalb des BVG.

Die übrigen Gruppen- oder Kollektivversicherungen gelten nicht als Versicherungen im Rahmen des BVG. Dies betrifft namentlich auch Versicherungen, die nur laufende Renten umfassen. Die tarifliche Verwirklichung des BVG hat im Rahmen der Vorschriften mit dem Kollektivversicherungstarif zu erfolgen (keine Einzelversicherung).

17.3.2 Planmässigkeit

Die Versicherung ist vertraglich planmässig zu ordnen. Planmässigkeit ist gegeben, wenn innerhalb fest umschriebener Kategorien eine einheitliche Versicherungsform vereinbart und die Höhe der Versicherungsleistungen oder der Prämien vertraglich in Abhängigkeit von einem versicherten Lohn oder in Abhängigkeit von anderen objektiven Merkmalen festgelegt ist.

Umhüllende Kasse: 1 Kasse

BVG / überobligatorische Leistungen

Gesplittete Kasse: 2 Kassen

BVG / überobligatorische Leistungen

17.3.3 Versicherung von Arbeitgebern

Arbeitgeber können versichert werden, sofern sie hauptamtlich im Unternehmen tätig sind und bei Vertragsabschluss mindestens ein Arbeitnehmer versichert wird.

17.3.4 Versicherung durch die Auffangeinrichtung

Die Anwendung des Kollektivversicherungstarifs gilt auch für Versicherungen im Rahmen der Auffangeinrichtung[1].

---

[1] BVG, Art. 60.

17.3.5 Weitere Massnahmen, Bestimmungen und Kriterien

BVG-relevante Vorsorgepläne, die nach dem Richttarif 1995 versichert werden, unterstehen verschiedenen Bestimmungen:
- Das Altersguthaben muss mit dem vorgeschriebenen Mindestzinssatz von 4% verzinst werden. Die technischen Grundlagen und der technische Zinsfuss von 3% (gemäss KL-Tarif 1980) müssen beibehalten und es soll ein Zinsüberschussrabatt gewährt werden.
- Die Umwandlung von Kapitalleistungen in sofort beginnende Renten (z. B. Witwenrenten und Altersrenten) ist gesetzlich festgelegt.
- Das Versichern von geschlechts- und zivilstandsunabhängigen Altersrenten, die auf der Basis des BVG-Umwandlungssatzes auch anwartschaftliche Witwen- und Pensioniertenkinderrenten beinhalten, ist ebenfalls möglich.
- Witwenrenten mit genauer BVG-Versicherung und zusätzlich eine erweiterte Versicherung aus der Umwandlung von versicherten Todesfallsummen oder Todesfallkapitalien (Rentenwert-Umlage) können auch versichert werden.
- Der gesetzliche Anspruch der geschiedenen Frau auf eine Witwenrente muss berücksichtigt werden.
- Die Bestimmungen sehen vor, dass die Möglichkeit besteht, eine Witwerrente zu versichern.

Kriterien für die Anwendung der kollektiven oder der individuellen Methode in der Todesfallversicherung zur Vermeidung des Antiselektionsrisikos sind:

> **Richttarif**
> Das BPV verwendet den Richttarif als Vergleichstarif (Verbandstarif), um gesellschaftsinterne Tarife zu überprüfen.

- Leistungen, die aufgrund des UVG oder MVG erbracht werden, sind von der Todesfallversicherung ausgeschlossen. Aufgrund der gesetzlichen Leistungspflicht gemäss BVG muss der Unfallversicherer jedoch diese Leistungen ergänzen.
- Der Versicherte kann wählen (sofern dies im Reglement vorgesehen ist), ob er die Leistung als Rente oder als Kapital beziehen will (Alters-, Witwen-, Invalidenleistungen). Die Wahl der Methode hängt auch von den Bestimmungen ab, die bei vertraglich vereinbarten Wartefristen den Zeitpunkt eines Anspruchs auf Invalidenrenten festlegen, sofern ein IV-Anspruch gemäss Gesetz besteht.
- Die Gesundheitsprüfungen im Umfang der obligatorisch zu versichernden BVG-Leistungen entfallen.
- Bei Dienstaustritt besteht für die Risiken Tod und Invalidität während längstens einem Monat eine Nachversicherungspflicht.

Mit dem Kollektivversicherungstarif 1984 verfügen die Lebensversicherungsgesellschaften über ein umfassendes tarifliches Instrumentarium zur Durchführung der Versicherung der beruflichen Vorsorge mit den Auflagen des BVG. Weiter ermöglicht der KL-Tarif 1984 das Versichern von Vorsorgelösungen, wie sie aus neuen Bedürfnissen in der beruflichen Vorsorge nach dem Inkrafttreten des BVG entstanden sind.

Die ehemalige Schweizerische Vereinigung Privater Lebensversicherer (VPL) revidierte aufgrund der Erfahrungen aus 10 Jahren Versicherungstätigkeit gemäss BVG den Kollektivlebensversicherungs-Tarif. Der Tarif übernahm bewährte Grundlagen des KL-Tarifs 84 und ergänzte diese mit aktuellen versicherungstechnischen Daten. Damit wurde eine den demografischen und wirtschaftlichen Veränderungen besser angepasste Berechnung der Prämien ermöglicht.

Spezial

Der Kollektivlebensversicherungs-Tarif KL 95

Zehn Jahre nach der Einführung des BVG hat die ehemalige Schweizerische Vereinigung Privater Lebensversicherer (VPL) neue Tarife für die Kollektivlebensversicherung geschaffen. Das Tarifierungsmodell, das den Aufbau eines Altersguthabens und die jährliche Neuberechnung der Risikoprämien vorsieht, wurde beibehalten. Eine Erneuerung der technischen Grundlagen drängte sich jedoch auf, beruhte doch der Kollektivlebensversicherungs-Tarif 84 auf Grundlagen aus den 70er-Jahren.

Die wichtigsten Änderungen, die mit dem Kollektivtarif 95 vorgenommen wurden:
– Die technischen Grundlagen beruhen auf den aktuellen statistischen Daten (Sterblichkeit, Invalidität, demografische Entwicklung usw.).
– Das Invaliditätsrisiko wird individueller tarifiert.
– Der technische Zinssatz wird von 3% auf 3,5% angehoben.
– Die Kostenbeiträge werden wirklichkeitsgetreuer berechnet.

Der neue Kollektivtarif ist kein Einheitstarif mehr. Die Angebote der einzelnen Lebensversicherer können bei der Überschussbeteiligung und bei der Tarifprämie voneinander abweichen. Der Richttarif wird damit Vergleichstarif.

Anpassungen bei anwartschaftlichen Versicherungen

Statistische Erhebungen zeigen eine unverminderte Abnahme der Sterblichkeit im mittleren und oberen Altersbereich. Bei jungen Versicherten unter 40 Jahren verlangsamte sich die Abnahme der Sterbewahrscheinlichkeit; teilweise erfolgte sogar ein Anstieg. Gesamthaft betrachtet, ergibt sich daraus aber trotzdem eine Senkung der Todesfallrisikoprämien.

Die Schadenbelastung aus dem Bereich der Erwerbsunfähigkeit hat sich Mitte der 80er-Jahre im Zusammenhang mit der Rezession stark erhöht (→ S. 80). Diese Entwicklung verursacht, trotz der Prämienreduktion im Todesfallrisikobereich, eine Verteuerung der Risikoprämien.

Die Erhöhung der Prämien kann jedoch recht unterschiedlich ausfallen. Männer sind stärker betroffen, und der Tarif KL 95 berücksichtigt bei der Prämie für die Erwerbsunfähigkeit neu zusätzlich das Alter der versicherten Person.

Probleme bei laufenden Renten

Der allgemeine Anstieg der Lebenserwartung wirkt sich auch für die Finanzierung der Renten verteuernd aus. Selbst nach der Erhöhung des technischen Zinssatzes auf 3,5% entstehen bei der Umwandlung des Alterskapitals (Schlussalter 65/62) bereits Rentensätze unter 7,2%. Die Finanzierung der Renten nach dem Kapitaldeckungsverfahren bedingt, dass der Faktor Sterblichkeit, speziell mit Blick in die Zukunft, bei der Tarifierung zusätzliches Gewicht erhält.

Wirklichkeitsgetreuere Erhebung der Kostenbeiträge

Bis zum heutigen Zeitpunkt enthielten die Tarifprämien Kostenbeiträge, die proportional zur Höhe der versicherten Leistungen festgelegt wurden. Die Berech-

Der Kollektivlebensversicherungs-Tarif KL 95

nung der Kosten war einfach; bei der Abrechnung der tatsächlichen Kosten musste jedoch die Überschussbeteiligung miteinbezogen werden. Grosse Verträge erhielten zusätzliche Überschussanteile zugesprochen, während bei kleinen Verträgen die Anteile aus Zinserträgen und aus dem Risikoprozess gekürzt wurden.

In Zukunft bewirken Kostensätze, die für jede versicherte Person individuell berechnet werden, und Beitragsermässigungen aufgrund des Versichertenbestandes, dass bereits mit der Prämie adäquatere Kostenbeiträge verrechnet werden.

17.4 Prämienberechnungen

17.4.1 Einjährige und nivellierte Tarife

Das BVG-Tarifierungsmodell der Kollektivversicherung wurde 1984 mit einer Teilrevision des Kollektiv-Lebensversicherungstarifs eingeführt. Es hat eine starke Verbreitung über die BVG-Versicherung hinaus erfahren und veränderte die Kollektivversicherung weit mehr als viele vorangegangene Gesamtrevisionen.

Vor 1985 bauten die Kollektivtarife analog der Einzelversicherung auf den klassischen versicherungstechnischen Grundsätzen auf: Prämien oder Leistungen bleiben bei unverändertem Lohn bis zum Schlussalter konstant. Dies galt für die Rentenversicherung und die Kapitalversicherung mit Prämienprimat. Dieser Ansatz wird auch nivelliert berechnete Prämie genannt. Die Berechnungen basieren auf einem technischen Zins (z. B. 3%) und geniessen Tarifgarantie. Seit 1984 gibt es einjährige Tarife, z. B. für das Todesfallrisiko gemäss BVG-Tarifmodell. Die Höhe des Kapitals und die Prämie werden dabei jährlich neu aufgrund der herrschenden Umstände (z. B. neues, aktuelles Alter) berechnet.

Spezial

Tendenzen in der Risikobeurteilung

Der professionelle Umgang mit Risiken gehört zum Kerngeschäft der Versicherungsunternehmen. Auf den ersten Blick scheint für die Lebensversicherer als Anbieter von Vorsorgeleistungen gemäss BVG der Spielraum für den Einsatz von Risk-Management-Massnahmen stark eingeschränkt zu sein. Das BVG definiert die Leistungen und sieht im Rahmen der Vorsorgeeinrichtung den Risikoausgleich zwischen Jung und Alt bzw. Gesund und Krank vor. Trotzdem zeigen sich auch hier interessante Ansätze zu einem differenzierten Umgang mit den Risiken.

Unternehmensrisiken

Die Unternehmensrisiken in der beruflichen Vorsorge werden bestimmt durch Personenrisiken, Anlagerisiken und Systemrisiken:

- Die Personenrisiken Erwerbsunfähigkeit und Tod sowie aus Versicherungssicht das Risiko Langlebigkeit sind die traditionellen Grundlagen, mit denen der Versicherer arbeitet. Diese Risiken werden vermehrt mit sorgfältigem medizinischem Underwriting bewertet und in differenziertere Tarifsysteme eingestuft.
- Die Anlagerisiken haben im System des Kapitaldeckungsverfahrens eine zunehmende Bedeutung. Die Verwaltung des Vermögens soll gleichzeitig Sicherheit, Ertrag, Risikoverteilung und Liquidität gewährleisten. Nur mit einem professionellen Asset Management sind diese Ziele zu erreichen.
- Systemrisiken entstehen aus der Dynamik des wirtschaftlichen, demografischen und gesetzlichen Umfeldes. Der Versicherer muss in diesen Bereichen die Erwartungen der Unternehmen, der Mitarbeiter und des Gesetzgebers erfüllen.

Die Herausforderung besteht in der Verknüpfung der genannten Risikobereiche. Mit Blick auf die steigende Lebenserwartung und vorgegebene Sparsätze lässt sich das Leistungsziel der Vorsorge langfristig nur mit einer Verbesserung der Kapitalerträge erreichen, dies aber um den Preis höherer Anlagerisiken.

Risk Management

Die Fähigkeit, Risiken zu erkennen und umfassend zu beurteilen, öffnet den Blick auf zahlreiche Möglichkeiten, mit diesen Risiken umzugehen. Im Vordergrund stehen die Instrumente der Versicherungstechnik. Zunehmend werden jedoch auch Lösungen gesucht, die nicht nur den finanziellen Aspekt, sondern auch die Prävention und die Schadenminderung umfassen:

- Gute Risiken – schlechte Risiken: Es gibt keine schlechten Risiken, nur solche, die nicht risikogerecht tarifiert sind. Die Antwort der Versicherer sind differenzierte Branchen- und Erfahrungstarifierungen, wie sie in anderen Sparten bereits bekannt sind. Richtig eingesetzt, schaffen sie Anreize für die Prävention.
- Asset und Liability Management: Der Ansatz des ALM sucht systematisch nach einer Balance zwischen Anlage- und Personenrisiken, indem die Anlagestruktur (Aktiven in der Bilanz) auf die versicherungstechnischen Verpflichtungen (Passiven in der Bilanz) abgestimmt wird. Ausgehend von einer Zielrendite können Musterportfolios definiert werden, wel-

Tendenzen in der Risikobeurteilung

che die verschiedenen Risiken in Einklang bringen.
- Prävention und Schadenmanagement: In der Nichtleben-Versicherung hat diese Arbeitsweise längst Eingang gefunden. Prävention und Schadenmanagement (z. B. mit Gesundheitskampagnen am Arbeitsplatz, Feel-Good-Programmen, Begleitung und Wiedereingliederung von Invaliden) sind wichtige risikopolitische Massnahmen und bewirken oft eine Entlastung bei den Schadenaufwendungen.

17.5 Kollektivversicherungsvertrag

17.5.1 Vertragsdauer

Der Kollektivversicherungsvertrag ist ein in der Praxis weiter entwickelter Versicherungsvertrag im Sinne des VVG. Der Versicherungsnehmer (Personalvorsorgeeinrichtung) und der Versicherer stehen im Kollektivversicherungsvertrag in einem versicherungsrechtlichen Vertragsverhältnis.

Im Gegensatz zur Einzellebensversicherung ist für die Kollektivlebensversicherung die VVG-Vorschrift bezüglich «Versicherung auf fremdes Leben» ungültig[1], da bei der Kollektivversicherung als so genannte laufende Versicherung das Zustimmungsprinzip vor Abschluss des Vertrages versagt.

Die Vertragsdauer wird von Gesellschaft zu Gesellschaft unterschiedlich gehandhabt. Üblich ist die Dauer von 1 bis maximal 10 Jahren. In Übereinstimmung mit der zwingenden VVG-Vorschrift über die stillschweigende Vertragserneuerung enthält der Kollektivversicherungsvertrag eine so genannte Prolongationsklausel (Verlängerungsklausel), womit sich der Vertrag, sofern er nicht sechs Monate vor Ablauf der Vertragsdauer schriftlich gekündigt wird, stillschweigend um je ein weiteres Jahr mit gleicher Kündigungsfrist erneuert[2]. Die 10-jährige Vertragsabrede schliesst die nach Entrichten einer Jahresprämie freie Kündigungsmöglichkeit aus[3]. Die Vertragsdauer bildet daher eher eine vertragliche Regelung als einen objektiv wesentlichen Bestandteil des Kollektivversicherungsvertrages.

17.5.2 Überschussbeteiligung

Die Überschussanteile setzen sich wie in der Einzelversicherung aus Risiko-, Kosten- und Zinsüberschüssen zusammen.

Der Risikoüberschuss entsteht aus der Differenz zwischen den tariflich angenommenen Todes- und Invaliditätsfällen und dem gesellschaftsinternen, tatsächlichen Risikoverlauf.

Der Kostenüberschuss entsteht aus der Differenz des im Tarif enthaltenen Kostenanteils und dem von der Gesellschaft benötig-

---

[1] VVG, Art. 74, Abs. 1.
[2] VVG, Art. 47.
[3] VVG, Art. 89.

ten Teil. Nicht jede Versicherungsgesellschaft beteiligt die Vertragsnehmer am Kostenüberschuss.

Der Zinsüberschuss entsteht aus der Differenz zwischen dem technischen Zins und dem effektiv erwirtschafteten, gesellschaftsinternen Zins. Am Zinsüberschuss sind praktisch nur Sparversicherungen, genau genommen Versicherungen mit einer (versicherungstechnischen) Sparprämie, welche somit auch ein Deckungskapital benötigen, beteiligt.

Jede Versicherungsgesellschaft ist in der Gestaltung ihres Überschussplanes frei. In der Regel werden bei kleinen, kostenintensiven Verträgen andere Überschussverteilungen vorgenommen als bei mittleren bis grossen Verträgen. Die Überschussbeteiligung wird jährlich per Stichtag (Hauptfälligkeit der Prämienzahlung) errechnet und für das laufende Versicherungsjahr vorschüssig vergütet. Die Überschussanteile werden erstmals nach einem Versicherungsjahr und letztmals am Stichtag des letzten Versicherungsjahres ausgerichtet, an dem der Kollektivversicherungsvertrag mit der Gesellschaft in Kraft ist. Es gibt auch Gesellschaften, die nach einer mindestens 10-jährigen Vertragszugehörigkeit den letzten Überschuss ebenfalls anteilsmässig auszahlen. Die Verwendung des Überschusses ist Inhalt des Kollektivversicherungsvertrages und darf die gesetzlichen Anforderungen[1] nicht verletzen. In den meisten Fällen wird der Überschuss zur Leistungsverbesserung verwendet.

Inventardeckungskapital
(Kollektivversicherung) Das Altersguthaben inklusive Zinsen bis zur Auflösung des Vertrages.

17.5.3 Kündigung

Unter Wahrung einer Kündigungsfrist von sechs Monaten kann der Kollektivversicherungsvertrag jeweils auf ein Jahresende gekündigt werden, erstmals auf den Ablauftermin. Ist der Vertrag zum Ablauftermin nicht gekündigt, so bleibt er jeweils für ein weiteres Jahr in Kraft.

Die Auflösung des Vertrages hat sofortige und länger wirkende Folgen:
- Für beide Vertragspartner erlischt die Verpflichtung, weitere Neu- und Nachversicherungen abzuschliessen.
- Für alle bestehenden Versicherungen ist eine gleichartige Lösung zu treffen, z. B.:
  - Die Versicherungen lassen sich, sofern sie einen Rückkaufswert aufweisen, zurückkaufen oder in prämienfreie Versicherungen umwandeln.
  - Das Sparkapital kann für höchstens 3 Jahre in der Vorsorgeeinrichtung zu dem vom Bundesrat gemäss BVG[2] festgelegten Zinssatz belassen und dann anschliessend ohne Rückkaufsverlust bezogen werden.
  - Die Versicherungen können an die einzelnen versicherten Personen abgetreten und prämienpflichtig zum Einzeltarif weitergeführt werden.

17.5.4 Rückerstattungswert

Bei Vertragsauflösung entspricht der Rückerstattungswert 100% des Inventardeckungskapitals, allenfalls vermindert um einen Auflösungsabzug.

Der Auflösungsabzug kann sich zusammensetzen aus:
- Zinsabzug: Verminderung des Rückerstattungswertes in der Höhe eines Vielfachen der Differenz zwischen der Rendite für neue Kapitalanlagen und der durchschnittlichen Rendite des Anlagebestandes, sofern die Rendite für Neuanlagen höher ist. Ist sie tiefer, erfolgt kein Zinsabzug.
- Amortisationsabzug: Abzug für nicht getilgte Abschlusskosten nach vorzeitiger Vertragskündigung.

---
[1] OR, Art. 331ff.
[2] BVG, Art. 15, Abs. 2.

Kollektivlebensversicherung

18 Elemente der Vorsorge (Reglement)

Die Elemente eines Personalvorsorgekonzepts bzw. eines Vorsorgeplanes sind im Vorsorgereglement festgelegt. Sie müssen einfach, eindeutig, klar, möglichst allgemein verständlich und auf die individuelle Lösung der Personalvorsorgeeinrichtung ausgerichtet dargestellt sein.
Ob es sich dabei um eine Vorsorge gemäss BVG oder um eine überobligatorische Vorsorge handelt, ist nur aus dem Reglement ersichtlich. In beiden Fällen ist der Stiftungsrat verpflichtet, ein Reglement zu erlassen, das die einzelnen Elemente beschreibt und festhält. Soll die Vorsorge die Anforderungen des BVG erfüllen, so müssen gewisse Bestimmungen zwingend im Reglement stehen.

18.1 Vorsorgeplan

Der Vorsorgeplan ist Teil der betrieblichen Sozialpolitik, die der Unternehmenspolitik untergeordnet und ihr in konzeptioneller, wirtschaftlicher und finanzieller Hinsicht angepasst ist. Die berufliche Vorsorge ist ein Mittel zur Erfüllung der sozialen Verantwortung der Unternehmen gegenüber ihren Arbeitnehmern. Sie sollte so ausgestaltet werden, dass sie neben den staatlichen Sozialversicherungen bestehen und auch ergänzende Ziele erfüllen kann. Solche Ziele sind z. B. das Steigern der Attraktivität der Unternehmung am Arbeitsmarkt und des sozialen Ansehens in der Öffentlichkeit sowie beim Kunden.

Die Rechte und Pflichten der Versicherten und des Arbeitgebers, die sich aus dem Vorsorgekonzept ergeben, sind in ihren Einzelheiten im Vorsorgereglement festzulegen. Gemäss BVG besteht ein «Reglementszwang» für folgende Bestimmungen[1]:
– Leistungen und Organisation
– Verwaltung und Finanzierung
– Kontrolle
– Verhältnis zu den Arbeitgebern, den Versicherten und den Anspruchsberechtigten.

Dieses Reglement wird vom Stiftungsrat (Vorsorgekommission bei Sammelstiftungen) erlassen und ist somit der Vorsorgevertrag zwischen Arbeitnehmer und Personalvorsorgeeinrichtung.

Der Stiftungsrat (Vorsorgekommission), der das Reglement erlassen muss, hat auch die Kompetenzen, dieses zu ändern. Er muss aber immer die Stiftungsurkunde, die mindestens den Stiftungszweck umschreibt[2], und die gesetzlichen Bestimmungen beachten. In seiner Arbeit hat er sich an dieses Reglement zu halten. Das Reglement muss klar und übersichtlich ausgestaltet sein, damit einerseits die Versicherten die erforderlichen Informationen erhalten und andererseits die Durchführung und Verwaltung der Vorsorge einfach und effizient möglich ist. Die wichtigsten Elemente des Vorsorgeplanes, die so geregelt werden müssen, sind:
– versicherter Personenkreis
– Rücktritt
– versicherter Lohn
– technischer Aufbau
– Leistungsplan
– Finanzierungsplan
– Koordinationsbestimmungen.

---
[1] BVG, Art. 50.
[2] ZGB, Art. 80 und 81.

18.2 Betriebliches Obligatorium

Das BVG verpflichtet die Betriebe, für alle Arbeitnehmer eines Arbeitgebers, die ein Jahreseinkommen in der Höhe der maximalen AHV-Rente oder mehr erreichen, ab dem 1. Januar nach dem vollendeten 17. Altersjahr die berufliche Vorsorge zu gewährleisten. Damit bestimmt das Gesetz zwingend, welche Arbeitnehmer zum versicherten Personenkreis gehören und dem betrieblichen Obligatorium unterstehen. Teilzeitbeschäftigte mit einem tieferen als dem genannten Einkommen fallen nicht unter das Obligatorium. Das Reglement kann jedoch vorsehen, dass auch Personen, die aufgrund ihres tieferen Lohnes dem Obligatorium nicht unterstehen (z. B. Teilzeitangestellte), in die Vorsorge aufgenommen werden.

In einer «umhüllenden» (d. h. obligatorischen und überobligatorischen) Vorsorge müssen daher der versicherte Personenkreis und die Aufnahmebedingungen umschrieben werden, weil sie nicht automatisch durch das Gesetz bestimmt werden.

Es ist nicht erforderlich, dass sämtliche Arbeitnehmer eines Betriebes nach dem gleichen Vorsorgeplan versichert sind. Um die spezifischen Bedürfnisse und Umstände der Arbeitnehmer besser zu berücksichtigen, dürfen verschiedene Kategorien mit unterschiedlichen Vorsorgeplänen und Leistungen gebildet werden. Das Reglement definiert den Kreis der versicherten Personen und bewirkt damit für alle Arbeitnehmer, die zu diesem gehören, ein betriebliches Obligatorium. Diese Arbeitnehmer können dann nicht mehr auf die über das gesetzliche Obligatorium hinausgehende Vorsorge verzichten. Sie verlieren auch das Recht zu wählen, ob und wie sie der Vorsorge beitreten wollen. Reglementsbestimmungen, die dem einzelnen Arbeitnehmer Wahlmöglichkeiten oder sogar den Verzicht auf eine weiter gehende Vorsorge einräumen, sind grundsätzlich nicht zulässig.

18.3 Lohndefinitionen

Die meisten Personalvorsorgeeinrichtungen sehen lohnabhängige Leistungen und Beiträge vor. Deshalb ist der Lohnbegriff eine zentrale Grösse. Das Reglement muss die massgebenden Lohngrundlagen eindeutig definieren. In der Praxis bestehen verschiedene Lohnbegriffe:
- AHV-Jahreslohn
- Grundlohn
- versicherter Lohn
- koordinierter Lohn.

18.3.1 AHV-Jahreslohn

Der AHV-Jahreslohn ist für die Abrechnung der AHV-Beiträge massgebend und meist die Ausgangsbasis für die Lohnbestimmung in der beruflichen Vorsorge[1].

18.3.2 Grundlohn

Als Grundlohn wird der für die Vorsorge grundlegende Jahreslohn bezeichnet. In der Regel ist er mit dem letzten bekannten AHV-Jahreslohn identisch. Unter Umständen wird von dieser Regel abgewichen, z. B. wenn der Grundlohn auf das x-fache der AHV-Altersrente begrenzt wird.

18.3.3 Versicherter Lohn

Der versicherte Lohn ist für die Bemessung der Beiträge und Leistungen massgebend. Er kann gleich hoch wie der Grundlohn oder um einen Koordinationsbetrag (Koordinationsabzug) gekürzt sein.

18.3.4 Koordinierter Lohn

Als koordinierter Lohn wird der gemäss BVG obligatorisch zu versichernde Lohn oder Lohnteil bezeichnet. Er wird aus dem AHV-Jahreslohn abzüglich eines Koordinationsabzuges in der Höhe der maximalen AHV-Rente berechnet. Der koordinierte Lohn ist nach oben und nach unten begrenzt (Minimal- und Maximalbetrag). Der minimale koordinierte Lohn beträgt ⅛ der maximalen AHV-Rente, und der

---

[1] AHVG, Art. 4–9; AHVV, Art. 6–6ter.

maximale koordinierte Lohn beträgt die zweifache maximale AHV-Rente. Man spricht dann auch vom koordinierten Lohn gemäss Reglement. Allerdings muss er so bemessen sein, dass die gesetzlichen Minimalanforderungen bezüglich der Altersgutschriften gemäss BVG und der daraus resultierenden Mindestleistungen erfüllt sind. Die BVG-Altersgutschriften richten sich stets nach dem koordinierten Lohn gemäss BVG.

Der Koordinationsabzug berücksichtigt die Tatsache, dass dieser Teil des Lohnes bereits durch die 1. Säule versichert ist. Für bestimmte niedere Einkommen ist der Koordinationsabzug zu hoch.

18.4 Leistungs- oder Beitragsprimat

Die Formulierung eines Vorsorgezieles ist bei der Gestaltung eines Vorsorgeplanes von zentraler Bedeutung. Grundsätzlich muss die Vorsorge dem Bedarf der Versicherten angemessen sein, was bedeutet, dass die 1. und 2. Säule zusammen ein Leistungsziel von rund 60 bis 70% des letzten Netto-Erwerbseinkommens[1] erreichen sollen[2]. Gleichzeitig muss die Vorsorge für die Arbeitnehmer und die Unternehmung auch finanziell tragbar sein.

Nachfolgend werden die Verfahren zur Bestimmung der Leistungshöhe und nicht die Finanzierungsverfahren beschrieben. Die beiden Verfahren beantworten unterschiedliche Fragen und lösen unterschiedliche Probleme. Für die Bestimmung der Leistungshöhe bieten sich drei Methoden an:
- Leistungsprimat
- Beitragsprimat
- gemischtes Leistungssystem.

18.4.1 Leistungsprimat

Beim Leistungsprimat sind die von der Personalvorsorgeeinrichtung zu erbringenden Leistungen genau definiert. Die Leistungen werden dabei meist in Prozenten des versicherten Lohnes, vielfach in Abhängigkeit zu den Beitragsjahren, festgelegt. Ein typischer Leistungsplan sieht z. B. eine Altersrente von 60% des versicherten Endlohnes bei voller Dienstzeit (meist 40 Dienstjahre) vor. Die übrigen Leistungen wie Invaliden-, Witwen- und Kinderrenten werden in Prozenten der versicherten Altersrente definiert und sind somit auch von der Beitragsdauer abhängig. Die Leistungen sind auf diese Weise eindeutig vorgegeben. Die Prämie errechnet sich aufgrund der vorgesehenen Leistungen. Die erforderlichen Beiträge zur Finanzierung werden versicherungstechnisch berechnet. Nach einer Lohnerhöhung steigen automatisch auch die davon abhängigen Versicherungsleistungen.

---

[1] OR, Art. 331a und 331b.
[2] Vgl. die Botschaft zum Bundesgesetz über die berufliche Alters-, Hinterlassenen- und Invalidenvorsorge vom 19. Dezember 1975, S. 25.

18.4.2 Beitragsprimat

Das Beitragsprimat wird gelegentlich auch als Prämienprimat bezeichnet. Im Gegensatz zum Leistungsprimat richten sich beim Beitragsprimat die Leistungen der Personalvorsorgeeinrichtung nach den Beiträgen, die in Prozenten des versicherten Lohnes definiert sind. Beim klassischen Beitragsprimat werden die Leistungen für jeden Versicherten individuell aufgrund der für ihn geleisteten Beiträge berechnet. Die Leistungen ergeben sich aufgrund der bezahlten Prämien. Die Invaliden-, Witwen- und Kinderrenten sind üblicherweise in Prozenten der Altersrente festgelegt. Nachteil des Beitragsprimats ist, dass nach Lohn- oder Grenzwerterhöhungen die Vorsorgeleistung (in Prozenten des versicherten Lohnes) sinkt. Der Vorteil liegt in der administrativ einfachen Durchführung und in den überblickbaren Kosten auch bei Lohnerhöhungen. Da Altersgutschriften nach den Regeln des BVG lohnabhängige Sparbeiträge sind, gehören sie zum System des Beitragsprimats.

18.4.3 Gemischtes Leistungssystem

Bei den gemischten Systemen wird der Sparvorgang nach dem Beitragsprimat mit lohnabhängigen Sparbeiträgen (im BVG Altersgutschriften genannt) finanziert. Die Risikoleistungen bei Tod vor dem Schlussalter und bei Invalidität werden dagegen in Prozenten des versicherten Lohnes, also nach dem Leistungsprimat, bestimmt.

18.5 Leistungsarten und Leistungsfälle

18.5.1 Übersicht über die Leistungsarten

Die Leistungen sind ein zentrales Element des Vorsorgeplanes. Es ist Sache der Personalvorsorgeeinrichtung, ihren eigenen Leistungsplan festzulegen. Das Gesetz gibt allerdings die Leistungsarten, die Leistungsformen und die Höhe der Mindestleistungen für die Durchführung der obligatorischen beruflichen Vorsorge vor. Abweichungen dürfen keine zwingenden gesetzlichen Bestimmungen verletzen. Bei der Festlegung des Leistungsplanes ist es wichtig, auf ein ausgewogenes Verhältnis zwischen den Leistungen im Alter, bei Invalidität und im Todesfall zu achten.

Bei einem Vorsorgeplan, der auch die Anforderungen des BVG erfüllt, sieht der Leistungsplan z. B. wie folgt aus (Einzelheiten → S. 268):

Altersleistungen
– Altersrente
– Pensioniertenkinderrente
– Anwartschaftliche Witwen-, Witwer- oder Lebenspartnerrente

Invaliditätsleistungen
– Invalidenrente
– Invalidenkinderrente
– Befreiung von der Beitragspflicht

Hinterlassenenleistungen bei Tod vor dem Rücktrittsalter
– Witwen-, Witwer- oder Lebenspartnerrente
– Todesfallkapital
– Waisenrenten.

18.5.2 Leistungsform – Rente oder Kapital

Das BVG sieht grundsätzlich Leistungen in Form von Renten vor, weil die berufliche Vorsorge ein Ersatz für den nach Eintritt des Versicherungsfalles ausbleibenden Lohn ist. Daneben erlaubt das Gesetz aber auch eine Kapitalzahlung anstelle einer Rente. Sofern dies im Reglement vorgesehen ist, kann der Anspruchsberechtigte anstelle einer Alters-, Invaliden- oder Witwenrente eine Kapitalabfindung verlangen.

Damit er die Altersleistung erhält, muss der Versicherte gemäss BVG den Kapitalbezug drei Jahre vor Erreichen des Rentenalters beantragen.

Einige Vorsorgeeinrichtungen kennen eine kürzere oder gar keine Antragsfrist für die Auszahlung. Wenn der Versicherte das Kapital für die Amortisation eines Hypothekardarlehens oder als Eigenmittel für den Erwerb von Wohneigentum beanspruchen möchte, besteht nach der Verordnung über die Wohneigentumsförderung (WEFV) unabhängig von einer reglementarischen Festlegung die Möglichkeit eines teilweisen Bezuges oder Vorbezuges des gesetzlichen Altersguthabens.

Viele Personalvorsorgeeinrichtungen, vor allem Personalvorsorgeeinrichtungen, die nach dem System des Beitragsprimats aufgebaut sind, bieten ihren Versicherten die Möglichkeit der Kapitalzahlung.

18.5.3 Umfang der Leistungen

Solange mindestens die Leistungen nach BVG versichert sind oder erbracht werden, steht es den Personalvorsorgeeinrichtungen frei, die Höhe und den Umfang der Leistungen festzulegen. In der Praxis bieten die Vorsorgeeinrichtungen meist höhere Leistungen und verlangen weniger restriktive Anspruchsbedingungen als vom Gesetz vorgesehen. So werden im Todesfall häufig Kapitalzahlungen geleistet, auch wenn gemäss BVG kein Anspruch auf eine Witwenrente besteht; z. B. bei allen Frauen und bei ledigen, verwitweten oder geschiedenen Männern. Dieses Kapital umfasst in der Regel mindestens das angesparte Alterskapital.

18.5.4 Austritt und Freizügigkeit

Für die Leistungen gemäss BVG galt von Anfang an die volle Freizügigkeit. Bei vor- und überobligatorischen Teilen der Vorsorge besteht seit 1995 weitgehend volle Freizügigkeit (→ Abschnitt 19.7).

18.5.5 Form der Freizügigkeit

Beim Dienstaustritt ist die Freizügigkeitsleistung grundsätzlich an die Personalvorsorgeeinrichtung des neuen Arbeitgebers zu überweisen. Ist dies aus irgendwelchem Grund nicht möglich, muss zugunsten der austretenden Person eine Freizügigkeitspolice erstellt oder bei einer Bank ein Freizügigkeitskonto eröffnet werden. Unter bestimmten gesetzlichen Bestimmungen kann die Freizügigkeitsleistung auch bar ausbezahlt werden. Dieser Fall tritt z. B. ein, wenn jemand eine selbstständige Erwerbstätigkeit aufnimmt oder die Schweiz endgültig verlässt. Eine Barauszahlung an verheiratete Personen ist jedoch nur mit schriftlicher Einwilligung des Ehegatten gestattet.

Kollektivlebensversicherung

18.6 Koordinierung mit der AHV, IV, UV, MV und der Krankentaggeldversicherung

18.6.1 Koordinierung mit dem AHVG und IVG

Gemäss BVG werden die Leistungen so berechnet, dass sie zusammen mit den Leistungen der AHV/IV bei voller Beitragsdauer das bisherige Einkommen zu ca. 60% sicherstellen (Dies gilt bis zu einer Einkommensgrenze in der Höhe der dreifachen maximalen AHV-Rente, auch Sozialversicherungslimite genannt.). Zusammen mit Zusatzrenten für Ehegatten und Kinder fallen die gesamten Leistungen höher aus. Bei Vorsorgeplänen, die über das Obligatorium hinausreichen, kann beim Zusammentreffen verschiedener Leistungen aus den gesetzlich vorgeschriebenen Versicherungen eine Gesamtleistung entstehen, die als Überversicherung bezeichnet werden muss. Das BVG[1] untersagt ungerechtfertigte Vorteile des Versicherten oder seiner Hinterlassenen beim Zusammentreffen mehrerer Leistungen. Die Koordination der Leistungen der beruflichen Vorsorge mit den anderen Sozialversicherungsleistungen zur Vermeidung einer Überentschädigung und von ungerechtfertigten Vorteilen ist in der BVG-Verordnung 2 geregelt[2]. Die Personalvorsorgeeinrichtung kann die Hinterlassenen- und Invalidenleistungen kürzen, soweit sie zusammen mit anderen anrechenbaren Einkünften 90% des mutmasslich entgangenen Verdienstes übersteigen.

Allerdings lässt sich die Überentschädigungsregelung zugunsten der Anspruchsberechtigten verbessern. Eine Kürzung kann z. B. erst ab 100% des mutmasslich entgangenen Verdienstes erfolgen. Kantonale Steuervorschriften zwingen jedoch zur Festlegung einer oberen Grenze der Leistungen. So dürfen beispielsweise im Kanton Zürich Alters-, Hinterlassenen- und Invalidenleistungen der beruflichen Vorsorge zusammen mit Leistungen aus bundesrechtlich geordneten Sozialversicherungen in der

---

[1] BVG, Art. 34, Abs. 2.
[2] BVV2, Art. 24–27.

Regel 100% des mutmasslich entgangenen Lohnes nicht übersteigen.

Die Überentschädigungsregelung soll speziell bei Erwerbsunfähigkeit verhindern, dass der Versicherte jegliches Interesse an einer Wiederaufnahme der Erwerbstätigkeit verliert.

18.6.2 Koordinierung mit dem UVG und MVG

Die Leistungen der Unfallversicherung (UVG) sind in der Regel höher als die des BVG und der weiter gehenden beruflichen Vorsorge. Alle Personen, die aufgrund des BVG obligatorisch einer Vorsorgeeinrichtung angeschlossen sind, unterstehen auch der obligatorischen Unfallversicherung. Diese Unfallversicherung erbringt Leistungen bei Berufsunfällen, Berufskrankheiten und ab acht Arbeitsstunden pro Woche auch bei Nichtberufsunfällen.

Um Überentschädigungen zu vermeiden, gehen bei unfall- bzw. berufskrankheitsbedingten Invaliditäts- und Todesfällen die Leistungen des Unfallversicherers vor[1]. Die Personalvorsorgeeinrichtungen dürfen aber die Gewährung von Hinterlassenen- oder Invaliditätsleistungen gemäss BVG nicht prinzipiell ausschliessen. Die Leistungen der beruflichen Vorsorge können jedoch gekürzt werden, wenn sie zusammen mit Leistungen der AHV/IV, der Unfallversicherung oder der Militärversicherung 90% des durch Tod oder Invalidität mutmasslich entgangenen Verdienstes übersteigen.

Gestützt auf das Militärversicherungsgesetz (MVG) erbringt der Bund für Personen, die Dienst leisten (Militärdienst, Militärischer Frauendienst, Zivilschutz), ähnliche Leistungen wie die Versicherung gemäss UVG. Der Versicherungsschutz des MVG ist etwas besser ausgebaut als derjenige des UVG.

18.6.3 Koordinierung mit der Krankentaggeldversicherung

Erkrankt ein Arbeitnehmer, so wird ihm vom Arbeitgeber vorerst sein volles Gehalt weiterhin ausbezahlt[2]. Die Dauer dieser Lohnfortzahlungspflicht richtet sich nach der bisherigen Dauer des Arbeitsverhältnisses. Erst mit dem Einsetzen der Leistungen aus der IV hat der Arbeitnehmer auch Anspruch auf Leistungen aus dem BVG. Viele Arbeitgeber überbrücken die Leistungslücke zwischen dem Ende der Lohnfortzahlungspflicht und dem Beginn der IV- und BVG-Leistungen durch eine freiwillige betriebliche Krankentaggeldversicherung.

Obligatorische oder fakultative Bestimmungen über die Lohnfortzahlung und die Krankentaggeldversicherung finden sich oft auch in den Einzel- und Gesamtarbeitsverträgen (GAV). In der Praxis entscheidet die IV über ihre Rentenleistungen oft erst im zweiten Jahr nach Invaliditätsbeginn, dann aber rückwirkend. Während der Invalide auf die Anerkennung seiner IV-Ansprüche wartet, gerät er oft in finanzielle Schwierigkeiten. Um dies zu vermeiden, wird der Versicherungsschutz der Krankenversicherung so ausgebaut, dass sie die Taggelder nicht nur während einem Jahr (360 Tage), sondern während zwei Jahren (720 oder 730 Tage) ausrichtet. In diesem Fall kann die Personalvorsorgeeinrichtung die Invaliditätsleistungen aufschieben. Sie werden dann erst nach Ablauf der Krankentaggeldversicherung, also nach zwei Jahren, erbracht[3].

---

[1] BVG, Art. 34, Abs. 2.
[2] OR, Art. 324a und 324b.
[3] BVG, Art. 26, Abs. 2.

18.6.4 Regress auf haftpflichtige Dritte

Oft muss bei Invalidität oder Tod eines Versicherten ein haftpflichtiger Dritter für den entstandenen Personenschaden (Erwerbsausfall, Versorgerschaden) aufkommen. Fällt dieser Schadenersatz mit Leistungen aus der beruflichen Vorsorge zusammen, so kann dies eine unerwünschte Überentschädigung zur Folge haben. Die Personalvorsorgeeinrichtung kann deshalb vom Geschädigten (vom Versicherten oder von seinen Hinterlassenen) verlangen, dass ihr die Forderungen gegen den Haftpflichtigen oder dessen Haftpflichtversicherer abgetreten werden. Die Höhe dieser abgetretenen Forderungen darf die Höhe der Leistungen der Personalvorsorgeeinrichtung oder die Höhe des Haftpflichtanspruches nicht übersteigen. Damit die Abtretung der Forderungen möglich ist, muss das Reglement der Personalvorsorgeeinrichtung den Regress auf haftpflichtige Dritte vorsehen. Regressfälle sind in der Praxis sehr selten.

18.7 Finanzierung

Die Personalvorsorgeeinrichtungen sind im Rahmen des BVG bei der Gestaltung ihrer Leistungen und deren Finanzierung grundsätzlich frei[1]. Dieser Grundsatz gilt nicht nur für das BVG, sondern für die ganze berufliche Vorsorge.

Die Finanzierung der Altersleistungen muss deshalb nicht nach den Regeln der Altersgutschriften laut BVG erfolgen. Allerdings ist diese Freiheit durch zahlreiche verbindliche Vorschriften (Verordnungen und Ausführungserlasse) beschränkt:

– Gemäss BVG[2] muss jederzeit Sicherheit dafür bestehen, dass die übernommenen Verpflichtungen erfüllt werden können.
– Das Beitragssystem und die Finanzierung sind so zu regeln, dass die vorgeschriebenen Leistungen bei deren Fälligkeit erbracht werden können.
– Die Finanzierung der beruflichen Vorsorge erfolgt im Allgemeinen durch periodische Beiträge der Arbeitnehmer und des Arbeitgebers. Ebenso gehört der erwirtschaftete Zins zur Finanzierung der Vorsorge.
– Die Beiträge des Arbeitgebers müssen mindestens gleich hoch sein wie die Beiträge aller Arbeitnehmer.
– Die Vorsorge kann auch durch einmalige und ausserordentliche Beiträge (Einkaufsbeiträge, ausserordentliche Zuwendungen des Arbeitgebers) zusätzlich finanziert werden.
– Die Finanzierung muss, wie im Reglement festgehalten, planmässig erfolgen.

Der Finanzierungsplan regelt, unter Beachtung der gesetzlichen Auflagen, auch die Aufteilung der Beiträge zwischen Arbeitnehmer und Arbeitgeber.

---
[1] BVG, Art. 49, Abs. 1.
[2] BVG, Art. 65.

18.8 Beitragsregelung

Das BVG enthält keine verbindlichen Vorschriften, wie die obligatorisch vorgeschriebenen Leistungen finanziert werden müssen. Die Bestimmungen verlangen lediglich, dass die gesetzlichen Leistungen erbracht werden können. Nur die Aufteilung der Beiträge ist an zwei wichtige Bedingungen geknüpft:

– Der Beitrag des Arbeitgebers muss mindestens gleich hoch sein wie die gesamten Beiträge aller seiner Arbeitnehmer. Er hat seine Beiträge aus eigenen Mitteln oder aus Beitragsreserven der Personalvorsorgeeinrichtung zu erbringen, die von ihm vorgängig zu diesem Zweck geäufnet und gesondert ausgewiesen sind.

– Die Personalvorsorgeeinrichtung bestimmt die Höhe der Arbeitgeber- und Arbeitnehmerbeiträge im Reglement.

18.1.1 Finanzierungsquellen

In der Praxis erfolgt die Finanzierung durch periodische Beiträge oder durch Einmaleinlagen. Die weitaus meisten Personalvorsorgeeinrichtungen arbeiten mit periodischen Beiträgen. Diese sind in der Regel in Prozenten des versicherten Lohnes festgelegt. Bis zur Einführung des BVG war es allgemein üblich, für die ganze Dauer der Zugehörigkeit zu einer Personalvorsorge-

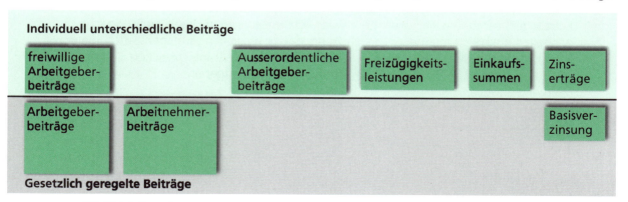

Abb. 18.8–1: Finanzierung

einrichtung Beiträge nach einem einheitlichen Prozentsatz des Lohnes zu erheben. Mit dem BVG ist diese Praxis ins Wanken geraten, sodass sich heute zwei Varianten von Beitragssystemen anbieten: Das gestaffelte Beitragssystem und das nivellierte Beitragssystem. Jede Personalvorsorgeeinrichtung entscheidet für sich, welches System sie anwenden will.

Aus ausserordentlichen Beiträgen fliessen weitere Mittel in die Vorsorgeeinrichtung: Zuwendungen des Arbeitgebers und Freizügigkeitsleistungen oder Einkaufssummen.

Gestaffeltes Beitragssystem

Das gestaffelte Beitragssystem entspricht der Logik der BVG-Altersgutschriften und lässt sich einfach durchführen. Die Finanzierung der Altersleistungen erfolgt nach den Prozentsätzen für die BVG-Altersgutschriften, d. h. in Abhängigkeit von erreichtem Alter, Geschlecht der versicherten Person sowie des versicherten Lohnes. Dazu kommen die Beiträge für die Risikoversicherung und weitere Beiträge für Sondermassnahmen, den Sicherheitsfonds und den Teuerungsausgleich bei den Risikoleistungen. Die Personalvorsorgeeinrichtung bestimmt nun, ob der Arbeitnehmerbeitrag in entsprechender Staffelung als Prozentsatz des versicherten Lohnes oder als 50% des Gesamtaufwandes für die Personalvorsorge festgelegt wird.

Dadurch kann eine ganze Reihe heikler Punkte eliminiert werden, wie z. B. ein zu geringer Anteil des Arbeitgebers an der Freizügigkeitsleistung bei jungen Versicherten oder der Anspruch an den Sondermassnahmenbeitrag, an Solidaritätsbeiträge usw. Die Lohnabzüge bei den Arbeitnehmern steigen mit zunehmendem Alter an und fallen besonders für die älteren Versicherten ins Gewicht. Dieses Problem kann dadurch gemildert werden, dass der Arbeitnehmerbeitrag grundsätzlich gestaffelt definiert wird, jedoch nicht linear, sondern abgeflacht und zwar in Prozenten des versicherten Lohnes. Der Arbeitgeber übernimmt dann oft für die älteren Versicherten einen Solidaritätsbeitrag.

Nivelliertes Beitragssystem

Das nivellierte Beitragssystem funktioniert unabhängig von der Staffelung der Altersgutschriften. Die Versicherten erbringen ihren Anteil an dem für jeden Betrieb individuell ermittelten Gesamtbeitrag der Vorsorge nur in Abhängigkeit ihrer Löhne, d. h. für alle Versicherten gilt ein einheitlicher Beitragssatz in Prozenten des versicherten Lohnes.

Arbeitgeber und Arbeitnehmer können sich einigen, dass der Arbeitgeber einen höheren Anteil an den Gesamtkosten trägt. Eine solche Regelung muss im Reglement festgehalten werden. Das nivellierte Beitragssystem bedeutet für jüngere Arbeitnehmer prozentual höhere, für ältere Arbeitnehmer dagegen niedrigere Beiträge als für die Finanzierung der Vorsorge und vor allem für die Finanzierung der Altersgutschriften notwendig wäre. Der Arbeitgeberbeitrag hat damit eine Ausgleichsfunktion zugunsten der älteren Versicherten.

Allerdings kann dies in der Praxis dazu führen, dass ältere Arbeitnehmer beim Stellenwechsel Probleme haben. Solche Diensteintritte verursachen finanzielle Konsequenzen für die Personalvorsorgeeinrichtung. Je mehr ältere Versicherte eintreten, umso mehr läuft die Personalvorsorgeeinrichtung Gefahr, die Beitragssätze ändern zu müssen. Deshalb eignen sich Einheitsbeiträge nur bei mittleren bis grösseren Personalvorsorgeeinrichtungen.

Ausserordentliche Beiträge

Die ordentlichen Beiträge sind in der Regel nur die reglementarisch vorgeschriebenen Zahlungen des Arbeitgebers und der Arbeitnehmer. Oft erhält die Personalvorsorgeeinrichtung auch ausserordentliche Beiträge. Solche Mittel bestehen aus Zuwendungen des Arbeitgebers an das freie Stiftungsvermögen und aus Beitragsreserven, die in der Bilanz ausgeschieden wurden. Sollen die Beitragsreserven als spätere Arbeitgeberbeiträge dienen, so müssen sie als Arbeitgeber-Beitragsreserven bezeichnet werden. Zu den ausserordentlichen Beiträgen zählen auch die bei Diensteintritt eingebrachten Freizügigkeitsleistungen aus früheren Vorsorgeverhältnissen. Sie dienen entweder zur Aufrechterhaltung des bisher erworbenen Vorsorgeschutzes oder zur Erhöhung der reglementarischen Leistungen; dies speziell für die voraussichtliche Altersleistung.

Lohnerhöhungen verursachen für Leistungsprimatkassen ein finanzielles Problem. Deshalb verlangen solche Kassen meist im Reglement, dass sich die Arbeitnehmer durch Nachzahlungen (so genannte Einkäufe) an der Finanzierung der Leistungserhöhung (Nachversicherung) beteiligen.

Meist legen Leistungsprimatkassen die Höhe der Leistungen in einem Prozentsatz fest, der von den möglichen Dienstjahren seit Diensteintritt bis zum Schlussalter abhängig ist. Gemäss Reglement können später eintretende Arbeitnehmer die maximalen Leistungen erreichen, indem sie fehlende Dienstjahre mit Einmaleinlagen einkaufen, wobei sich gelegentlich auch der Arbeitgeber an diesem Einkauf beteiligt.

Kollektivlebensversicherung

19 Spezialfragen

In diesem Kapitel werden viel diskutierte, heute noch unbefriedigende Lösungen und Besonderheiten der beruflichen Vorsorge aufgezeigt:
- Der Grundsatz der Gleichbehandlung der Geschlechter ist nicht erfüllt.
- Eine flexible Pensionierung mit einem vorzeitigen Bezug oder einem Aufschub der Altersleistungen wirkt sich beträchtlich auf die Leistungen der AHV und der beruflichen Vorsorge aus.
- Mit Blick auf die teuerungsbedingte Geldentwertung behält die systematische Teuerungsanpassung von laufenden Renten eine grosse Bedeutung.
- Ein Vorbezug von finanziellen Leistungen zur Förderung des Erwerbs von Wohneigentum ist mit Einschränkungen möglich.
- Der Versicherte kann über eine allfällige Todesfallleistung nicht frei verfügen.
- Der Bund und die Kantone fördern gemäss Verfassung den Ausbau der Personalvorsorge, indem sie den Arbeitgebern, Arbeitnehmern, Selbstständigerwerbenden und den Vorsorgeeinrichtungen bestimmte Steuerprivilegien gewähren.
- 1995 brachte das Freizügigkeitsgesetz die volle Freizügigkeit bei einem Stellenwechsel.

19.1 Gleichbehandlung der Geschlechter

Die schweizerische Bundesverfassung hält fest, dass Mann und Frau gleichberechtigt sind, und beauftragt den Gesetzgeber, für die Gleichstellung in der Familie, bei der Ausbildung und der Arbeit zu sorgen[1].

Die EU verlangt für die Verwirklichung des Grundsatzes der Gleichbehandlung von Männern und Frauen im Bereich der sozialen Sicherheit, dass die Berechnung der Leistungen, einschliesslich der Zuschläge für den Ehegatten und für unterhaltsberechtigte Personen, sowie die Bedingungen betreffend der Geltungsdauer und der Aufrechterhaltung des Anspruchs auf die Leistungen, frei jeglicher Diskriminierung sind[2].

19.1.1 Gesetzliche Rahmenbedingungen

Die schweizerische Bundesverfassung wird aufgrund der heutigen Praxis nicht unmittelbar auf privatwirtschaftliche Personalvorsorgeeinrichtungen angewandt. Deshalb sind verfassungswidrige Bundesgesetze wie das AHVG, das IVG, das UVG und das BVG für die berufliche Vorsorge massgebend, wenn auch bloss im Sinne von Mindestbestimmungen. Ein gleiches Schlussalter, eine geschlechtsunabhängige Ehegattenrente, eine gleiche Staffelung der Altersgutschriften usw. sind daher möglich und nach Meinung verschiedener Autoren auch geboten, selbst wenn der Gesetzgeber sich noch weiterhin mit der Verwirklichung der Gleichstellung von Mann und Frau Zeit lässt.

Das BVG baut auf dem traditionellen Familienbild auf, und deshalb wird der Verfassungsgrundsatz der Gleichbehandlung von Mann und Frau nur teilweise verwirklicht. Die folgenden geschlechtsbedingten Unterschiede sollen mit der 1. BVG-Revision ausgeräumt werden:

– Für die verwitwete bzw. geschiedene Frau besteht ein Anspruch auf Witwenrente, für den verwitweten bzw. geschiedenen Mann fehlt dagegen ein Anspruch auf eine Witwerrente. Eine allfällige Partnerrente ist speziell zu regeln.
– Das Rentenalter für Frauen und Männer ist unterschiedlich.
– Aufgrund der verschiedenen Rentenalter ist die Staffelung der Altersgutschriften von Mann und Frau unterschiedlich.

---

[1] BV, Art. 8, Abs. 3.
[2] EU-Richtlinie 79/7/EWG.

19.2 Flexible Pensionierung

Die AHV kennt zurzeit unterschiedliche Rentenalter. Für Frauen erfolgt in den Jahren 2001 bis 2005 eine schrittweise Erhöhung des Rentenalters von 62 auf 64 Jahre; für Männer gelten nach wie vor 65 Jahre.

Ein Vorbezug der Altersrente um maximal zwei Jahre ist für Frauen und Männer möglich, verbunden mit einer lebenslangen Kürzung der Rente, ebenso ein Aufschub des Rentenbezuges um längstens fünf Jahre. Der Aufschub erhöht den Rentenanspruch. Derzeit gilt in der beruflichen Vorsorge noch das Rentenalter 62 für Frauen und 65 für Männer (Stand 2001). Gemäss BVG[1] können die reglementarischen Bestimmungen der einzelnen Personalvorsorgeeinrichtungen allerdings davon abweichend den Anspruch auf Altersleistungen mit der Beendigung der Erwerbstätigkeit entstehen lassen. Der Umwandlungssatz wird dann entsprechend erhöht oder gesenkt.

Die ausgewiesenen Altersleistungen in der beruflichen Vorsorge beziehen sich in der Regel auf das reglementarische Schlussalter. Auf diesen Zeitpunkt hin werden die notwendigen Rückstellungen gebildet und die Beiträge berechnet. Weicht der Versicherte beim Bezug der Leistungen vom reglementarischen Schlussalter ab, führt dies zwangsläufig zu höheren oder tieferen Beiträgen und Zinsen.

Im BVG wird die Höhe der Altersrente in Prozent des Altersguthabens berechnet, das der Versicherte bei Erreichen des Rentenalters erworben hat[2]. Je früher der Bezug der Altersleistungen einsetzt, desto länger ist die erwartete Bezugsdauer und desto niedriger der zur Anwendung gelangende Umwandlungssatz. Wird der Bezug aufgeschoben, so verhält es sich genau umgekehrt.

19.2.1 Vorbezug

Bei einer BVG-Minimalkasse hat ein Vorbezug der Rente grosse Auswirkungen:
– Das zur Verfügung stehende Altersguthaben ist geringer, weil die letzte und wichtigste Sparperiode kürzer ist (Zinseszinseffekte).

---
[1] BVG, Art.13, Abs.2.
[2] BVG, Art.14, Abs.1.

Kollektivlebensversicherung

– Der anwendbare Umwandlungssatz liegt infolge der zu erwartenden längeren Bezugsdauer tiefer.

Diese beiden Faktoren führen zu einer Kürzung der Altersrente. Während der Vorbezugsdauer fehlt dem Versicherten zudem die AHV-Altersrente.

Bezüger von kleinen Einkommen können sich daher in der Regel einen um mehrere Jahre vorgezogenen Bezug der Altersrente nur leisten, wenn die Personalvorsorgeeinrichtung oder der Arbeitgeber sich an den Kosten der individuellen Pensionierung beteiligen. Ausschlaggebend für die Attraktivität der vorzeitigen Pensionierung kann deshalb das Gewähren einer **Überbrückungsrente** sein.

> **Überbrückungsrente**
> Rente, die vom Zeitpunkt einer vorzeitigen Pensionierung bis zum ordentlichen Pensionierungsalter gewährt wird.

19.2.2 Aufschub

Ein Aufschub bereitet im Gegensatz zum Vorbezug keine finanziellen Schwierigkeiten. Er führt vielmehr zu wesentlichen Leistungsverbesserungen, sowohl bei der AHV als auch in der beruflichen Vorsorge. Nachdem mit dem Erreichen des ordentlichen AHV-Alters die obligatorische Versicherung in der beruflichen Vorsorge erlischt, hat die Personalvorsorgeeinrichtung die Behandlung des Aufschubes im Reglement so zu regeln, dass über Versicherungsschutz, Beitragspflicht und Erhöhung des Rentenanspruches Klarheit be-steht.

Spezialfragen

19.3 Die Teuerungsanpassung bei laufenden Renten

Gemäss Bundesverfassung[1] soll die berufliche Vorsorge zusammen mit den Leistungen der eidgenössischen Versicherung (AHV/IV) den Betagten, Hinterlassenen und Invaliden die Fortsetzung der gewohnten Lebenshaltung in angemessener Weise ermöglichen. Für die AHV/IV wird in der Bundesverfassung, Artikel 112, Absatz 2, vorgeschrieben, dass die Renten mindestens der Preisentwicklung, d. h. der **Inflation**, anzupassen sind.

19.3.1 Obligatorische Teuerungsanpassung

Hinterlassenen- und Invalidenrenten

Das BVG verpflichtet die Personalvorsorgeeinrichtungen, ihre Hinterlassenen- und Invalidenrenten, die eine Laufzeit von drei Jahren überschritten haben, nach Anordnung des Bundesrates der Preisentwicklung anzupassen.

Übrige Fälle

Gemäss BVG werden die Personalvorsorgeeinrichtungen weiter verpflichtet, im Rahmen ihrer finanziellen Möglichkeiten Bestimmungen über die Anpassung der laufenden Renten in den übrigen Fällen zu erlassen[2]. Die Formulierung des Gesetzgebers «im Rahmen ihrer finanziellen Möglichkeiten» wurde jedoch verschiedentlich derart interpretiert, dass der Erlass dieser Bestimmungen und die Ausrichtung des Teuerungsausgleichs in diesem Bereich freiwillig sei. Bei den vom BVG, Art. 36, erfassten übrigen Fällen handelt es sich ausschliesslich um Renten im Bereich des Obligatoriums. Für diese Fälle ist die Teuerungsanpassung mit den Sondermassnahmen (BVG, Art. 70) geregelt. Hinsichtlich der Mehrleistungen besteht weder eine Pflicht zur Teuerungsanpassung noch zum Erlass von Bestimmungen über die Teuerungsanpassung[3].

> **Inflation** (Teuerung) Preisänderung, in der Regel eine Preissteigerung ohne Qualitätsänderung des Gutes bzw. Preisniveauänderung. Die Preisniveauänderung wird mit dem Konsumentenpreisindex gemessen.

---
[1] BV, Art. 113, Abs. 2.
[2] BVG, Art. 36, Abs. 1.
[3] BVG, Art. 13, Abs. 2.

19.3.2 Teuerungsanpassung bei überobligatorischen Renten

Die berufliche Vorsorge kennt und versichert grundsätzlich jährlich gleichbleibende Renten. Eine allfällige Teuerungsanpassung richtet sich in der Regel nach dem Preisindex und wird gemäss Reglement der Vorsorgeeinrichtung durchgeführt.

Preisindexierung

Die **Indexierung** dient der Sicherung des realen Wertes von Leistungen aus einem Dauerschuldverhältnis. Die vorgeschriebene Koppelung der Rentenerhöhungen an die allgemeine Preisentwicklung bei der obligatorischen Unfallversicherung[1] und der obligatorischen beruflichen Vorsorge dient der ==Kaufkrafterhaltung==. Der Landesindex der Konsumentenpreise bildet dabei die massgebende Kennzahl.

Aus der Sicht der Personalvorsorgeeinrichtung hat die Indexierung den Nachteil, dass die Entwicklung der Preise praktisch nicht voraussehbar und durch sie nicht beeinflussbar ist. Die Verpflichtung zum vollen Teuerungsausgleich birgt die Gefahr, dass die daraus entstehenden Kostenfolgen die finanziellen Möglichkeiten einer Personalvorsorgeeinrichtung übersteigen.

In der Zeit von 1949 bis 1998 betrug die Teuerung durchschnittlich 3%. Rückblickend wäre also eine Indexierung der Renten von jährlich 3% sinnvoll gewesen. In einzelnen Jahren hätten die Erhöhungen über der Teuerung gelegen, in anderen Jahren darunter. Steigende Renten bedingen aber erheblich grössere Rückstellungen und eignen sich angesichts einer ungewissen Zukunft nur beschränkt zur Sicherung des Teuerungsausgleichs.

> **Indexierung**
> Meist wird unter dem Begriff Indexierung die Preisindexierung aufgrund des Landesindexes der Konsumentenpreise verstanden.

---

[1] UVG, Art. 34, Abs. 2.

Spezial

Ausgleich unterschiedlicher Altersstrukturen

Angesichts der Vielfalt von eigenständigen Personalvorsorgeeinrichtungen ist ein Ausgleich der unterschiedlichen Altersstruktur (Sicherheitsfonds, → S. 253) unverzichtbar, um für alle Rentner den Teuerungsausgleich zu gewähren und zu sichern. Verschiedene Systeme sind denkbar:

Gesamtschweizerischer Pool

Variante «Ausgabenumlageverfahren»

Die Beiträge für die Teuerungsanpassung sind von allen Personalvorsorgeeinrichtungen an einen zentralen Pool abzuliefern, der nachher den einzelnen Personalvorsorgeeinrichtungen die jährlichen Teuerungszulagen direkt ausrichtet.

Variante «Rentenwertumlageverfahren»

Auch hier erfolgt das Inkasso der Beiträge zentral. Anstelle einer jährlichen Ausrichtung der Teuerungszulagen werden die Barwerte der Teuerungszulagen an die einzelnen Personalvorsorgeeinrichtungen überwiesen. Zudem können Vorsorgeeinrichtungen, die keine Rückversicherung im Sinne von BVV 2, Art. 43, benötigten, den Teuerungsausgleich autonom durchführen und sind von der Beitragspflicht gegenüber dem Pool befreit.

Lastenausgleich

Variante «Fonds»

In Anlehnung an die Lösung der Lebensversicherer mit obligatorischen Teuerungsanpassungen der Hinterlassenen- und Invalidenrenten werden durch jährliche Mindesteinlagen dezentrale Schwankungsfonds gebildet. Jede Personalvorsorgeeinrichtung schliesst sich einem solchen Fonds an. Zwischen den einzelnen Schwankungsfonds erfolgt ein Lastenausgleich durch Zinsüberschüsse der Fonds mit positivem Saldo zugunsten jener mit negativem Saldo.

Variante «Zuschüsse»

Wie beim Sicherheitsfonds zum Ausgleich einer ungünstigen Altersstruktur haben alle Personalvorsorgeeinrichtungen einen Beitrag an eine zentrale Institution zugunsten des Lastenausgleichs zu entrichten. Vorsorgeeinrichtungen mit überdurchschnittlichen Kosten erhalten Zuschüsse, damit sie den Teuerungsausgleich gewähren können. Jene Personalvorsorgeeinrichtungen, die aufgrund ihrer Grösse den Teuerungsausgleich autonom durchführen, können von der Teilnahme an diesem Lastenausgleich entbunden werden.

19.4 Wohneigentumsförderung durch Vorbezug oder Verpfändung

Finanzielle Mittel der beruflichen Vorsorge konnten bis Ende 1994 nur teilweise zum Erwerb von selbst genutztem Wohneigentum verwendet werden. Seit dem 1. Januar 1995 erlaubt die Verordnung über die Wohneigentumsförderung (WEFV) den Versicherten den Vorbezug des Pensionskassenguthabens oder die Verpfändung der Pensionskassenansprüche. Damit die vorbezogene Summe auch künftig der Vorsorge dient, wird im Grundbuch eine Verkaufsbeschränkung eingetragen. Der Versicherte kann das Wohneigentum nicht nach Belieben veräussern. Auch muss der Ehepartner für den Vorbezug und die Verpfändung das schriftliche Einverständnis geben.

Für den Erwerb von Wohneigentum dürfen Gelder
- aus der obligatorischen beruflichen Vorsorge (gemäss BVG)
- aus der ausserobligatorischen beruflichen Vorsorge (Vor- und überobligatorische Vorsorge) und
- aus Freizügigkeitspolicen und -konti bezogen werden.

Diese Mittel können eingesetzt werden für
- den Erwerb und das Erstellen von Wohneigentum (Allein-, Mit- oder Stockwerkeigentum)
- die Rückzahlung von Hypothekardarlehen oder den Aufschub der Amortisation
- den Erwerb von Anteilscheinen einer Wohnbaugenossenschaft oder ähnlicher Beteiligungen.

19.4.1 Vorbezug

Mit einem Vorbezug erhält der Versicherte zusätzliches Eigenkapital für den Kauf von selbst genutztem Wohneigentum. Auf diese Weise lassen sich die Wohnkosten reduzieren. Der ausbezahlte Betrag ist sofort steuerpflichtig. Diese Steuerabgaben können je nach der Höhe des Bezuges und abhängig vom Kanton beträchtliche Summen erreichen.
Die Mindestsumme eines Vorbezuges beträgt CHF 20 000.–. Dabei besteht eine Ausnahme für Anteilscheine von Wohnbaugenossenschaften; für diese Beteiligungen sind niedrigere Bezüge gestattet.

Spezialfragen

Der Höchstbetrag entspricht bis zum Alter von 50 Jahren der aktuellen angesammelten Freizügigkeitsleistung. Nachher beträgt der maximale Vorbezug die Freizügigkeitsleistung, die im Alter 50 gültig war, oder die Hälfte des aktuellen Freizügigkeitsbetrages. Der Versicherte kann den jeweils höheren Betrag für den Erwerb von Wohneigentum einsetzen. Ein Bezug ist alle fünf Jahre möglich; spätestens jedoch drei Jahre vor der Pensionierung.

In der Regel verursacht jeder Vorbezug eine Einbusse, sowohl bei den Altersleistungen als auch beim Risikoschutz. Deshalb muss jeweils individuell abgeklärt werden, ob der Vorsorgeschutz bei Tod und Erwerbsunfähigkeit noch ausreicht. Oft empfiehlt es sich, dass der Versicherte mit einer Zusatzversicherung die entstandene Lücke schliesst. Die Kosten dieser Versicherung muss er selbst tragen; der Arbeitgeber und die Vorsorgeeinrichtung müssen sich nicht daran beteiligen.

Dem Versicherten steht es offen, das bezogene Kapital bis drei Jahre vor der Pensionierung zurückzuzahlen. Die Mindestsumme für eine Rückzahlung ist CHF 20 000.–.
Wenn jemand sein Wohneigentum, das mit Geldern aus der beruflichen Vorsorge finanziert wurde, verkauft oder an Dritte vermietet, muss er den Vorbezug an die Vorsorgeeinrichtung zurückzahlen.

19.4.2 Verpfändung

Als Alternative zu einem Vorbezug kann der Versicherte seinen Anspruch auf Vorsorgeleistungen (Alter, Invalidität, Tod) oder einen Betrag bis zur Höhe der Freizügigkeitsleistungen verpfänden. Damit lässt sich z. B. der Zinssatz für die 2. Hypothek reduzieren oder die Amortisationsverpflichtung aufschieben.
Freizügigkeitsleistungen können bis zum Alter von 50 Jahren maximal im Umfang der

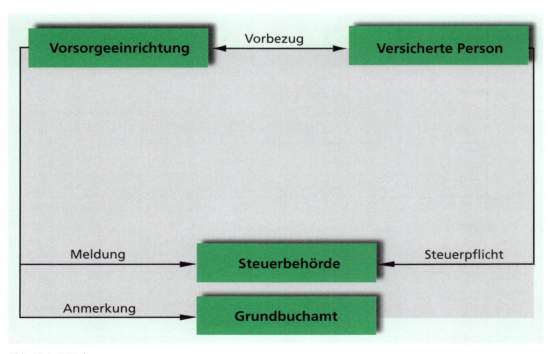

Abb. 19.4–1: Vorbezug

individuellen Freizügigkeitsleistung verpfändet werden. Ab 50 hat der Versicherte das Recht, entweder die Freizügigkeitsleistung im Alter 50 oder, falls dieser Betrag höher ist, maximal die Hälfte der aktuellen Freizügigkeitsleistung als Pfand einzusetzen. Bei einer Verpfändung ist kein Mindestbetrag vorgeschrieben. Der Vorteil einer Verpfändung von Freizügigkeits- und Vorsorgeleistungen besteht darin, dass der Vorsorgeschutz nicht unmittelbar beeinflusst wird. Nur nach einer Pfandverwertung muss der Versicherte eine niedrigere Rente in Kauf nehmen. Das Pfand bietet dem Gläubiger Sicherheiten, und der Pfandgeber kann z. B.

ein Hypothekardarlehen erhöhen, auf die Amortisation des Darlehens verzichten, diese aufschieben oder einen reduzierten Zins auf eine nachrangige Hypothek vereinbaren.

Verpfändete Ansprüche auf Vorsorgeleistungen bergen für den Pfandgläubiger das Risiko, dass diese Leistungen wegfallen können und damit das Pfand wertlos werden lassen (z. B. Todesfall: Wegfall der Altersrenten).

Im Falle einer Pfandverwertung von verpfändeten Freizügigkeitsleistungen besteht für den Gläubiger kein Risiko. Die Realisierung dieses Pfandes ist gesichert.

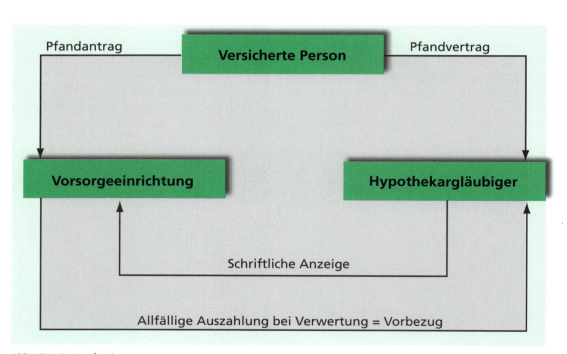

Abb. 19.4–2: Verpfändung

19.5 Begünstigung

Die Begünstigung von Drittpersonen auf das Todesfallkapital ist beschränkt möglich. Namentlich die Steuerbehörden begründen die Eingrenzung des Kreises der begünstigten Personen damit, dass die Beiträge der beruflichen Vorsorge voll von den Steuern abgezogen werden können. Als «Gegenleistung» dafür dürfen deshalb fällige Leistungen nur einem bestimmten Personenkreis zugute kommen.

Der Kreis der Begünstigten wurde von Bund und den meisten Kantonen in der Steuergesetzgebung näher umschrieben. Die Begünstigten können in drei Personenkategorien eingeteilt werden:

1. die gesetzlichen Erben
2. von der versicherten Person in erheblichem Masse unterstützte Personen
3. der geschiedene Ehegatte.

Die steuerlichen Vorschriften definieren einen Maximalrahmen. Das Vorsorgereglement kann Einschränkungen vorsehen. Im Gegensatz dazu ist es einer Personalvorsorgeeinrichtung aber verwehrt, im Reglement weitere Personen als Begünstigte zu bezeichnen, sonst riskiert sie den Entzug der Steuerbefreiung.

[1] Kreisschreiben Nr. 1 vom 30.1.1986.
[2] Kreisschreiben Nr. 1a vom 20.8.1986.

19.5.1 Begünstigte Personen

Bund

Die eidgenössische Steuerverwaltung begrenzte die Zulässigkeit der Begünstigung auf einen eng umschriebenen Personenkreis; nämlich auf diejenigen Personen, für deren Lebensunterhalt der Verstorbene aufzukommen hatte[1]. Auf Druck verschiedenster Kreise der beruflichen Vorsorge revidierte sie ihre Haltung jedoch nur wenige Monate später. Der Kreis der zu begünstigenden Personen wurde auf die nahen Verwandten ausgedehnt[2]. Somit können, unabhängig vom Erbrecht, folgende Personen begünstigt werden:

1. der Ehegatte
2. die Kinder, für deren Unterhalt die verstorbene Person im Zeitpunkt des Todes oder in den letzten Jahren davor ganz oder teilweise aufgekommen ist
3. die übrigen Personen, welche die verstorbene Person in erheblichem Masse unterstützt hat
4. die erbberechtigten Nachkommen der verstorbenen Person
5. die Eltern der verstorbenen Person
6. die Geschwister der verstorbenen Person oder deren Kinder.

Kollektivlebensversicherung

Sind keine der erwähnten Personen vorhanden, wird das halbe Todesfallkapital an die übrigen gesetzlichen Erben, unter Ausschluss des Gemeinwesens, ausgerichtet.

Kantone

Die Kantone erliessen ihrerseits Bestimmungen über die Steuerbefreiung von Einrichtungen der beruflichen Vorsorge und definierten den für eine allfällige Begünstigung zugelassenen Personenkreis. Zugelassen sind die gesetzlichen Erben sowie in erheblichem Masse unterstützte Personen.

19.5.2 Begünstigung für Freizügigkeit und bei gebundener Vorsorge

Die Verordnung[1] über die Freizügigkeit in der beruflichen Alters-, Hinterlassenen- und Invalidenvorsorge vom 3. Oktober 1994 (2. Säule) und die Verordnung[2] über die steuerliche Abzugsberechtigung für Beiträge an anerkannte Vorsorgeformen vom 13. November 1985 (Säule 3a) kennen eigene Begünstigungsordnungen. Im Hinblick auf einen allfälligen Lebenspartner bestehen zu den zuvor beschriebenen Ordnungen wesentliche Abweichungen, indem anstelle von «gesetzlichen Erben» von den «übrigen Erben» die Rede ist. Somit kann eine Person begünstigt werden, ohne dass eine erhebliche Unterstützung durch den Verstorbenen gegeben sein muss. Es reicht, dass sie aufgrund eines Testamentes bedacht wird und daher als testamentarischer Erbe der Personengruppe der «übrigen Erben» zuzurechnen ist.

---

[1] FZV, Art. 15.
[2] BVV3, Art. 2.

19.6 Steuern

Die Bundesverfassung enthält den Auftrag an den Bund, dafür zu sorgen, dass sich die berufliche Vorsorge auf weite Sicht ihrem Zweck entsprechend entwickeln kann[1]. Insbesondere wurde ins Auge gefasst, den Kantonen vorzuschreiben, Einrichtungen der beruflichen Vorsorge von der Steuerpflicht zu befreien[2]. In der Folge wurde im BVG der steuerlichen Behandlung der Vorsorge eigens ein Abschnitt gewidmet[3].

So sind gemäss BVG[4] die Personalvorsorgeeinrichtungen von den direkten Steuern des Bundes, der Kantone und der Gemeinden unter der Voraussetzung befreit, dass sie ausschliesslich der beruflichen Vorsorge dienen. Aufgrund dieses massiven Eingriffs in die Steuerhoheit von Bund, Kantonen und Gemeinden haben diese der Auslegung des Begriffes «ausschliesslich» grosse Beachtung geschenkt. Eine Verletzung des Ausschliesslichkeitsgebotes hätte den Verlust der Steuerbefreiung für die Personalvorsorgeeinrichtung zur Folge.

19.6.1 Überblick über die steuerlichen Vorschriften für die Steuerbefreiung der Personalvorsorgeeinrichtungen

Das BVG[5] sieht zunächst vor, dass Personalvorsorgeeinrichtungen von den direkten Steuern und von den Erbschafts- und Schenkungssteuern der Kantone und Gemeinden zu befreien sind. Die Steuerbefreiung wird sowohl Personalvorsorgeeinrichtungen gewährt, welche die obligatorische Versicherung durchführen, als auch Vorsorgeeinrichtungen, die ausserhalb des BVG eine zusätzliche berufliche Vorsorge betreiben[6].

---

[1] BV, Art. 111, Abs. 2.
[2] BV, Art. 111, Abs. 3.
[3] BVG, Art. 80ff.
[4] BVG, Art. 80, Abs. 2.
[5] BVG, Art. 80, Abs. 2.
[6] BVG, Art. 80, Abs. 3 und 4.

Abzug der Beiträge

Das BVG[1] regelt die Abzugsberechtigung der Beiträge an Personalvorsorgeeinrichtungen. Danach gelten die Beiträge der Arbeitgeber an Vorsorgeeinrichtungen als Geschäftsaufwand; sie können somit von den steuerbaren Einkünften bzw. vom Ertrag abgezogen werden. Abziehbar sind auch die von Arbeitnehmern und Selbstständigerwerbenden an Personalvorsorgeeinrichtungen geleisteten Beiträge. Dies gilt sowohl für Beiträge, die nach BVG geschuldet sind, als auch für solche, die darüber hinaus aufgrund der Reglemente im Rahmen der beruflichen Vorsorge entrichtet werden müssen. Die vom Lohn der Arbeitnehmer abgezogenen Beiträge sind gegenüber den Steuerbehörden im Lohnausweis zu bescheinigen; andere Beiträge sind durch eine Bescheinigung der Personalvorsorgeeinrichtung auszuweisen.

Steuerfreie anwartschaftliche Ansprüche

Das BVG[2] hält fest, dass Ansprüche aus Personalvorsorgeeinrichtungen vor ihrer Fälligkeit von den direkten Steuern befreit sind. Vor Fälligkeit der Leistungen unterliegen somit die Guthaben gegenüber der Personalvorsorgeeinrichtung nicht der Vermögenssteuer, und die daraus auflaufenden Erträge unterliegen nicht der Einkommenssteuer.

Besteuerung der fälligen Leistungen

Als Gegenstück zur vollen Abzugsberechtigung von Beiträgen der Selbstständigerwerbenden, der Arbeitgeber und der Arbeitnehmer besteht die volle Besteuerung der fälligen Leistungen[3]. Danach sind Renten und Kapitalabfindungen aus Personalvorsorgeeinrichtungen in vollem Umfang einkommenssteuerpflichtig. Dies schliesst jedoch eine reduzierte Besteuerung nicht aus. Während Bund und Kantone die Renten voll besteuern, reduzieren der Bund und einige Kantone die Besteuerung der Kapitalabfindungen auf einen Satz, wie er für eine gleichwertige Rente zu entrichten wäre, wenn diese getrennt vom übrigen Einkommen versteuert würde (Rentensatz oder Spezialsatz).

19.6.2 Übergangsregelung

Nach bisherigem Steuerrecht des Bundes und der meisten Kantone konnten die Beiträge der Arbeitnehmer und der Selbstständigerwerbenden nur beschränkt abgezogen werden. Die Gesetze sahen dementsprechend eine abgestufte Besteuerung der Leistungen vor. Die Abstufung ist im Allgemeinen in den Übergangsregelungen beibehalten worden. Diese Weiterführung der bisher geltenden reduzierten Besteuerung ist möglich[4].

Die volle Besteuerung der fälligen Leistungen gemäss BVG[5] trat für die bestehenden Vorsorgeverhältnisse nicht sofort in Kraft. Das BVG[6] sieht vor, dass bei Renten und Kapitalabfindungen aus Personalvorsorgeeinrichtungen keine Besteuerung von fälligen Leistungen erfolgt, wenn sie
– vor dem 1. Januar 1987 zu laufen begannen oder fällig wurden oder
– vor dem 1. Januar 2002 zu laufen beginnen oder fällig werden und auf einem Vorsorgeverhältnis beruhen, das am 31. Dezember 1986 bereits bestanden hat.

---

[1] BVG, Art. 81.
[2] BVG, Art. 84.
[3] BVG, Art. 83.
[4] BVG, Art. 98, Abs. 4.
[5] BVG, Art. 83.
[6] BVG, Art. 98, Abs. 4.

Spezialfragen

Die Übergangsregelung enthält einen Auftrag an Bund und Kantone, ihre Steuergesetze entsprechend auszugestalten. Im Rahmen ihrer Steuerhoheit haben die Kantone diesen Auftrag unterschiedlich verwirklicht:
- Einige Kantone haben auf eine Übergangsregelung verzichtet, da sie schon bisher den Abzug der Beiträge an die berufliche Vorsorge in beachtlichem Umfang zugelassen haben.
- Bei einigen Kantonen muss das Vorsorgeverhältnis schon früher (z. B. am 31. Dezember 1985) bestanden haben, damit die Übergangsregelung gilt.
- Gewisse Kantone haben die Besteuerung von Kapitalabfindungen geändert.

Die Übergangsfrist dauert bis am 31. Dezember 2001.

Neben den Steuervorschriften im BVG[1] kommt auch das Bundesgesetz über die direkten Bundessteuern (DBG) zur Anwendung. Diese Vorschriften gelten in gleicher Weise für die kantonalen Steuern und die direkte Bundessteuer. Sie betreffen nicht nur die obligatorische berufliche Vorsorge nach BVG, sondern auch die überobligatorische berufliche Vorsorge sowie die gebundene Selbstvorsorge (Säule 3a).

Generell gilt:
- Beiträge an steuerbefreite Personalvorsorgeeinrichtungen sind vom Einkommen bzw. Ertrag voll abziehbar. Das Stabilisierungsprogramm 1998 des Bundes begrenzt jedoch Einkäufe in die 2. Säule: Die Einkaufssumme in reglementarische Leistungen ist limitiert auf den oberen Grenzbetrag[2] multipliziert mit der Anzahl Jahre vom Eintritt in die Vorsorgeeinrichtung bis zum Erreichen des reglementarischen Rücktrittalters. Ausnahmen bestehen im Zusammenhang mit Ehescheidungen.
- Anwartschaftliche Ansprüche werden nicht, fällige Leistungen werden hingegen voll besteuert.

---
[1] BVG, Art. 79a, 80–84 und 98.
[2] BVG, Art. 8, Abs. 1.

19.7 Volle Freizügigkeit

Am 1. Januar 1995 löste das neue Bundesgesetz über die Freizügigkeit in der beruflichen Alters-, Hinterlassenen- und Invalidenvorsorge (FZG) die alte Verordnung aus dem Jahre 1986 ab und führte die schon lange geforderte «volle» Freizügigkeit in der beruflichen Vorsorge ein.

Ein Freizügigkeitsfall tritt ein, wenn die versicherte Person eine Vorsorgeeinrichtung verlässt, bevor ein Vorsorgefall eingetreten ist. Der Versicherte hat Anspruch auf eine Austrittsleistung, die ihm auf zwei Arten weitergegeben werden kann:

– Nach einem Stellenwechsel muss die bisherige Vorsorgeeinrichtung die Freizügigkeitsleistung in vollem Umfang an die neue Vorsorgeeinrichtung überweisen.
– Tritt der Versicherte in keine neue Vorsorgeeinrichtung ein, muss er seiner bisherigen Vorsorgeeinrichtung mitteilen, ob er seinen Vorsorgeschutz in Form einer Freizügigkeitspolice oder eines Freizügigkeitskontos aufrecht erhalten will.

Eine Barauszahlung ist nur in besonderen Fällen und mit der schriftlichen Zustimmung des Ehepartners möglich:
– bei Aufnahme einer selbstständigen Erwerbstätigkeit
– bei endgültigem Verlassen der Schweiz
– wenn die Freizügigkeitsleistung weniger als einen Jahresbeitrag der versicherten Person ausmacht.

19.7.1 Berechnung der Freizügigkeitsleistung

Das Vorgehen bei der Berechnung einer Freizügigkeitsleistung ist grundsätzlich davon abhängig, ob der Vorsorgeplan nach dem Beitrags- oder nach dem Leistungsprimat aufgebaut ist[1].

Das Gesetz regelt die Höhe der Eintrittsleistung nach dem Grundsatz: Austrittsleistung = Eintrittsleistung. Die Austrittsleistung (Freizügigkeitsleistung) muss Personen, die aus einer Kasse austreten, theoretisch den sofortigen Wiedereintritt bei

---
[1] FZG, Art. 15 bis 18.

Spezialfragen

gleicher Besoldung und gleichen versicherten Leistungen in dieselbe Kasse ermöglichen, ohne dass eine zusätzliche Einkaufssumme zu bezahlen ist.

Beim Austritt aus der Vorsorgeeinrichtung hat der Versicherte in jedem Fall Anspruch auf einen gesetzlichen Mindestbetrag. Dieser Betrag setzt sich zusammen aus

- den eventuell vorher eingebrachten Freizügigkeitsleistungen, verzinst mit dem BVG-Zinssatz von 4%
- den verzinsten Arbeitnehmer-Sparbeiträgen für die Zeit vom Eintritt bis zum Austritt aus der Vorsorgeeinrichtung
- einem Zuschlag auf den verzinsten Arbeitnehmer-Sparbeiträgen. Dieser Zuschlag beträgt für 21-Jährige 4 %, er erhöht sich jährlich um 4 % und erreicht maximal 100 % (für 45-Jährige). Der jährliche Zuschlag stellt eine (anteilsmässige) Vergütung der Arbeitgeberbeiträge dar.

Kollektivlebensversicherung

20 Versicherungsformen und Dienstleistungen

Die Personalvorsorgeeinrichtungen können die Versicherungsrisiken ganz oder teilweise selbst tragen bzw. teilweise oder ganz einer Lebensversicherungsgesellschaft übertragen (autonome und halbautonome Kassen, Vollversicherung).

Für den Verkauf und die Betreuung von Kollektivlebensversicherungen bilden die Versicherer eigens Spezialisten und Personalvorsorgeberater aus.

Die Einführung des BVG veranlasste die Lebensversicherungsgesellschaften, neue Tarife (z. B. einjährige Tarife, Stop-Loss-Rückversicherungen) zu berechnen und zusätzliche Dienstleistungen wie z. B. eigene Gewinn- und Verlustrechnung sowie elektronischen Datenaustausch anzubieten.

Kollektivlebensversicherung

20.1 Direktversicherung

Träger der Vorsorge muss gemäss Gesetz eine Vorsorgeeinrichtung in der Rechtsform einer
- Stiftung
- Genossenschaft oder
- Einrichtung des öffentlichen Rechts sein.

Als selbstständige juristische Person trägt die Vorsorgeeinrichtung das Risiko, die eingegangenen reglementarischen Verpflichtungen erfüllen zu können. Gemäss BVG umfassen die Versicherungsrisiken
- Alter
- Tod
- Invalidität[1].

Weitere effektive Risiken sind:
- Kapitalanlagerisiko
- Austrittsrisiko
- Verwaltungsrisiko.

Die drei letzten Risiken sind im BVG allerdings nicht explizit erwähnt. Allgemein sind alle kostenwirksamen Elemente als Risiken einer Vorsorgeeinrichtung zu betrachten. Eine Vorsorgeeinrichtung kann zwischen verschiedenen Risikoträgerformen wählen. Bei Stiftungen entscheidet der Stiftungsrat, ob die Vorsorgeeinrichtung das gesamte Risiko selbst tragen oder ob sie das gesamte bzw. einen Teil des Risikos extern versichern will. Eine Ausnahme gilt gemäss BVV2 für registrierte Vorsorgeeinrichtungen mit weniger als 100 aktiv Versicherten, welche über eine Rückversicherung verfügen müssen[2]. Man unterscheidet in der Regel beim Risikoträger zwischen Vollversicherungskassen (Kollektivversicherungen), halbautonomen und autonomen Kassen sowie bei der Versicherungsart zwischen Direkt- und Rückversicherungen.

Risikoträgerformen
Vollversicherungskassen (Kollektivversicherungen), halbautonome Kassen und autonome Kassen.

Vollversicherung
Die Vorsorgeeinrichtung überträgt das gesamte Risiko einer Lebensversicherungsgesellschaft.

20.1.1 Vollversicherungen

Bei der Vollversicherung überträgt die Vorsorgeeinrichtung das gesamte Risiko (inklusive der Kapitalanlage und die Teuerungsversicherung) auf eine Lebensversicherungsgesellschaft. Die Grundlage bil-

---

[1] BVG, Art. 67; BVV2, Art. 42.
[2] BVG, Art. 43, Abs. 1, Bst. b.

Versicherungsformen und Dienstleistungen

det der zwischen der Vorsorgeeinrichtung und dem Versicherer abgeschlossene Kollektivversicherungsvertrag. Die Vorsorgeeinrichtung bezahlt die nach dem Kollektivtarif berechneten Prämien. Der Versicherer erbringt die entsprechenden Versicherungs- und Freizügigkeitsleistungen sowie eine Vielzahl von Durchführungsdienstleistungen. Die Stiftung selbst dient weitgehend als der vom Gesetz geforderte Rechtsträger und als Durchlaufstelle.

20.1.2 Halbautonome Kassen

Eine Vorsorgeeinrichtung in der Form einer selbstverwalteten Sparkasse, verbunden mit einer Risiko-Kollektivversicherung, wird in der Regel als **halbautonome Kasse** bezeichnet. Die Durchführung der Sparkasse und die zugehörigen Kapitalanlagen und das Risiko für das Alter, meist nur für die Phase der Anwartschaft (Sparphase bis zum Schlussalter), übernimmt die Stiftung auf eigenes Risiko. Die Risiken Tod, Invalidität und Teuerungsversicherung sowie meistens auch Langlebigkeit (laufende Altersrenten) inklusive der zugehörigen Kapitalanlagen überträgt die Stiftung wie bei der Vollversicherung auf eine Lebensversicherungsgesellschaft. Die Grundlage für die Beziehung zwischen der Vorsorgeeinrichtung und dem Versicherer bildet der Risiko-Kollektivversicherungsvertrag. Die Prämien für das übernommene Risiko werden nach dem geltenden Kollektivtarif berechnet.

20.1.3 Autonome Kassen

Als **autonome Pensionskassen** werden Vorsorgeeinrichtungen bezeichnet, die ihre Mitglieder vollständig oder nahezu vollständig auf eigene Rechnung und Gefahr versichern. Die Risikogemeinschaft besteht somit lediglich aus der Gesamtheit aller Kassenmitglieder. Eine autonome Vorsorgeeinrichtung trägt alle Risiken (Alter, Tod, Invalidität, Kapitalanlage, Verwaltungsrisiko usw.) und besorgt auch die Verwaltung. Aufgrund der zu erwartenden Risikoschwankungen muss eine solche Kasse in der Regel einen grossen Personenbestand aufweisen.

> **Autonome Kassen**
> Diese Pensionskassen tragen sämtliche Risiken.
>
> **Halbautonome Kasse**
> Eigene Sparkasse für das Alter. Die übrigen Risiken werden auf eine Lebensversicherungsgesellschaft übertragen.

Kollektivlebensversicherung

20.2 Rückversicherung

Laut BVV2[1] muss eine Vorsorgeeinrichtung, welche die Risiken selbst tragen will, über eine Rückversicherung verfügen, wenn
- der Experte für berufliche Vorsorge dies als notwendig erachtet oder
- der Vorsorgeeinrichtung weniger als 100 aktive Versicherte angehören.

Aufgrund dieser gesetzlichen Bestimmungen ist die berufliche Vorsorge in Form einer autonomen Kasse ohne gute und flexible Rückversicherungsmöglichkeiten nur für wenige Unternehmungen möglich.

Nebst der vollumfänglichen Versicherung der Risiken Alter, Tod und Invalidität bei einer Lebensversicherungsgesellschaft, die als 100%ige Rückversicherung interpretiert werden kann, werden spezielle Versicherungsformen für die Rückversicherung angeboten. Eine Vorsorgeeinrichtung, die selbst versicherungstechnische Risiken tragen will, muss eine genaue Risikoanalyse vornehmen. Diese wird in der Regel durch einen anerkannten Pensionsversicherungsexperten erstellt. Erst aufgrund dieser Analyse zeigt sich, welche Risiken rückversichert werden müssen und welche selbst getragen werden können.

Die wichtigsten Rückversicherungsmöglichkeiten sind:
- Excess-of-Loss-Rückversicherung
- Stop-Loss-Rückversicherung
- Rückversicherung des Einzelrisikos.

20.2.1 Excess-of-Loss-Rückversicherung

Grundsätzlich trägt die Vorsorgeeinrichtung das Risiko bis zu einer maximalen Risikosumme pro versicherte Person, z. B. CHF 100 000.–. Dieser Betrag wird als Selbstbehalt bezeichnet. Der Teil, der die Risikosumme übersteigt, wird individuell für jeden Versicherten durch eine Kollektivversicherung rückversichert. Ist bei einem allfälligen Eintritt des versicherten Ereignisses der Schaden grösser als der Selbstbehalt, wird der **Excedent** aus der Excess-of-Loss-Versicherung vergütet.

Für diese Art der Rückversicherung von individuellen Spitzenrisiken zahlt die Vorsorge-

Excedent
Über die gewährte Versicherungssumme hinausgehender Betrag.

[1] BBV2, Art. 43, Abs. 1.

einrichtung dem Versicherer eine Prämie. Zur Berechnung der Prämien wird der geltende Kollektivtarif angewandt.

20.2.2 Stop-Loss-Rückversicherung

Die Stop-Loss-Rückversicherung ist ein Verfahren, welches das Gesamtrisiko, das eine Vorsorgeeinrichtung trägt, beschränkt. Mit dem Rückversicherer wird vereinbart, dass die Vorsorgeeinrichtung pro Rückversicherungsperiode (z. B. Versicherungsjahr, Kalenderjahr) höchstens für eine Gesamtrisikosumme von z. B. CHF 500 000.– selbst aufkommt (Selbstbehalt). Bewirken die in der Beobachtungsperiode eingetretenen Versicherungsfälle höhere Leistungen als der Selbstbehalt der Vorsorgeeinrichtung, wird der Schaden über diesem Grenzwert vom Stop-Loss-Versicherer übernommen. Stop-Loss-Versicherungen sind selbst für grössere und grosse Versicherungsbestände sinnvoll, z. B. bei autonomen Kassen. Wird ein hoher Selbstbehalt gewählt, hat die Stop-Loss-Versicherung den Charakter einer «Katastrophenrückversicherung». Sie kommt nur dann zum Zug, wenn eine unglückliche Häufung von Versicherungsfällen auftritt. Als Stop-Loss-Versicherer treten auf dem Markt Lebensversicherer, Schadenversicherer und Rückversicherer auf.

20.2.3 Rückversicherung des Einzelrisikos

Aufgrund einer Risikoanalyse kann es sinnvoll sein, durch eine Risikoauslese nur ein einzelnes Risiko an eine Rückversicherung abzutreten. Dies bedeutet, dass z. B. nur das Todesfallrisiko oder nur das Invaliditätsrisiko rückversichert wird. Nicht zu unterschätzen ist auch das Risiko der Langlebigkeit. Eine steigende Lebenserwartung verstärkt das Risiko auf laufenden Altersrenten, was je nach Struktur einer Vorsorgeeinrichtung dazu führen kann, dass dieses Risiko einer Lebensversicherungsgesellschaft übertragen werden muss.

20.3 Verkauf und Betreuung

Der Verkauf im Kollektivlebensgeschäft erfordert zusätzlich umfassende rechtliche und betriebswirtschaftliche Kenntnisse, z. B. im Bereich des ZGB, OR, VVG, BVG, der Steuergesetze und der zugehörigen Verordnungen, der Gesamtarbeitsverträge usw. Verhandlungspartner sind Unternehmensleiter oder Kaderangestellte, deren Hauptaufgabe im Betrieb oft nichts mit Versicherung und auch nicht mit der Personalvorsorge zu tun hat. Lebensversicherungsgesellschaften, die Kollektivverträge verkaufen und betreuen, haben deshalb als spezialisierte Dienstleistungsunternehmen eine äusserst wichtige und mit grosser Verantwortung verbundene Aufgabe zu erfüllen. Diese Tätigkeit beeinflusst auch die Sozialpartnerschaft von Arbeitgeber und Arbeitnehmer.

20.3.1 Beratung

In der beruflichen Vorsorge bewegt sich die Beratung nicht mehr auf der individuellen, sondern auf der kollektiven Ebene. Neben den Bedürfnissen der verschiedenen Arbeitnehmerkategorien spielen die finanziellen Möglichkeiten der Unternehmung oder der Personalvorsorgeeinrichtung eine grosse Rolle. Die Beratung umfasst die Übernahme von Risiken, das Durchführen der Vorsorge sowie das Anlegen und die Verwaltung von Vermögen.

Verschiedene Aspekte sind dabei von besonderer Bedeutung:
– Form des Risikoträgers: Kollektivversicherung, teilautonome Pensionskasse oder Spareinrichtung mit Risikoversicherung, autonome Pensionskasse mit Rückversicherung oder autonome Pensionskasse
– Spezifische Rechtsverhältnisse für: Stiftung/Sammelstiftung/Gemeinschaftsstiftung, Arbeitgeber, Arbeitnehmer und Versicherer, Aufgaben und Verantwortlichkeiten des Stiftungsrates
– Finanzierungsform: Beitrags- oder Leistungsprimat
– Art der Kasse: Komplementärkasse, umhüllende Kasse oder Splitting
– Produkte der Kollektivversicherung: Vollversicherung, Sparkassen-Risikolösung, Risikoversicherung, Excess-Loss-Versicherung, Stop-Loss-Versicherung, Kapitalanlagevertrag oder Einnahmen-Ausgaben-Rechnung.

Versicherungsformen und Dienstleistungen

In der Regel sind für die Beratung der 2. Säule Spezialisten zuständig. Je nach Gesellschaft operieren sie vom Hauptsitz oder von einer grösseren Verkaufsstelle aus. Jede Versicherungsgesellschaft, die Kollektiv-Versicherungsverträge betreut, hat in der Regel einen oder mehrere eidgenössisch diplomierte und damit gemäss BVV automatisch anerkannte Pensionsversicherungsexperten oder beruflich qualifizierte und offiziell anerkannte Experten der so genannten «Übergangsgeneration»[1]. Diese werden für die Spezialausbildung der Personalvorsorgeberater eingesetzt, und sie üben die Expertenfunktion für ihre Kunden aus, sofern diese es wünschen.

20.3.2 Kompetenzen

Jede Versicherungsgesellschaft hat eigene Abschlussrichtlinien. Diese können gebietsmässig oder nach Grösse geordnet sein. Vielfach ist in der Praxis eine Kombination derselben anzutreffen.

Der Aussendienstmitarbeiter, der für Kollektivabschlüsse ausgebildet ist, besitzt die Kompetenz, bis zu einer bestimmten Betriebsgrösse und eventuell innerhalb eines bestimmten Gebietes Kollektiv-Versicherungsverträge abzuschliessen. Für grössere Betriebe muss er den gebietszuständigen Spezialisten beiziehen, der seinerseits eine Abschlusskompetenz wiederum bis zu einer bestimmten Grenze hat. Bei Grossgeschäften besitzt in der Regel ein Unternehmungsberater (Firmenberater) des Hauptsitzes mit langjähriger Branchenerfahrung die Kompetenz für den Vertragsabschluss.

---

[1] BVG, Art. 53, Abs. 2–3; BVV2, Art. 37–41.

Kollektivlebensversicherung

20.4 Spezialdienstleistungen

20.4.1 Eigene Gewinn- und Verlustrechnung

Einnahmen
- Bruttoprämien
- Kapitalerträge
- Leistungen aus Überschäden

Ausgaben
- ausbezahlte Leistungen
- Reserven
- Verwaltungskosten
- Überschaden-Risikoprämie

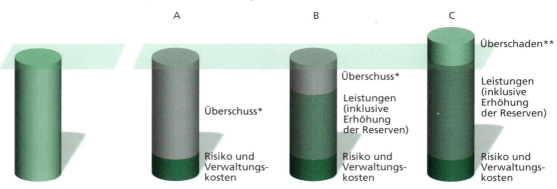

* Wird dem Kunden vergütet.
** Wird vom Versicherer übernommen (Stop-Loss-System) bzw. auf neue Rechnung übertragen (Verlustvortrags-System).

Die Grafik zeigt schematisch eine versicherungstechnische Erfolgsrechnung. Dabei werden für die folgenden drei Varianten A bis C jeweils folgende Annahmen getroffen:

Variante A: In der Abrechnungsperiode werden keine Leistungen fällig.

Variante B: Die fällig werdenden Leistungen bewegen sich in einem bescheidenen Rahmen, sie übersteigen zusammen mit den Risiko- und Verwaltungskosten die Einnahmen nicht.

Variante C: Es entsteht ein so genannter Überschaden.

Abb. 20.4–1: Versicherungstechnische Erfolgsrechnung

Die eingangs dieses Kapitels umschriebenen Versicherungsformen können, falls die Vorsorgeeinrichtung mehr als ca. 300 Aktive hat, mit einer eigenen Gewinn- und Verlustrechnung im Sinne einer individuellen Nachkalkulation kombiniert werden. Die Vorsorgeeinrichtung erhält eine eigene versicherungstechnische Erfolgsrechnung.

Der Begriff Erfolgsrechnung ist im Sinne des Rechnungswesens nicht ganz korrekt. In der Praxis wird auch von Einnahmen-/Ausgabenrechnung gesprochen. Diese versicherungstechnische Rechnung ermöglicht einen besseren Überblick über die firmenspezifischen Versicherungsvorgänge, und bei positivem Geschäftsverlauf werden die sich ergebenden, zusätzlichen Überschüsse aus dieser kassenindividuellen Erfolgsrechnung direkt an die Personalvorsorgeeinrichtung ausbezahlt. Ein allfälliger Verlust wird mittels einer Überschaden-Risikoversicherung (Stop-Loss-Versicherung) abgedeckt, oder er wird auf die nächste Abrechnungsperiode übertragen. Bei der Überschadenversicherung wählt die Vorsorgeeinrichtung einen Selbstbehalt nach ihren Bedürfnissen.

20.4.2 Elektronischer Datentransfer mit Kunden (EDK)

Der elektronische Datentransfer zwischen der Vorsorgeeinrichtung und dem Versicherer bietet im Meldewesen bedeutende Vereinfachungen. Der Kunde kann über Internet direkt in das System der Versicherungsgesellschaft einsteigen und Daten abfragen oder Meldungen übermitteln.

20.4.3 Anlagestiftungen für Personalvorsorgeeinrichtungen

Grössere Unternehmen wünschen häufig mehr Handlungsspielraum für die Kapitalanlagen ihrer Personalvorsorgeeinrichtungen. Sie wollen gewinnträchtige Chancen nutzen und sind bereit, zusätzliche Risiken zu tragen. Diese Möglichkeiten bieten Anlagestiftungen, wie sie von diversen Gesellschaften angeboten werden.
Eine Anlagestiftung erweitert den finanziellen Spielraum der Personalvorsorgestiftung und lässt sie von besseren Ertragsmöglichkeiten profitieren. Gegenüber einer reinen Versicherungslösung nimmt jedoch der Verwaltungsaufwand zu, und das Risiko bezüglich der Vermögensentwicklung und Kapitalerträge muss selber getragen werden. Die Anlagestiftungen werden ebenso wie alle anderen Vorsorgestiftungen vom Bund beaufsichtigt. Sie bestehen häufig aus den verschiedenen angeschlossenen Vorsorgeeinrichtungen, die gemeinsam das oberste Stiftungsorgan bilden. Damit ist die Möglichkeit zur Mitsprache und Mitbestimmung gewährleistet. Die Stiftungsmitglieder können aus verschiedenen Anlagegruppen (z. B. Obligationen In- oder Ausland, Aktien In- oder Ausland, BVG-Mix) wählen, die voneinander unabhängig sind. Jede dieser Anlagegruppen wird nach den Weisungen des Anlageausschusses zusammengesetzt. Der Ausschuss konstituiert sich aus Mitgliedern der Stiftung. Eine oder mehrere der Anlagegruppen können ausgewählt werden. Die Anteile lassen sich jederzeit zum jeweiligen Bewertungskurs kaufen oder verkaufen. Die Anlagen sind somit breiter diversifiziert, und es müssen keine Einzeltitel gehandelt werden, was ein tieferes Risiko sowie niedrigere Kosten zur Folge hat.

Stichwortverzeichnis

3-Säulen-Konzept, Grundlagen 42, 240
3-Säulen-Konzept, Zielsetzungen 42f.
3-Säulen-System, Äquivalenz im 50
3-Säulen-System, Solidarität im 50

A

Abfindung 89
Abfindungswerte 89
Absatzkanäle 141ff.
Abschlusskompetenzen 307
Abschlusskosten 81, 89, 101
Abschlusskosten,
   nicht amortisierte 78, 89
Abschlussrichtlinien 307
Abschlussvergütung 81
Abtretung von
   Versicherungsansprüchen 172
AHV-Jahreslohn 271
AHV/IV Verfassungsgrundlage 240
Allfinanz 21, 148f.
Alphakosten 15
Altersguthaben 243, 250
Altersgutschriften 251
Altersleistungen 275
Altersrente, Vorbezug 285
Altersrente, Aufschub 286
Altersrente, Tarifierung 84

Amortisationsabzug 266
Analyse, funktionsorientierte 28
Anamnese 159
Änderungen der Versicherung 170f.
Änderungen der Versicherung,
   Abtretung 171
Änderungen der Versicherung,
   Begünstigung 171
Änderungen der Versicherung,
   nichttechnische 171
Änderungen der Versicherung,
   technische 170
Anlegen 27, 29
Anpassung der AHV/IV-, BVG-,
   UVG-Renten 45
Anrechnung 93
Anrechnungswerte, spezielle 91f.
Antiselektion 257
Antragsprüfung 160f.
Anwerbebetrieb der Lebens-
   versicherungseinrichtungen 213
Anzeigepflicht 162
Anzeigepflichtverletzung 162, 177
Äquivalenz, kollektive 98, 106
Äquivalenzprinzip 98, 119
Äquivalenzprinzip, individuelles 98
Arztgeheimnis 160f.
Asset Allocation 27
Asset – Management 263

Stichwortverzeichnis

Auffangeinrichtung 243, 254
Aufsicht 247
Aufsichtsverordnung 195
Ausbildungsende 69
Ausgaben für Versicherungen 51
Ausgabenumlageverfahren 292
Ausgeben 26
Ausscheideursachen 65, 69, 77f.
Ausschluss 93
Aussendienst 142ff.
Aussendienst, Ausbildung 143
Aussendienst, Führung 145
Aussendienst, Anforderungen 142
Aussendienst, Entschädigung 144
Auszahlungsverfügung 176
Autonome Kassen 305

B

Banken 21, 148
Barabfindung 90
Barwert 116ff.
Bedingungen, erschwerte 162f.
Begünstigte Personen 208, 293f.
Begünstigung 207ff., 293f.
Begünstigung, Abänderung der 208
Begünstigung, Auslegung der 208f.
Begünstigung, unwiderrufliche 208
Beitrag an den Sicherheitsfonds 252
Beitrag für Sondermassnahmen 252
Beiträge 280ff.
Beitragsprimat 272f.
Beitragsregelung 280
Beitragssystem, gestaffeltes 281
Beitragssystem, nivelliertes 281
Belehnung der Police 172
Beraten 30
Berufliche Vorsorge, Gesetz 249f.
Berufliche Vorsorge, Obligatorium 249
Berichtigungsrecht 166
Best Advice 147
Bestandesbetreuung 82, 168
Bestandesprämien 124
Besteuerung der Leistungen 218
Betakosten 81

Betreibungsrechtliche Privilegien 211f.
Betriebliches Obligatorium 269
Bindefrist 158
Bonität 66
Bonus 113f.
Brandstretching 62
Bruttobasis 134
Bruttoprämien 101f.
Bundesamt für Privatversicherungswesen (BPV) 82, 257
BVG-Grenzbetrag 218, 249
BVG-relevant, nicht relevant 245

C

Cashflow 59
Convenience 149
Cross-Selling-Angebote 37

D

Darlehen 66
Datentransfer 311
Deckungskapital 90, 116ff.
Deckungskapitalberechnung 118
Deckungskapital, gezillmertes 120ff.
Depotsaldo 87
Depotvertrag 87
Deregulierung 61, 84
Diagnoserisiko 131
Dienstaustritt 276
Direkt-Marketing-Unterstützung 144
Direktverkauf 151
Dread Disease 179

E

Einfache Vorsorgestiftung 246
Einkommenssteuer 217ff.
Einmalprämie 86, 99
Einnehmen 26
Einschluss 93
Eintrittsgeneration 48, 253

Erbrechtliche Besonderheiten 210
Erbrechtliche Herabsetzungsklage 210
Erbschaftssteuer 224ff.
Ergänzungsleistungen 238
Ergänzungversicherungen 186
Erlebensfall 69, 174
Erlebensfallleistung 69
Erlebensfallversicherung 184
Erschwerungsarten 163f.
Erwartungswerte 97
Erwerbsunfähigkeit 175, 185f.
Erwerbsunfähigkeitsversicherung 185f.
Etappenplan 183
EU, Einfluss der 22
Excess-Of-Loss-Rückversicherung 306
Experte für die berufliche Vorsorge 246

F

Fabrikgesetz 237
Fabrikkassen 237
Finanzdienstleistung 28
Finanzieren 27
Finanzierung 280
Finanzierungsplan 279
Finanzierungssysteme 47
Finanzierungsverfahren 47f., 106
Finanzierungsverfahren,
    individuelle Methode 106
Finanzierungsverfahren,
    kollektive Methode 106
Follow-up 37
Freizügigkeit 253, 275
Freizügigkeitsfall 298
Freizügigkeitsgesetz 298
Freizügigkeitsleistung 298f.
Fremdwährungspolicen 189
Fürsorgefonds 237

G

Gammakosten 81
Garantiefonds 198
Gebundene Vorsorge 217, 223

Gemeinschaftsstiftung 246
Gemischte Versicherung 182f.
Gemischtes Leistungssystem 274
Gentechnologie 179
Gesamtberatung 154
Gesellschaftsarzt 161
Gesetz der grossen Zahl 70
Gesetzliches Eintrittsrecht 212
Gesetzliches Obligatorium (BVG) 249f.
Gesplittete Kassen 258
Gesundheitsdienst 156
Gesundheitszustand 159
Gewinn- und Verlustrechnung 308
Gleichbehandlung 284f.
Gleichstellung 284f.
Grenzsteuersatz 27
Grobfahrlässigkeit 176
Grundlagen 1. Ordnung 75
Grundlagen 2. Ordnung 75
Grundlohn 271
Gruppen-Kapital-Männer 1995
    (GKM 95) 73

H

Halbautonome Kassen 303
Heirat 69
Herausforderungen 61f.
Heredität 159
Hilfskassen 236
Hinterlassenenleistungen 274
HIV-Test 160

I

Indexierung 291
Informatikunterstützung 144
Inkasso 82
Inkassokosten 82, 101
Inkassoprovisionen 82
Insolvenzsicherung 253f.
Integration Europas 61
Invalidisierung 77f.
Invalidisierungshäufigkeit 78

Stichwortverzeichnis

Invalidität 69, 185
Invaliditätsleistungen 275
Inventardeckungskapital 122, 266

J

Jahresprämie 86
Jahressteuer 220

K

Kapazität, Zeichnungs- 132
Kapitalanlagen 66f.
Kapitaldeckungsverfahren 48f.
Kapitalzahlung 69
Käufermarkt 23
Kautionsgesetz 194
Kollektivlebensversicherung 243
Kollektivversicherung 153
Kollektivversicherungsvertrag 265f.
Kollektivversicherungstarif 257
Konkurrenz 28
Konsumenten, kritische 61
Kontrolle 246, 253
Kontrollstelle 246f.
Koordination mit anderen
 Personenversicherungen 53
Koordinationsabzug 249f.
Koordinierter Lohn 270f.
Koordinierung mit der
 AHV und IV 276
Koordinierung mit der
 Krankentaggeldversicherung 277
Koordinierung mit der
 UV und MV 277
Kosten 65, 81ff.
Kosten, prämienproportionale 81
Kosten, versicherungssummen-
 proportionale 81
Kostenprämie 103
Kostenüberschuss 109, 112
Kostenzuschläge 101
Kriegerische Ereignisse 177f.
Kriegsklausel 177

Kriegsumlagebeitrag 177
Krisenzeiten 80
Kundenbetreuung 171
Kundenkonto 87
Kundensegmentierung 36
Kundenzeitschriften 155
Kündigung des Vertrages 89

L

Lead 144
Lebenserwartung 71, 77
Lebensversicherung,
 fondsgebundene 189
Lebensversicherung,
 indexgebundene 189
Leistungen 1. und 2. Säule 44ff.
Leistungsarten 274
Leistungsbarwert 97
Leistungsbeschränkungen 176ff.
Leistungserhöhung 113
Leistungsform 274
Leistungshöhe 92
Leistungspflicht 174
Leistungsprimat 105, 272
Liability-Management 263
Lohndefinitionen 271f.

M

Mahnverfahren 82
Makler 146
Marketing-Mix 57
Marktsegmentierung 35f.
Materielle Prüfung 159
Medizinische Prüfung 159
Mehrfachagenten 146
Mindestkapital 197
Mindestzinssatz 67, 251f.
Mitwirkung 247
Mitwirkung, paritätische 247f.

N

Nachtragserklärung 166
Nachversicherungs-Garantie 170
Nebenberufliche Vermittler 145
Nettodeckungskapital 122
Nettoprämien 102

O

Offertsystem 154
Operationskostenbeiträge 176
Organisationsfonds 197

P

Pensionierung, flexible 285f.
Personalfürsorgeeinrichtung 237
Personalvorsorgekommission 248
Pflichtteile 210f.
Planmässigkeit 248
Police 166
Prämie, ausstehende 88
Prämie, Betreibung der 82
Prämie, bezahlte 88
Prämie, fällige 88
Prämie, nivellierte 99
Prämie, verdiente 88
Prämie, vorausbezahlte 88
Prämien, natürliche 99
Prämien, periodische 99
Prämien, Rabatte 102
Prämien, Zahlungsweise 99
Prämienarten 99
Prämienbarwert 99
Prämiendepot 87
Prämienelemente 103f.
Prämienfreie Versicherung 171
Prämienkalkulation 65, 95
Prämienkonto 87
Prämienkontokorrent 87
Prämienprimat 105
Prämienreduktion 93, 113
Prämienrückerstattung 88
Prämienrückgewähr 184, 188
Prämiensperrdepot 87
Prämienstand 88
Prämienübertrag 88
Prämienzahlung 169
Prämienzahlungsarten 86f.
Prämienzuschlag 99
Preisentwicklung 252
Problemlösungsprozess 154
Produkte-Lebenszyklus-Konzept 36
Produktivität 22
Prognoserisiko 131f.
Prolongationsklausel 265
Provisorische Versicherung 158
Psychografische Kriterien 36

Q

Quellenbesteuerung 218

R

Rauchen 160
Reaktivierung 69
Rechnungsgrundlagen 65, 95
Rechnungszinssatz 67
Recht des Begünstigten 208
Rechtsform 197
Register für die berufliche Vorsorge 245
Reglement 248, 268
Regress 279
Rentabilität 22
Rentenalter 69, 285
Rentensatzbesteuerung 218, 220
Rentenstammrecht 227
Rententafel 76
Rentenversicherungen 187f.
Rentenzahlung 69
Risiko, objektives 160
Risiko, subjektives 80, 160
Risiko, versicherungstechnisches 131
Risikoauslese, negative 90
Risikobasis 135

Risikobeiträge 252
Risikoprämie 103f.
Risikoprüfung 81
Risikosumme 104
Risikotarife, einjährige 243
Risikoträgerformen 302
Risikoüberschuss 108f., 112
Risikoversicherung 184f.
Risikozuschlag 104
Risikozwischenversicherung 93f.
Rückerstattungswert 266
Rückkauf 69, 78, 88, 90, 93, 172f.
Rückkaufsabzug 90f.
Rückkaufswert 78, 88, 90f.
Rückstellungen 116
Rückstellungen, pauschale 124
Rückstellungsdepot 134f.
Rückversicherung 130ff.
Rückversicherung des Einzelrisikos 305
Rückversicherungsmöglichkeiten 304

S

Sammelstiftung 246
Schadenfall 172
Schenkungssteuer 224ff.
Schützen 26
Schweigepflicht 160
Selbstständigerwerbende 153
Selbstmord 177
Selbstvorsorge 52
Selektion 143
Selektionssterbetafel 75f.
Seniorenberatung 155
Sicherheitsfonds 243, 252
Sicherheitszuschläge 75
Sicherstellen der Kapitalanlagen 202ff.
Sicherungsfonds 197, 202ff.
Solvabilitätsspanne 197f.
Sorgfaltspflicht 161
Soziodemografische Daten 36
Sparen 27
Sparprämie 104
Spartentrennung 197
Spezialsatzbesteuerung 220

Spitaltaggeld 176
Status 159
Sterbetafel 72f.
Sterbetafel, geglättete 74
Sterbewahrscheinlichkeiten 70f.
Sterbewahrscheinlichkeiten, Ausgleich der 74
Sterbewahrscheinlichkeiten, einjährige 71, 76
Sterbewahrscheinlichkeiten, rohe 74
Sterblichkeit 70f.
Steuerabzug 218
Steuerbefreiung 295f.
Steuerfragen 154
Steuerprivilegien 210
Steuervorteile 61
Stiftung 245f.
Stiftungsrat 246
Stiftungsurkunde 245
Stillschweigende Vertragserneuerung 265
Stop-Loss-Rückversicherung 307
Stornierung 69, 78
Stornoabzug 90
Stornobekämpfung 171
Strukturvertriebsorganisationen 146
Stückkosten 102
Substitutionskonkurrenz 25, 28

T

Tarifgarantie 78
Tarifgefüge 243
Tarifierung 96
Tarifprämie 92
Tarifrevisionen 84
Technische Änderungen 93f.
Teilrückkauf 93
Teilumwandlung 93
Terminversicherung 89, 183
Teuerung 287f.
Teuerungsausgleich 288
Teuerungsversicherung 243
Tod 69
Todesfall 174f.
Todesfälle 71

Todesfallversicherung 184f.
Todesfallversicherung, lebenslange 89
Todesfallversicherung, temporäre 89
Transferwerte 91f.

U

Überbrückungsrenten 289
Überschussverwendung 113f.
Überlebenszeitrente 184f.
Überschaden-Risikoversicherung 311
Überschussbeteiligung 107, 213
Überschussquellen 108
Überschusssysteme 110f.
Überschusssystem, mechanisches 111
Überschusssystem, natürliches 111
Übersterblichkeit 162
Umfang der Leistungen 275
Umhüllende Kassen 258
Umlageverfahren 47
Umwandlung 78, 90f.
Umwandlungssatz 250
Umwandlungswerte 91, 93
Underwriting 71, 74, 160f.
Unfall 69
Unfallbuckel 74
Unverfallbarkeit 169

V

Verbot von versicherungsfremden
 Geschäften 196f.
Vereinigung privater Lebensversicherer
 (VPL) 83
Verkäufermarkt 20
Verkaufsförderungsmassnahmen 144
Verkaufsprozess 156
Verkaufsunterstützung 144
Verletzung der Anzeigepflicht 208
Vermitteln 30
Vermittler 145f.
Vermögensplanung 155
Vermögenssteuer 223
Verpfändung der Police 172

Verpfändung der
 Pensionskassenansprüche 291f.
Verrechnungssteuer 229f.
Versichertensterblichkeit 74f.
Versicherter Jahreslohn 249
Versicherter Lohn 271
Versicherter Personenkreis
 1. und 2. Säule 43f.
Versicherung auf fremdes Leben 265
Versicherung, beitragsfreie 90
Versicherung, gemischte 182f.
Versicherung, vermögensbildende 182ff.
Versicherungsbedingungen 205f.
Versicherungsbedingungen,
 allgemeine 205
Versicherungsbedingungen,
 besondere 206
Versicherungsdauer 92
Versicherungseinrichtungen,
 Sitz im Ausland 198f.
Versicherungseinrichtungen,
 Sitz in der Schweiz 196f.
Versicherungskasse Zürich (VZ) 76
Versicherungsträger 196f.
Versicherungstreuhänder 146
Versicherungsvertrag,
 regulärer Ablauf 69
Versicherungszentren 146
Verteilen 27
Vertragsabschluss 158
Vertragsauflösung 89ff.
Vertriebskosten 90, 92
Verwalten 30
Verwaltungskosten 82f., 101f.
Verwaltungskosten, allgemeine 81
Verzicht 69, 78, 90, 173
Verzinsliche Ansammlung 113
Verzugsfolgen 169
Volkssterbetafeln 77, 83
Volkssterblichkeit 74
Vollversicherung 304f.
Vorbezug der Versicherungsleistung 172
Vorbezug des
 Pensionskassenguthabens 290f.
Vorsorge 42ff.
Vorsorge, überobligatorische 245

317

Stichwortverzeichnis

Vorsorge, vorobligatorische 245
Vorsorgebedarf 34ff.
Vorsorgebedarf für Private 34ff.
Vorsorgebedarf für Unternehmen 38f.
Vorsorgeeinrichtung 244, 253
Vorsorgelücken 53
Vorsorgeplan 268f.
Vorsorgereglement 246, 268f.

W

Wahrscheinlichkeitsrechnung 69
Waisenrente 69
Widerruf 208
Widerrufsrecht 159
Wiederinkraftsetzung 169
Wiederverheiratung 69, 79
Wirtschaftlichkeit 31
Witwenrente 69
Wohneigentum, Erwerb 290

Z

Zahlungsform 86
Zahlungsströme 67
Zedent 131
Zession 131
Zessionar 131
Zins 5/16f., 66ff., 81, 83f.
Zins, technischer 67f.
Zinsabzug 266
Zinseszinseffekt 67
Zinsfuss, technischer 97
Zinsrisiko 90
Zinsrisikoabzug 90
Zinssatz, garantierter 67
Zinsüberschuss 108, 112, 265f.
Zufallsrisiko 131
Zwangsvollstreckung 211